中文社会科学引文索引（CSSCI）来源集刊

珞珈管理评论

LUOJIA MANAGEMENT REVIEW

2020年卷 第2辑（总第33辑）

武汉大学经济与管理学院主办

WUHAN UNIVERSITY PRESS
武汉大学出版社

图书在版编目(CIP)数据

珞珈管理评论.2020年卷.第2辑:总第33辑/武汉大学经济与管理学院主办.—武汉:武汉大学出版社,2020.7
ISBN 978-7-307-21549-8

Ⅰ.珞…　Ⅱ.武…　Ⅲ.企业管理—文集　Ⅳ.F272-53

中国版本图书馆 CIP 数据核字(2020)第 091368 号

责任编辑:陈　红　　　责任校对:汪欣怡　　　版式设计:韩闻锦

出版发行:**武汉大学出版社**　(430072　武昌　珞珈山)
　　　　　(电子邮箱:cbs22@whu.edu.cn 网址:www.wdp.com.cn)
印刷:武汉市天星美润设计印务有限公司
开本:787×1092　1/16　印张:11.25　字数:264 千字
版次:2020 年 7 月第 1 版　　2020 年 7 月第 1 次印刷
ISBN 978-7-307-21549-8　　　定价:28.00 元

目　　录

CONTENTS

研发国际化与企业创新绩效：
基于社会网络理论视角*

李　梅[1]　赵　乔[2]

（1，2　武汉大学经济与管理学院　武汉　430072）

【摘　要】研发国际化是新兴经济体跨国企业在全球范围内获取先进技术及创新资源的重要战略途径，随着研发国际化程度逐步加深，企业在海外研发网络中的位置特征日益成为企业控制外部资源、获取网络嵌入利益的关键因素。本文以 1999—2015 年中国企业的海外研发联盟数据为研究样本，探讨了研发国际化和企业创新绩效的关系，并基于社会网络理论的视角，进一步探究了企业在海外研发网络中所处的位置（中心位置、结构洞）对海外研发与创新绩效关系的调节作用机制。研究结果表明：研发国际化与企业创新绩效正相关，企业在海外研发网络中所处的中心位置和结构洞位置增强了这一正向作用。对子样本的回归结果进一步表明：中心位置和结构洞对海外研发和企业创新绩效关系的正向调节作用在小规模企业和高新技术企业中表现得更为显著。

【关键词】研发国际化　创新绩效　社会网络　中心位置　结构洞

中图分类号：F276.7　　　文献标识码：A

1. 引言

开展研发国际化已成为企业追寻前沿技术、整合全球创新资源和提升竞争优势的重要战略途径，企业通过新设或收购海外研发子公司或研发机构、组建海外研发联盟等方式嵌入海外研发网络获取的信息优势和潜在资源对跨国企业有着重要价值。企业可从外部网络中获取高素质人力资本等关键研发资源和核心技术，进而打破内部研发的路径依赖倾向、突破技术壁垒，尤其对于以中国为代表的新兴经济体企业而言，这种来自外部研发网络的协同效应是后发企业追赶国际先进技术水平的重要来源。现阶段

* 国家自然科学基金面上项目“研发国际化对母公司创新绩效的影响机制：中介和调节效应分析”（项目批准号：71672133）；国家社会科学基金重点项目“众创空间培育机制及发展策略研究”（项目批准号：18AGL006）。

通讯作者：李梅，E-mail：limeiwhu111@163.com。

中国整体研发水平不高，为了实现技术追赶，越来越多的中国企业开始选择将研发活动向海外转移，并逐渐融入充满多元化和异质性的外部研发网络中，以获取外部技术溢出并内化为组织的创新能力，而不仅仅是依靠引进海外先进技术来填补技术缺口，这种开放式创新是提升企业自主创新能力的新途径。那么，研发国际化下中国企业的创新绩效是否能够得到显著提升呢？

关于研发国际化和创新绩效的关系研究，大多数学者得出了两者正线性相关的结论（Parida et al.，2016；李梅和余天骄，2016），也有少数学者提出在外来者劣势、沟通协调成本等因素的影响下，两者呈负线性相关或二次、三次曲线相关关系（Singh，2008；Lahiri，2010；Hsu et al.，2015；Chen et al.，2012）。针对现有研究结论不一致的情况，学者们主要从母公司、子公司及东道国三个层面分析了影响研发国际化创新绩效的调节因素：母公司之前的国际化经验（Hsu et al.，2015）、互补性能力（Belderbos et al.，2015）、母公司的政治资源（Liang et al.，2015）；子公司的类型；东道国的技术环境（Belderbos et al.，2015）等。但是，基于社会网络视角探讨研发国际化和创新绩效关系的研究相对稀缺，仅少数学者探讨了研发联盟伙伴类型（Harhoff et al.，2014）、研发网络间联系（Singh，2008；Lahiri，2010）等对企业研发国际化和创新关系的影响。而且，以上研究大多是以发达国家作为样本，以新兴经济体为研究样本的文献不及前者的1/5（陈衍泰等，2017）。与发达国家相比，中国等新兴经济体的研发国际化在动机、知识流向上都存在明显差异（Chen et al.，2012；Awate et al.，2015）。因此，在新兴经济体情境下，研发国际化与创新绩效的关系及调节影响因素值得进一步深入研究，特别是从社会网络的视角来看，海外研发网络蕴含丰富的战略性社会资本和稀缺性创新资源，研发网络中的知识外溢效应可以帮助技术能力较弱的网络成员迅速提升自主创新能力，对于研发能力相对落后的新兴经济体企业而言，海外研发网络中创新资源的优劣可能比企业内部资源、制度等因素更为重要。因此，如何优化海外研发网络布局以提升企业研发国际化的创新产出对新兴经济体而言是一个值得探讨的重要议题。

从网络的视角看，联盟网络不仅代表着个体间直接或间接的联结关系，也影响着个体从网络中获取知识信息的路径长短和资源质量。事实上，网络成员之间的关系强度、研发网络密度、研发网络效率、企业在研发网络中所处的位置等均可能影响信息流动的效率和个体从网络中的受益程度，从而影响企业通过嵌入海外研发网络提高创新绩效的效果。其中，企业在研发网络中所处的位置至关重要，可能直接影响企业对网络资源信息的获取和控制。例如，在网络中处于相对有利的位置时，企业可以通过优势位置蕴含的独特社会资本获取更多与创新相关的信息；反之，处于边缘位置的企业获取资源的途径十分受限。处于优势位置的个体往往拥有更高的地位和支配权，更容易接触到有价值的信息源。在社会网络理论中，评价网络位置优劣的指标主要有两个：中心位置和结构洞。网络中心位置衡量了企业在网络中占据核心和主导地位的程度，建立联结的合作伙伴越多，个体在网络中越居于中心位置；结构洞被称为网络整体结构中的"洞穴"（Burt，1992），在本无直接联系的两个或多个个体之间建立间接联系，具有独特的控制优势和信息优势。基于企业在研发网络中所处位置的重要性，本文以建立海外研发联盟网络的中国企业为样本，探讨中国企业的研发国际化是否提升了企业创新绩效，并从中心位置和结构洞两个方面深入探究企业在海外研发网络中的位置特征对研发国际化和创新绩效关系的调节效应差异。

2. 理论分析与研究假设

2.1 研发国际化与企业创新绩效

国际化前期，跨国企业主要是将制造、销售等价值链下游环节转移到更有优势的区位，其目的大多是寻求海外市场或者降低生产成本。随着国际化的逐渐深入，发达国家企业开始尝试将价值链上游的研发活动向海外转移，把母公司的特有优势自然延伸到东道国，在国际市场拓展现存技术，这种研发国际化的动因也称为技术利用型。但与发达国家相比，新兴经济体企业的整体研发水平不高，研发国际化的动因更多的是技术增长型，通过开展研发国际化，企业在全球范围内跟踪及时掌握技术知识的最新动态，通过充分利用这些丰富的、差异化的创新资源加快企业研发进程和效率。具体而言，研发国际化对企业创新绩效的提升机制可以从以下三条传导路径来解释：

嵌入海外研发网络与技术外溢。研发网络常常伴随着知识学习、流动和信息共享，而内部个体的知识资源往往存在不均衡。研发网络中领先企业的研发活动往往会产生一种示范带动效应。新兴经济体企业通过嵌入东道国研发网络，可以近距离学习模仿网络中先进企业的研发和管理体系，迅速提升知识存量。此外，新兴经济体企业在海外研发过程中，与供应商或客户合作研发时，也可以从其先进产品、工序技术或市场知识中获得溢出。Harhoff 等（2014）指出，和上游供应商建立的合作研发（创新型研发）比与下游客户建立的合作研发（适应型研发）更能帮助企业利用东道国研发资源，因为这能接触到更先进的技术知识来源。当研发网络中的联盟伙伴为东道国竞争对手时，因为双方面临的问题相似，嵌入研发网络能获得更密切相关的技术知识，避免重复研发造成资源浪费。

基于内部网络的技术逆向传导。海外研发子机构外部嵌入东道国研发网络进行知识搜寻，获取战略性知识资源，接收的技术外溢通过企业内部网络逆向传导给母公司和其他研发子公司，进而扩充母公司知识库，以弥补我国跨国企业的后来者劣势（王展硕和谢伟，2018）。这种内部网络技术逆向传导的效果受母子公司关系和知识属性等因素的影响。通常海外子公司垂直知识嵌入性越强，即与总部的联系越紧密，从东道国获取或开发的知识逆向转移回母公司的倾向就越明显（Asakawa et al.，2017）。企业内部网络中各研发子公司通过正式和非正式的联系进行知识转移和信息共享，也可以极大地丰富企业知识库，为企业创新奠定良好基础。

全球研发网络的协调管理和知识整合。通过外部研发网络的嵌入和内部研发网络的技术传导和转移，企业在其全球研发网络内进行技术知识的学习、共享、协调和整合，促进不断创新。这种知识整合的效果取决于企业对全球研发网络的协调管理和企业吸收整合能力。研发国际化会消耗大量的研发成本和协调成本，海外研发的巨额开支可能会分散投入到国内研发项目中的资源。若治理新组织的复杂程度超出了跨国企业的能力范围，企业将难以负荷高额的研发和管理成本，甚至会陷入国内研发项目被迫延期、企业创新绩效难以提升的困境。此外，通过研发国际化所获取的先进技术知识具有一定的异质性，需要企业具备一定的学习、吸收和整合能力才能进一步运用到研发实践中。

基于以上分析，由于现阶段中国企业的研发国际化大多处于初级阶段，海外研发子机构和研发联盟数量不多，嵌入海外研发网络带来的收益远超企业对海外研发网络的管理和协调成本。因此本文提出以下假设：

H1：企业的研发国际化与企业创新绩效正相关。

2.2 研发国际化与创新绩效：社会网络理论视角

社会网络理论是社会学的重要分支，社会网络分析法侧重于运用图论和数学模型来研究行动者与行动者、行动者与其所处社会网络的互动关系，常见的网络结构特征变量有节点度数、中介性和结构洞等。随着中国企业逐渐融入全球价值链网络，国内学者开始将社会网络分析方法运用到国际研发联盟的研究中，例如，柳卸林等（2017）对华为的全球研发网络进行了案例分析，揭示华为研发网络的演化过程和海外研发战略布局。高太山和柳卸林（2016）以74家跨国研发联盟为样本进行研究，发现联盟网络越紧密，突破性创新越明显。但总体来看，目前国内从海外研发网络的视角探讨研发国际化与创新绩效关系的实证研究尚不多见。网络位置体现个体的信息优势和对网络的控制力，直接影响到企业获取关键信息的数量和对外部市场响应的敏捷程度，因此网络中不同位置的个体可以获取的网络收益存在明显差异。在网络中占据优势位置可以为企业高效地获取优质资源提供便利，从而增强研发国际化对创新绩效的正向效应。本文从中心位置和结构洞两个方面分析企业网络位置对研发国际化和创新绩效关系的调节影响。

2.2.1 中心位置的调节作用

中心位置是评价个体网络位置优越性的重要指标，与其建立联结的个体越多，企业在创新网络中越处于核心地位，自主程度越高；反之，边缘企业获取信息容易受到牵制。网络中心枢纽位置可以从三个方面进一步提升研发国际化带来的创新绩效：首先，研发网络中海量的信息源汇集到核心位置的节点，企业通过对不同渠道的信息进行筛选比对，创新信息的质量和准确性得以提升，进而企业可以从网络中受益更多；其次，中心性高的企业在网络中具有主导地位，对网络资源拥有较大的调配能力，可以有效地控制知识流动和资源渠道，在建立行业标准和发展战略、决定网络内部的研发方向上有更大的话语权（Koka & Prescott，2008），从而推动海外研发项目向最有利于本企业的方向发展，使得本企业成为创新成果的主要吸收者和受益者；最后，企业的中心位置伴随着更高的声望和权力，这会吸引更多的联盟伙伴与企业达成合作，联盟范围进一步扩大，其中心位置得到巩固，异质性资源的流入可以进一步加快研发进程。因此，位于核心位置的企业，研发国际化对其创新绩效的促进作用往往更加明显。反之，当企业处于海外研发网络的边缘位置时，网络收益会大幅衰减，由于获取不到关键创新资源以及知识获取存在的诸多障碍，研发国际化的创新往往达不到预期效果，边缘位置会削弱研发国际化带来的创新收益。

相比于发达国家企业，与大量优质的企业、机构建立创新联盟并抢占中心位置可能对于新兴经济体企业而言意义更为重大。新兴经济体企业的自主研发水平普遍不高、研发国际化起步较晚，对它们来说，抢占海外研发网络中有利的中心位置，消化、吸收大量的外部优质创新资源是快速弥补短板、实现技术追赶的一条捷径。它们通过开展前瞻性的创新活动、学习优质企业的创新经验，丰富其现存的知识体系，强化自主创新能力，放大研发国际化对创新绩效的促进作用。基于以上分析，本文提出以下假设：

H2：企业在海外研发网络的中心位置对研发国际化和创新绩效的关系具有正向调节作用。

2.2.2 结构洞的调节作用

Burt 在 1992 年首先提出了结构洞的概念，他认为没有发生直接联系的网络成员之间会出现关系间断现象，从网络的整体性看，网络结构就像产生了洞穴（Burt，1992）。结构洞意味着非冗余的信息源，将两个无关联的个体连接起来的同时，作为中转站的主体就相应地控制了两个个体间的信息传递路径，研发网络的竞争优势往往不是最为密集的关系联结区域，而是发生在关系联结的缝隙之中。在现实的企业联盟网络中，每一个网络成员间均建立直接联系的情况是极为少见的，因此结构洞的现象十分普遍。

结构洞对研发国际化和创新绩效关系的促进作用主要体现在信息优势和控制优势两个方面（张红娟和谭劲松，2014）。结构洞两端的个体之间由于存在关系缺失，不存在知识流动的渠道，因而两者间异质性的可能性较大，占据结构洞位置的企业可以接触到新颖的信息和异质性资源（Mcevily & Marcus，2010），获取"桥"收益，及时更新自己的知识库，进而保障研发国际化可以获取高额的创新收益。由于控制了信息传递的渠道，结构洞企业对于其他个体来说尤为重要，为了维持与结构洞企业的关系，关系伙伴会及时、主动地向结构洞企业传递关键信息或者商业机会，还可能会在其他方面给予结构洞企业一些额外的帮助，这有效克服了"外来者劣势"带来的信息缺失，降低了"走出去"的成本和风险，增强研发国际化提升创新绩效的正向效应。另外，企业在网络中的结构洞越多，对市场机会和威胁的敏感度就越高，当外部环境发生变化时企业可以快速调整研发方向，从而可以有效避免创新失败。因此，结构洞可以推动研发国际化对创新绩效的促进作用得以充分发挥。

在某些情境下，结构洞会削弱研发国际化对企业创新绩效的积极作用。例如，当网络内部参与者异质性过高、行业背景差距过大时，个体之间容易滋生合作不信任（李晨蕾等，2017），随着企业结构洞数量的增加，企业管理结构洞和筛选信息的成本随之上升，若企业占据的结构洞位置过多或布局混乱，由于精力有限，企业将难以负荷高额的管理成本；或者是当海外研发机构学习、整合资源的能力不足时，对结构洞和信息传递的管理会超过自身负荷，企业无法吸收和消化关键创新知识，还会造成母公司资源和精力的分散，最终可能会削弱研发国际化对创新绩效的促进作用。

对于新兴经济体企业而言，研发国际化在近几年才兴起，嵌入海外研发网络的程度不高，拥有的结构洞资源就更少，结构洞带来的成本尚不太高，因此结构洞带来的资源优势和控制优势可能会增强研发国际化对创新绩效的正向作用。因此提出以下假设：

H3：企业在海外研发网络的结构洞对研发国际化和创新绩效的关系具有正向调节作用。

3. 研究设计

3.1 样本选择、数据来源与研究方法

本文的研究数据基于 SDC Platinum 数据库中 1999—2015 年 78 家中国企业所建立的 90 个研发联盟，该数据库提供了企业联盟的时间、性质，合作方的名称、国别、行业代码等信息。由于数据库中部分企业的名称未披露，或是无法根据其英文名称查找到对应的中国企业，在剔除信息不明的企业后，样本量被极大缩小，在此样本基础上我们手工整理了企业年报、官网和相关新闻披露的有关海外研发网络的信息，对研发网络数据进行了补充，这为本文的研究提供了样本基础。借鉴前人的做法，本文假定研发联盟的持续时间是 3 年，采用三年动态时间窗方法（Schilling & Phelps，2007；赵炎等，2014），将研究时间范围 1999—2015 年划分为 1999—2001 年、2000—2002 年、2001—2003 年……2013—2015 年 15 个时间窗，据此建立 15 个联盟网络邻接矩阵，并依次导入社会网络分析软件 UCINET 中，即可自动计算出对应年份的研发网络数据（1999—2001 年对应 2001 年的数据）。

在剔除了总样本恒为 0 或以上指标存在缺失值的样本后，最终获得了 45 个企业的 179 条观测值组成的非平衡面板企业数据。在研究方法的选择上，由于本文的因变量专利申请数属于非负整数，适合采用泊松分布模型进行计量分析。另外，为控制不随时间变化的个体异质性，我们选用泊松面板模型进行估计。最后，随机效应假设解释变量与个体效应不相关，而固定效应不需要满足这一条件，因此固体效应具有更容易分析出个体效应的优势，对于截面数较少的面板数据，固定效应回归往往更合适，据此本研究构建泊松面板固定效应模型来检验研发国际化与创新绩效的关系，以及网络位置对研发国际化和创新绩效的调节作用。

3.2 变量定义与度量

3.2.1 被解释变量

创新绩效（Innovation）。专利申请量是反映企业创新绩效的主要依据（Branstetter，2006），而发明专利相比于实用新型和外观设计专利的创新程度更高，更能反映企业实质创新能力（黎文靖和郑曼妮，2016）。另外，考虑到企业的研发活动周期较长，以及避免潜在的内生性问题，本文采用研发国际化后一年的发明专利申请量来度量企业创新绩效。数据来源于国家知识产权局。

3.2.2 解释变量

研发国际化（R&D Internationalization）。新设或收购海外研发子公司或研发机构（吕萍等，2008）、开展跨国技术联盟等跨越国界的研发活动都可以被视为研发国际化。研发国际化程度可以用研发国际化活动的次数表示。通过在商务部披露的境外投资企业（机构）名录中查询企业以研发为目的的境外投资数据，将当年新设或并购的海外研发子公司或研发机构的个数和当年的研发联盟个数进行加总来度量研发国际化。

3.2.3 调节变量

(1)网络中心位置(Degree)。借鉴 Tsai(2001)的做法,本研究采用度数中心度(Degree)来衡量个体的网络中心位置,它代表了与该点存在直接联系的行动者个数(刘军,2009),中心度越大,企业的中心位置就越明显。计算公式如下:

$$\text{Degree}_i = \sum_{j=1}^{n} C_{ij} \tag{1}$$

在一个包括 n 个节点的无向网络中, i 代表观察点, j 代表网络中的其他行动者,当 i 和 j 存在连接关系时, C_{ij} 取值1,否则取值0。该指标由 UCINET 软件直接计算得出。

(2)结构洞(Structure Hole)。结构洞常常用于表示网络个体间非冗余的联系,Burt 提出了四个指标来测量结构洞指数:有效规模(Effective Size)、效率(Efficiency)、限制度(Constraint)及等级度(Hierarchy)都可对结构洞进行测度,其中限制度反映了企业在网络中的行动在多大程度上依赖于其他个体,是结构洞的一个反向指标,结合现有社会网络文献中的做法(李晨蕾等,2017),本研究主要采用1-Constraint 来测量个体结构洞资源的丰富程度。具体计算公式(Burt,1992)如下:

$$\text{Structure Hole}_i = 1 - \text{Constraint}_i; \quad \text{Constraint}_i = \sum_{j=1}^{n} \left(P_{ij} + \sum_{q} P_{iq} P_{qj} \right)^2 \tag{2}$$

表达式中, j 表示与 i 相连的点, q 是除了节点 i 和节点 j 之外的其他节点。 $P_{ij}(P_{iq}P_{qj})$ 表示在点 $i(i、q)$ 的全部关系中,投入节点 $j(q、j)$ 的关系占总关系的比例,Constraint$_i$ 代表节点 i 在网络中的总体限制度。结构洞由 UCINET 软件直接计算得出。

3.2.4 控制变量

(1)网络规模(Network Size)。网络规模反映了企业可以从研发网络中获取创新资源的丰富程度,一般认为网络规模可以促进合作研发的创新绩效,本研究以当年网络中行动者的个数来度量网络规模。数据来源于 SDC Platinum 数据库。

(2)网络中心势(Centralization)。网络中心势衡量网络的集权程度。网络中心势越大,资源和权力越集中在少数核心节点。这些拥有较强的资源控制和调配能力的核心组织有能力深入理解并挖掘多方汇集的技术知识,并将知识进行筛选和整合后输送给其他节点,大大缩短了网络中任意一对节点之间的路径距离(赵炎等,2014)。

根据 Freeman(1978)的测量方法,网络中心势的计算公式为:

$$\text{Centralization} = \frac{\sum_{i=1}^{n}(C_{\max} - C_i)}{\max\left[\sum_{i=1}^{n}(C_{\max} - C_i)\right]} \tag{3}$$

其中, n 代表节点数量, $C_{\max}$ 表示网络中的最大度数中心度。该指标由 UCINET 软件直接计算得出。

(3)网络离散度(Distance)。网络离散度是指网络成员互动的频率。一方面,高离散度的研发网络往往蕴含着丰富的非冗余资源,网络成员可以从中获取有价值的、充满异质性的知识,有利于拓展网络成员现有的知识技能、提升创新效率;另一方面,高网络离散度会降低信息传递速度和合作效率。因此,网络离散度与企业创新绩效的关系可能会呈倒

U形。本文用距离权重离散度(Distance)来度量这一变量，距离权重离散度描述了网络节点之间的距离，距离权重离散度越靠近100%，网络结构越松散，网络内部知识传播的路径越长。计算公式(Borgatti，2013)为：

$$\text{Distance} = 1 - \frac{2 \sum_{i>j} \frac{1}{d_{ij}}}{n(n-1)} \qquad (4)$$

其中，n 代表网络中的节点个数，d_{ij} 表示节点 i 和节点 j 之间的距离。该指标由 UCINET 软件直接计算得出。

(4)此外，本文还选取公司年龄(Age)和企业所有权性质(State)作为控制变量(Hsu et al.，2015；张秀峰等，2015)。各变量的定义见表1。

表1 变 量 定 义

变量类型	变量名称	变量符号	变量说明
被解释变量	创新绩效	Innovation	研发国际化后一年的发明专利申请量
解释变量	研发国际化	R&D Internationalization	企业当年进行研发国际化活动的次数
调节变量	网络中心位置	Degree	个体在网络中的度数中心度
	结构洞	Structure Hole	1-限制度
控制变量	网络规模	Network Size	网络内行动者个数
	网络中心势	Centralization	衡量网络的集权程度，根据 Freeman(1978)的测量方法计算
	网络离散度	Distance	距离权重离散度
	公司年龄	Age	企业成立日至观测年度的时间
	所有权性质	State	国有=1，非国有=0

4. 实证结果与分析

4.1 描述性统计结果

如表2所示，中心位置和结构洞的均值分别为 1.469 和 0.148，表明平均每个企业大约有 1.469 个海外研发联盟伙伴，拥有的结构洞资源整体偏少。中心度和结构洞普遍较低，这与新兴经济体企业研发国际化起步较晚的特征相符。中心度和结构洞的相关系数高达 0.838，说明这两个变量高度相关，为避免多重共线性导致结果偏差，下面的实证检验中不将中心度和结构洞放在同一个模型中。

表 2 描述性统计及相关系数表

variable	Mean	Std. Dev.	VIF	1	2	3	5	6	7	8	9
1 Innovation	532. 531	1280. 595		1							
2 Degree	1. 469	0. 781	3. 59	0. 502 ***	1						
3 Structure Hole	0. 148	0. 259	3. 61	0. 495 ***	0. 838 ***	1					
4 R&D Internationalization	0. 704	0. 791	1. 16	0. 415 ***	0. 272 ***	0. 321 ***					
5 Centralization	5. 262	1. 898	1. 08	0. 034	0. 075	0. 060	1				
6 Weighted_distance	95. 445	1. 707	3. 98	−0. 012	0. 013	0. 068	0. 203 ***	1			
7 Age	17. 278	15. 606	1. 04	0. 147	0. 129 *	0. 095	0. 011	0. 010	1		
8 State	0. 413	0. 494	1. 06	0. 057	−0. 083	−0. 128 *	0. 048	−0. 040	0. 104	1	
9 Network_size	39. 000	15. 420	3. 90	−0. 027	0. 118	0. 117	0. 141 *	0. 852 ***	−0. 012	−0. 032	1

注：***表示在 0.01 的水平下显著，* 表示在 0.1 的水平下显著。

4.2 基于总样本的回归分析

对样本数据的面板泊松固定效应回归结果如表 3 所示。模型 1 包括全部控制变量。结果表明，海外研发网络的网络规模对创新绩效有显著的促进作用。网络规模较大，往往意味着网络成员携带了更多的异质性资源，企业可以从外部网络中获取的关键研发资源更多；网络中心势与企业创新绩效显著正相关，较高的网络中心势缩短了网络中节点之间创新资源传播的路径距离，网络个体获取关键研发资源的难度大大降低，创新效率更高；网络离散度和创新绩效呈现倒 U 形关系，网络成员之间的联结过于松散或过于紧密都会抑制创新绩效的提高，适度的离散度可以为网络成员带来更多的创新收益。此外，企业年龄和创新绩效正相关。通常情况下，企业的知识池会随着年龄的增长而积累得更多，从而更能有效地整合和利用从外部获取的技术资源；企业的国有属性与创新绩效显著负相关，相比于国有企业，非国有企业的创新绩效平均增加了 $e^{0.544}$，约 1.72 个发明专利。

表 3 研发国际化和创新绩效：总样本分析

Variables	（1）	（2）	（3）	（4）
Age	0. 019 ***	0. 021 ***	0. 019 ***	0. 022 ***
	（0. 001）	（0. 001）	（0. 001）	（0. 001）
State	−0. 544 ***	−0. 918 ***	−0. 683 ***	−0. 464 ***
	（0. 059）	（0. 060）	（0. 062）	（0. 062）
Network size	0. 0256 ***	0. 029 ***	0. 018 ***	0. 0212 ***
	（0. 001）	（0. 001）	（0. 001）	（0. 001）

Variables	(1)	(2)	(3)	(4)
Centralization	0.041***	0.015***	0.004**	0.003
	(0.002)	(0.002)	(0.002)	(0.002)
Weighted_distance	4.822***	9.278***	7.288***	7.749***
	(0.487)	(0.500)	(0.527)	(0.532)
Weighted_distance^2	−0.026***	−0.050***	−0.039***	−0.041***
	(0.003)	(0.003)	(0.003)	(0.003)
R&D Internationalization		0.219***	0.194***	0.143***
		(0.006)	(0.014)	(0.009)
Degree			0.141***	
			(0.009)	
Degree× R&D Internationalization			0.012**	
			(0.005)	
Structure Hole				0.315***
				(0.032)
Structure Hole× R&D Internationalization				0.197***
				(0.016)
Observations	174	174	174	174
Log likelihood	−4521.71	−3786.26	−3135.54	−3131.47
Wald chi	8198.31	9367.99	10648.57	10539.74
Prob>chi^2	0.000	0.000	0.000	0.000

注：***表示在 0.01 的水平下显著，**表示在 0.05 的水平下显著。

模型 2 加入自变量研发国际化。在控制其他条件的情况下，研发国际化可以显著提升企业创新绩效。研发国际化活动每增加一次，发明专利平均增加 $e^{0.219}$ 个，大约为 1.24 个，假设 H1 得到检验。模型 3 加入中心位置和研发国际化的交互项，其系数在 5% 水平显著为正（0.012），表明企业的中心度越高，研发国际化对企业创新绩效的促进作用越明显。模型 4 加入结构洞和研发国际化的交互项，其系数在 1% 水平显著为正（0.197），表明结构洞增强了研发国际化对企业创新绩效的积极作用。对比两个交互项系数发现，结构洞和研发国际化的交互项系数大于中心位置和研发国际化的交互项系数，这说明结构洞位置比中心位置能给企业带来更大的优势和创新绩效。究其原因，位于结构洞位置的"中间人"是两端成员传递信息的唯一通路，因此拥有独特的控制优势和信息优势，而位于中心位置的企业则不一定是其他成员沟通的唯一路径，就创新资源的异质性而言，结构洞位置可能优于中心位置。

进一步绘制调节效应图,如图 1 和图 2 所示。图 1 中,高中心度下的斜率高于低中心度下的斜率,属于增强型调节效应,假设 H2 得到验证。据图 2,结构洞的调节效应也属于增强型,假设 H3 得到验证。至此,本文的理论假设基本得到了验证。

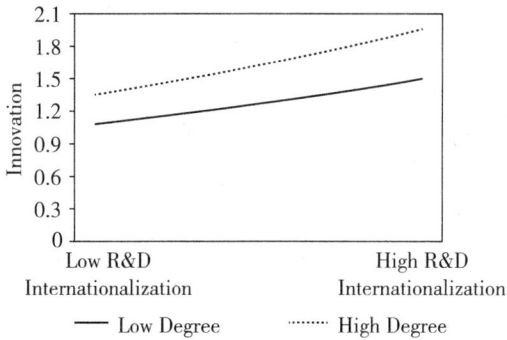

图 1　中心位置的调节效应图　　　　　图 2　结构洞的调节效应图

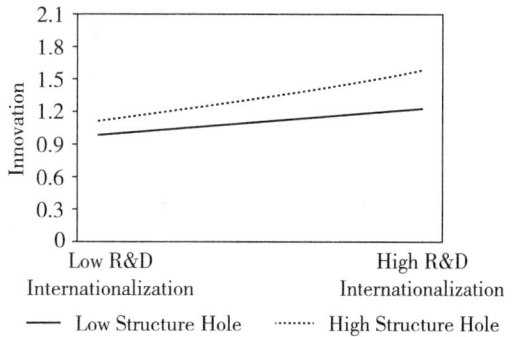

4.3　不同企业规模情景下的研发国际化与创新绩效

不同规模的企业从海外研发网络获得的收益可能存在差异。大规模企业大多资本雄厚、享有本地的资金支持和政策倾斜,而小规模企业往往资源匮乏,在国内享有的政策支持相对薄弱。因此与大企业相比,小规模企业往往有更强烈的嵌入海外研发网络寻求先进技术的动机,海外研发网络蕴藏的丰富的社会资本以及完备的研发基础对小企业创新环境的改善程度可能更为强烈,并能享受到更多由位置优势带来的网络收益。因此,本文以所有企业规模的中位数为界,将样本划分为大规模企业和小规模企业,进一步分析不同企业规模情境下研发国际化对创新绩效的影响以及网络位置对研发国际化和创新绩效关系的调节作用有何差异。结果如表 4 所示。模型 2 中,小规模企业研发国际化的系数(0.606)要显著大于对应模型 6 中大规模企业研发国际化的系数(0.213)。小规模企业往往自主创新能力不足,在母国享有的产业政策扶持也远不如大规模企业,海外研发网络为小规模企业提供了向顶尖企业和机构学习的平台和机会,有利于迅速弥补小企业的技术缺口。因此,研发国际化对小规模企业研发环境的改善程度远远大于大规模企业。模型 3 中研发国际化和中心位置的交互项系数(0.125)、模型 4 中研发国际化和结构洞的交互项系数(1.201)也远远大于大规模企业情境下的相应系数(0.026 和 0.250)。这表明,网络位置的正向调节作用在小规模企业的情境下更加明显。位置优势为企业带来了良好的社会资本和声誉,海量有价值的资源不断流向企业,有效地弥补了小企业自身内部创新资源相对匮乏的缺陷,对小企业知识存量和核心竞争力的快速提升有着巨大的推动作用。相比之下,规模较大的企业本身具有相对较好的社会资本和创新能力,从优势位置中受益的程度不如小规模企业。

11

表 4 研发国际化和创新绩效：不同规模企业的对比

Variables	小规模企业				大规模企业			
	（1）	（2）	（3）	（4）	（5）	（6）	（7）	（8）
Age	0.205 ***	0.265 ***	0.183 ***	0.211 ***	0.016 ***	0.018 ***	0.017 ***	0.020 ***
	（0.010）	（0.011）	（0.013）	（0.012）	（0.001）	（0.001）	（0.001）	（0.001）
State	−0.949 ***	−2.51 ***	−0.85 ***	−0.79 ***	0.057	−0.008	−0.264	−0.217
	（0.081）	（0.130）	（0.188）	（0.186）	（0.260）	（0.260）	（0.313）	（0.313）
Network Size	0.055 ***	0.033 ***	0.003	0.016 ***	0.023 ***	0.027 ***	0.017 ***	0.019 ***
	（0.004）	（0.005）	（0.005）	（0.005）	（0.001）	（0.001）	（0.001）	（0.001）
Centralization	0.061 ***	−0.0001	−0.001	−0.014	0.038 ***	0.0123 ***	0.003 *	0.003 *
	（0.011）	（0.012）	（0.013）	（0.013）	（0.002）	（0.002）	（0.002）	（0.002）
Weighted_distance	7.473 ***	13.44 ***	5.803 **	13.56 ***	4.643 ***	8.916 ***	6.585 ***	6.405 ***
	（2.357）	（2.389）	（2.593）	（2.621）	（0.502）	（0.514）	（0.548）	（0.558）
Weighted_distance^2	−0.042 ***	−0.073 ***	−0.031 **	−0.07 ***	−0.025 ***	−0.047 ***	−0.04 ***	−0.034 ***
	（0.013）	（0.013）	（0.014）	（0.014）	（0.003）	（0.003）	（0.003）	（0.003）
R&D Internationalization		0.606 ***	0.073	0.146 ***		0.213 ***	0.157 ***	0.113 ***
		（0.039）	（0.085）	（0.054）		（0.006）	（0.014）	（0.010）
Degree			0.377 ***				0.102 ***	
			（0.055）				（0.010）	
Degree× R&D Internationalization			0.125 ***				0.026 ***	
			（0.043）				（0.005）	
Structure Hole				0.141				0.142 ***
				（0.124）				（0.034）
Structure Hole× R&D Internationalization				1.201 ***				0.250 ***
				（0.131）				（0.017）
Observations	81	81	81	81	90	90	90	90
Log likelihood	−490.38	−363.53	−278.48	−275.25	−3588.15	−2926.16	−2398.22	−2401.99
Wald chi	965.73	1167.47	1391.88	1388.80	7546.63	8638.31	9663.31	9577.79
Prob>chi^2	0.000	0.000	0.000	0.000	0.000	0.000	0.000	0.000

注：***表示在 0.01 的水平下显著，**表示在 0.05 的水平下显著，*表示在 0.1 的水平下显著。

4.4 高新技术企业子样本的回归

研究样本大多为高新技术企业，为了进一步检验网络位置的调节作用，本文以高新技术行业的企业为子样本进行面板泊松固定效应回归，结果如表5所示。对比子样本和总样本的实证结果，我们可以发现，模型3中研发国际化和中心位置的交互项系数（0.042）大于总体样本中对应的系数（0.012），模型4中研发国际化和结构洞的交互项系数（0.247）大于总体样本中对应的系数（0.197）。其原因可能是相比于非高新技术企业，高新技术企业的知识积累和研发经验往往更加丰富，拥有较强的研发能力、学习能力和吸收能力。当占据外部研发网络的优势位置时，高新绩效企业可以更高效地整合和重构企业内外部资源，从而缩短研发周期，使得研发国际化带来的创新收益更加明显。

表5 研发国际化和创新绩效：高新技术企业样本

Variables	（1）	（2）	（3）	（4）
Age	0.018 ***	0.020 ***	0.020 ***	0.022 ***
	（0.001）	（0.001）	（0.001）	（0.001）
State	−0.549 ***	−0.825 ***	−0.519 ***	−0.318 ***
	（0.063）	（0.064）	（0.066）	（0.06）
Network Size	0.031 ***	0.033 ***	0.024 ***	0.027 ***
	（0.001）	（0.001）	（0.001）	（0.001）
Centralization	0.052 ***	0.027 ***	0.006 **	0.001
	（0.002）	（0.002）	（0.003）	（0.003）
Weighted_distance	6.137 ***	−0.051 ***	8.012 ***	9.159 ***
	（0.528）	（0.003）	（0.569）	（0.582）
Weighted_distance^2	−0.033 ***	9.469 ***	−0.043 ***	−0.049 ***
	（0.003）	（0.543）	（0.003）	（0.003）
R&D Internationalization		0.161 ***	0.078 ***	0.076 ***
		（0.006）	（0.016）	（0.011）
Degree			0.079 ***	
			（0.011）	
Degree× R&D Internationalization			0.042 ***	
			（0.006）	
Structure Hole				0.197 ***
				（0.035）
Structure Hole× R&D Internationalization				0.247 ***
				（0.018）
Observations	101	101	101	101
Log likelihood	−2999.37	−2677.21	−2165.01	−2150.72
Wald chi	6815.20	7320.14	8349.12	8267.45
Prob>chi2	0.000	0.000	0.000	0.000

注：***表示在0.01的水平下显著，**表示在0.05的水平下显著。

4.5 稳健性检验

本文进行了两类稳健性检验。一是替换被解释变量，以专利申请总数为被解释变量；二是替换结构洞调节变量。在对结构洞的 4 个测量指标中，除了限制度，有效规模的应用也比较广泛。网络的有效规模代表网络中的非冗余因素，这一指标与结构洞正相关。因此本文使用有效规模(Effsize)来衡量企业的结构洞并进行稳健性检验。有效规模的计算公式(刘军，2009)为：

$$Effsize = \sum_{j} \left(1 - \sum_{q} P_{iq} m_{jq} \right), q \neq i, j \tag{5}$$

其中，j 代表与自我点 i 相连的所有点，q 是除了 i 或 j 之外的每个第三者，P_{iq} 代表行动者 i 投入 q 的关系所占比例，m_{jq} 是 j 到 q 的关系的边际强度。

实证结果分别如表 6 和表 7 所示。表 6 中，模型 1 中研发国际化的系数以及模型 3 中研发国际化和结构洞的交互项系数均显著为正，但是，模型 2 中研发国际化和中心位置的交互项系数为负，这与假设 H2 不一致。这可能是因为，发明专利相比于现有技术往往有重大突破，创新水平高，属于突破式创新或实质性创新(钟昌标等，2014)。缔结海外研发联盟通常是为了开发全新的技术或产品，大多属于突破式创新而非渐进式创新，但研发成本也远超过渐进式创新。海外研发网络中，中心位置意味着拥有更多的联盟伙伴，越居于中心位置，研发国际化对突破式创新水平即发明专利的积极作用越强。但与此同时，高额的协调管理成本和研发成本会分散投入其他渐进式创新项目的人力、物力，从而影响实用新型和外观设计专利申请，甚至影响专利申请总量，即研发国际化对专利总量的积极作用可能会被中心位置所削弱。虽然中心位置不利于海外研发对专利总量的积极作用，但从长远的角度来看，提高突破式创新水平才是衡量企业内部研发能力最关键的标准，因此企业应该力所能及地占据海外研发网络的核心位置，这对中国企业掌握核心技术、提升自主创新能力有着重大意义。

表6 以专利申请总量为因变量的回归

Variables	(1)	(2)	(3)
R&D Internationalization	0.214 ***	0.271 ***	0.162 ***
	(0.005)	(0.012)	(0.008)
Degree		0.199 ***	
		(0.008)	
Degree× R&D Internationalization		-0.027 ***	
		(0.005)	
Structure Hole			0.408 ***
			(0.027)
Structure Hole× R&D Internationalization			0.133 ***
			(0.015)

Variables	（1）	（2）	（3）
Control	Yes	Yes	Yes
Observations	179	179	179
Log likelihood	−4935.07	−4153.06	−4202.72
Wald chi	10563.65	12098.40	11911.92
Prob>chi2	0.000	0.000	0.000

注：＊＊＊表示在0.01的水平下显著。

表7报告了使用有效规模(Effsize)来衡量结构洞时的回归结果。由于其他几个模型与前模型完全一致，此处不再重复。表7显示，研发国际化的系数为正，且保持了良好的显著性，以有效规模衡量的结构洞对研发国际化与创新绩效的关系仍具有显著的正向调节作用，体现了很好的稳健性。

表7　　　　　　　　　　　　以有效规模衡量结构洞的回归

Variables	模　　型
R&D Internationalization	0.193＊＊＊
	（0.014）
Effsize	0.131＊＊＊
	（0.010）
Effsize×R&D Internationalization	0.013＊＊
	（0.005）
Control	Yes
Observations	174
Log likelihood	−3227.32
Wald chi	10373.02
Prob>chi^2	0.000

注：＊＊＊表示在0.01的水平下显著。

5. 讨论

5.1 理论贡献

第一，丰富了新兴经济体跨国企业研发国际化与创新绩效的理论研究。目前研发国际化领域以发达国家为研究样本的文献仍占主流，选用新兴经济体为样本的研究尚不多见。新兴经济体企业的研发国际化在动机和知识流动等方面都明显区别于发达国家，对于后发新兴经济体企业而言，海外研发不只是自身核心竞争力的进一步延伸，更是扩充知识技能、提升自主创新能力的一条路径。因此，以中国企业为样本，在新兴经济体情境下探讨企业研发国际化与创新绩效的关系能够进一步丰富和完善跨国公司研发国际化和创新的理论研究。

第二，从社会网络理论的新视角探究网络因素在研发国际化和创新绩效关系中的影响逻辑，扩展了研发国际化与创新绩效相关的情境研究。目前从社会网络视角出发探究调节效应的文献相对稀缺，本文从社会网络理论出发，探究网络位置对研发国际化和创新绩效关系的调节影响机制，有利于基于网络视角进一步理解跨国企业海外研发创新绩效的差异源。随着海外研发网络布局范围逐步扩大，后发企业应如何布局海外研发网络以及占据何种网络位置来提高创新绩效是亟待探讨和解决的重要议题。本文的研究结果表明，占据海外研发网络优势位置是弥补企业后来者劣势和技术缺口、快速扩充知识存量的有效途径。通过争取海外研发网络的中心位置和结构洞位置可以为跨国企业带来更具价值的信息源和更高的网络支配权，从而有利于创新绩效的提升。本文的基于网络视角的研究对于跨国公司研发国际化战略和创新绩效关系的情境因素研究是一个很好的补充。

第三，深入探究了中心位置和结构洞这两类不同性质的网络位置对研发国际化和创新绩效关系的影响机制。在社会网络的相关研究中，结构洞位置与中心位置拥有同等的重要性，但在网络与创新研究领域，学者们大多只是单独讨论一种网络位置特征与企业创新绩效的关系，且关于中心位置的讨论更多，探究结构洞的文献较少。而在现实的企业联盟网络中，所有网络成员间的关系都为直接联系的情况极少，结构洞的现象十分普遍，结构洞位置带来的"桥"收益可以帮助企业快速了解行业创新动态、吸收海量的异质性知识信息，是企业开展海外研发活动十分重要的网络优势来源。本文的研究结果表明，结构洞位置对研发国际化和创新绩效关系的调节效应大于中心位置的调节效应，即结构洞位置能给企业带来更大的优势和创新绩效。由结构洞架起的"桥梁"是位置两端成员传递资源和信息的必经路径，具有独特的社会资本，因此相比于中心位置，结构洞位置接收的创新资源的异质性可能更强。

5.2 实践启示

开展全球研发活动是新兴经济体企业实现弯道超越、提升创新能力和国际竞争力的重大战略举措。新兴经济体企业通过嵌入外部研发网络中可以有机会获取那些难以转移的隐性的关键知识和高精尖的人力资本，进而内化为企业的创新能力。因此对于后发企业而言，这种技术获取型的合作创新方式是迅速扩充知识基础和提升技术能力的重要契机。中国企业应该提高对海外研发重要性的认识，自主创新并不意味着"闭门造车"，开放式的合作研发创新是后发企业弥补技术短板、加快研发效率的有效途径。

本文研究表明，居于中心位置和结构洞位置的企业可以获取更多的网络收益，中心位置代表着更多的合作伙伴和关键信息资源的流入，位于结构洞位置的企业凭借其桥梁作用可以获取更多网络中的非冗余资源，这意味着新兴经济体企业在嵌入海外研发网络时应尽可能多地与网络内成员建立联结，逐渐向中心位置迁移，提升在网络中的声誉和话语权；或者将精力投放在占据结构洞位置上，尽可能与原本没有联结的两个企业或机构建立研发联盟关系，以较低的成本获取更多的信息优势和资源优势。

此外，本文研究还发现，网络位置的正向调节作用在小规模企业和高新技术企业的情境下更加明显。对于小规模企业而言，位置优势带来的稀缺资源可以迅速弥补其自身创新资源匮乏的缺陷，迅速地提升小规模企业的核心竞争力；高新技术企业具有知识存量的优势，学习能力和吸收能力更强，可以更高效地整合和重构企业内外部资源，因此小规模企业和高新技术企业应该更加注重在海外研发网络中的位置布局，向网络核心位置和结构洞位置移动，从研发网络中获取更多的创新收益，提升创新效率。

5.3 局限与展望

由于主客观原因，本文存在一些不足需要未来的研究进一步完善。一是样本数据偏少。中国跨国企业的研发国际化尚处于初级阶段，现阶段可获取的样本数据偏少，而且研发联盟相关信息涉及商业机密和信息安全，相关数据信息披露更少。随着中国企业研发国际化的发展和相关数据库的更新，可以在后续研究中进一步对样本数据进行补充和完善，以便得到更有价值的结论；二是本文仅研究了企业在海外研发网络中占据的网络位置对研发国际化和创新绩效关系的影响，企业嵌入海外研发网络的其他网络特征，如研发联盟伙伴类型、缔结的网络关系强弱、研发网络密度、研发网络效率等均可能影响研发国际化和创新绩效的关系。未来可据此开展进一步的研究。

◎ 参考文献

[1] 陈衍泰，吴哲，范彦成，等．研发国际化研究：内涵、框架与中国情境[J]．科学学研究，2017，35(3)．

[2] 高太山，柳卸林．企业国际研发联盟是否有助于突破性创新？[J]．科研管理，2016，37(1)．

[3] 黎文靖，郑曼妮．实质性创新还是策略性创新？——宏观产业政策对微观企业创新的影响[J]．经济研究，2016(4)．

[4] 李晨蕾，柳卸林，朱丽．国际研发联盟网络结构对企业创新绩效的影响研究——基于社会资本视角[J]．科学学与科学技术管理，2017，38(1)．

[5] 李梅，余天骄．研发国际化是否促进了企业创新——基于中国信息技术企业的经验研究[J]．管理世界，2016(11)．

[6] 刘军．整体网分析讲义：UCINET 软件实用指南[M]．上海：上海人民出版社，2009．

[7] 柳卸林，吴晟，朱丽．华为的海外研发活动发展及全球研发网络分析[J]．科学学研究，2017，35(6)．

[8] 吕萍，杨震宁，王以华．我国高新技术企业研发国际化的发展与现状[J]．中国软科学，2008(4)．

[9] 王展硕，谢伟．研发国际化对企业创新绩效的作用过程及结果分析[J]．外国经济与

管理，2018，40(09)．

[10] 张红娟，谭劲松．联盟网络与企业创新绩效：跨层次分析[J]．管理世界，2014(3)．

[11] 张秀峰，陈光华，杨国梁．企业所有权性质影响产学研合作创新绩效了吗？[J]．科学学研究，2015，33(6)．

[12] 赵炎，王琦，郭霞婉．战略联盟企业间创新网络的创新绩效研究[J]．华东经济管理，2014(1)．

[13] Asakawa, K., Park, Y. J., Song, J., et al. Internal embeddedness, geographic distance, and global knowledge sourcing by overseas subsidiaries [J]. *Journal of International Business Studies*, 2017, 49(3).

[14] Awate, S., Larsen, M. M., Mudambi, R. Accessing vs sourcing knowledge: A comparative study of R&D internationalization between emerging and advanced economy firms [J]. *Journal of International Business Studies*, 2015, 46(1).

[15] Belderbos, R. A., Lokshin, B., Sadowski, B. The returns to foreign R&D [J]. *Journal of International Business Studies*, 2015, 46(4).

[16] Borgatti, S. P., Everett, M. G., Johnson, J. C. *Analyzing social networks* [M]. Los Angeles: Sage, 2013.

[17] Branstetter, L. Is foreign direct investment a channel of knowledge spillovers? Evidence from Japan's FDI in the United States [J]. *Journal of International Economics*, 2006, 68 (2).

[18] Burt, R. S. *Structural holes: The social structure of competition* [M]. Cambridge: Harvard University Press, 1992.

[19] Chen, C. J., Huang, Y. F., Lin, B. W. How firms innovate through R&D internationalization? An S-curve hypothesis [J]. *Research Policy*, 2012, 41(9).

[20] Freeman, L. C. Centrality in social networks conceptual clarification [J]. *Social Networks*, 1978, 1(3).

[21] Harhoff, D., Mueller, E., Reenen, J. V. What are the channels for technology sourcing? Panel data evidence from German companies [J]. *Journal of Economics & Management Strategy*, 2014, 23(1).

[22] Hsu, C. W., Lien, Y. C., Chen, H. R&D internationalization and innovation performance [J]. *International Business Review*, 2015, 24(2).

[23] Koka, B. R., Prescott, J. E. Designing alliance networks: The influence of network position, environmental change, and strategy on firm performance [J]. *Strategic Management Journal*, 2008, 29(6).

[24] Lahiri, N. Geographic distribution of R&D activity: How does it affect innovation quality? [J]. *Academy of Management Journal*, 2010, 53(5).

[25] Liang, H., Ren, B., Sun, S. L. An anatomy of state control in the globalization of state-owned enterprises [J]. *Journal of International Business Studies*, 2015, 46(2).

[26] Mcevily, B., Marcus, A. Embedded ties and the acquisition of competitive capabilities [J].

Strategic Management Journal, 2010, 26(11).

[27] Parida, V., Wincent, J. Oghazi, P. Transaction costs theory and coordinated safeguards investment in R&D offshoring[J]. *Journal of Business Research*, 2016, 69(5).

[28] Schilling, M. A., Phelps, C. C. Interfirm Collaborationnetworks: The impact of large-scale network structure on firm innovation[J]. *Management Science*, 2007, 53(7).

[29] Singh, J. Distributed R&D, cross-regional knowledge integration and quality of innovative output[J]. *Research Policy*, 2008, 37(1).

[30] Tsai, W. Knowledge transfer in intraorganizational networks: Effects of network position and absorptive capacity on business unit innovation and performance [J]. *The Academy of Management Journal*, 2001, 44(5).

R&D Internationalization and Enterprise Innovation Performance: Based on the Perspective of Social Network Analysis

Li Mei[1]   Zhao Qiao[2]

(1, 2 Economics and Management School of Wuhan University, Wuhan, 430072)

Abstract: R&D internationalization is a strategic option for the multinational enterprises (MNEs) of emerging economies to acquire advanced technology and scarce innovation resources on a global scale. With the deepening of R&D internationalization, the enterprise's position in overseas R&D network has become the key to control external resources and gain the network benefits. Based on Chinese enterprises' overseas R&D alliance data during 1999—2015, this paper explores the relationship between R&D internationalization and enterprise innovation performance as well as how enterprise's position in overseas R&D network (degree, structure hole) has a moderating effect on the relationship. The results show that R&D internationalization significantly promotes the innovation performance, and both the degree and the structure hole have positive moderating effects on the relationship. This paper further points out that the positive moderating effects of degree and structure hole are enhanced in small-scale enterprises and high-tech enterprises.

Key words: R&D internationalization; Innovation performance; Social network; Degree; Structure hole

专业主编: 陈立敏

企业社会责任与企业绩效[*]

——公共关系水平和环境复杂性的中介调节作用

刘海建[1]　施　浩[2]

（1，2　南京大学商学院　南京　210097）

【摘　要】本文研究了中国转型经济背景下企业社会责任对绩效的影响路径是否存在公共关系水平作为中介变量，是否受制于环境复杂性的调节。利用长三角地区企业的 307 份问卷调研数据，采用偏最小二乘结构方程模型及 bootstrap 法进行实证检验。研究结果表明，公共关系水平在企业社会责任对企业绩效的正向影响效果中起部分中介作用，环境复杂性在低水平下对此效果起负向调节作用。

【关键词】企业社会责任　公共关系水平　环境复杂性　绩效

中图分类号：F270　文献标识码：A

1. 引言

在当前企业竞争日益激烈的环境下，越来越多的战略制定者、市场营销者把企业在环境、环保、社区、慈善等方面的贡献作为企业塑造品牌形象、构建独特竞争力的一环（刘凤军 等，2012）。这种亲社会（Prosocial）的行为在 20 世纪 90 年代以来得到越来越多的关注，虽然对其界定还有一些学界的争议（卢代富，2001），但众多学者都称之为企业社会责任（Corporate Social Responsibility，CSR）。许多企业也越来越把 CSR 作为塑造独特竞争力的手段。一些企业认为 CSR 增加了成本，与本身追求的目标相悖，但也有学者，如 Porter 和 Kramer（2006）指出企业社会责任不仅仅是一种成本、约束、慈善行为，它也可以是机会、创新、竞争优势的来源。这在一定程度上呼吁企业关注经营性行为的同时，更多地履行 CSR 这种自发的企业行为。

目前进行 CSR 或者说利用它进行营销的例子有很多。宜家（IKEA）作为一家家具制造和销售企业，凭借它在环境、环保方面做出的努力，频频推出创新产品，获得了消费者的信

＊ 本项研究得到国家自然科学基金"行善亦须真心向善：负溢出情境下企业社会责任真诚性解读研究"（基金号：71972099）；"国际化背景下在华中外资企业的社会责任进程研究：基于跨情境的视角"（基金号：71572078）的资助。

通讯作者：施浩，E-mail：shihao@ smail. nju. edu. cn。

赖，形成了独特的竞争优势（Wilson，1994）。而随着媒体舆论监督越加广泛，宏观环境冲击越加强烈，很多企业在履行 CSR 时发现：虽然自己在 CSR 方面做了很多贡献，但绩效并没有相似企业提高得明显。很多企业在履行 CSR 时，并没有将其作为战略的一个维度，而是简单地从行为出发，形成不了明显的公司能力，进而对企业绩效没有明显的提升。

现有对 CSR 和企业绩效关系的研究中，发现了两者关系并不是简单的（Malik，2015），这似乎表明在两者中间存在权变因素，如公司能力等（Luo 和 Bhattacharya，2006），这些因素导致了两者关系的不稳定。虽然过去对 CSR 和企业绩效关系的研究已经形成了较为丰富的成果，但仅少数人关注到其作用机制，如社会资本因素等公司能力的中介效果（于洪彦 等，2015）。这些中介变量的引入在结果上也产生了不同的效果，如非线性结果。同时也鲜有文献研究复杂情景下 CSR 与企业绩效关系的变化和其机制的变化。但从资源依赖理论看，环境变化等因素对 CSR 和企业绩效的关系存在一定的影响。在统计方法和模型方面，目前的研究多采用多元回归或两阶段回归，如 Wang et al.（2011）和 McGuire et al.（1988）；但 CSR 的测量存在概念不可测的问题，在很多情况下回归结果都并不是令人满意的（Lin et al.，2009）。因此在数据处理方面除了简单的线性回归之外，我们还需要引入不同的检验方法，这样检验结果会更有说服力。

在 CSR 同企业绩效关系的研究中，我们注意到，企业的公共关系水平同两者有很强的联系。具体来说，CSR 部分构建了企业公共关系水平，而企业公共关系水平在很大程度影响了企业绩效。S-O-R 模型解释了 CSR 信号发出后对其利益相关者产生刺激，并将刺激通过其公共关系水平作用于企业绩效上的影响机制。除了上述公共关系水平作为中介机制之外，企业在 CSR 的履行中产生不同效果的原因可能是：在经济转型背景下，一些企业面临更复杂的外部环境，环境的复杂性各不相同，企业的各个行为在不同的环境下会产生不同的效果。因此，我们引入环境复杂性来验证其是否对 CSR 和企业绩效之间的中介作用有调节效果。本文利用偏最小二乘结构方程模型和基于 bootstrap 的回归进行了实证。

本文主要研究 CSR 同企业绩效之间的关系，提出 CSR 本身所具有的工具性和资源性是提高企业绩效的两个重要机制。我们利用长三角地区企业的问卷调查数据，建构了企业公关水平作为中介变量的研究模型，并引入企业外部环境因素验证其调节效果，形成带调节的中介效果的模型。研究在以下两个方面补充了 CSR 和企业绩效关系的研究：一是提出公共关系水平为两者关系的中介变量，外部环境作为调节变量的模型探究了较为复杂的情景，对 CSR 的影响路径研究具有意义；二是补充了 CSR 对企业绩效产生效果的 S-O-R 机制，提出公共关系水平可能是两者关系的中介，这对 CSR 无论作为战略性手段还是营销手段的研究都有意义。

2. 文献回顾与假设

2.1 CSR 与企业绩效

CSR 作为一个理论概念具有多重分类，学者对之也有不同的理解（McWilliams 和 Siegel，2000），从最初它被认为是管理者对社会应尽的责任（Dodd，1932），到后来对其定义和作用的辩论。其中有部分学者并不承认 CSR 这个概念，因为 CSR 本身所包含的义务交代不清，不能作为一种概念存在，它只是作为企业进行宣传的手段（Smith，1988）；也有观点指出企业最终追求的是利润最大化，当企业达到这个目标，它的社会福利就到达了最大，其实这种观点也等于并不承认 CSR，认为它是实现利润最大化的一个部分。CSR 被另一部分人接受和认可，如 Carroll（1979）认为 CSR 可以划分为经济责任、法律责任、道德责任、慈善责任；国内学者卢代富（2001）认为 CSR 是对股东利益最大化的补充和修正，是"企业在谋求股东利益最大化之外所负有的维护和增进社会公益的义务"。

在实证方面，CSR 对企业利润、收益等财务指标的影响出现了相悖的结论，正负相关都存在。比如 Griffin 和 Mahon（1997）的实证证明 CSR 能够提高企业财务绩效，而 Waddock 和 Graves（1997）等做出了相反的实证；国内学者李正（2006）采用通信行业的经验数据证明两者存在正向关系，田虹（2009）证明从当期看，进行 CSR 越多的企业，企业价值越低，长期来看并不会降低。对此，成本理论有一个有趣的解释：CSR 行为减少企业进行正常的经营活动的资源（Aupperle et al.，1985）；相反地，Waddock 和 Graves（1997）等提出不履行 CSR 会增加企业经营的隐性成本，长期对其竞争优势产生损害。这种不同的实证结果，虽然有上述不同的解释，也存在着采用的绩效指标各不相同，对时间维度的取向不同等主观原因。有学者指出计量的不规范是其结果不一致的一个原因（McWilliams 和 Siegel，2000），内生性也是影响测量的另一个重要原因（Al-Tuwaijri et al.，2004），但总体来说，从元分析的结果来看两者关系都是积极的（Margolis et al.，2007）。

从 CSR 在中国的实践来看，很多企业对外捐助、社区慈善频率都越来越多，并把 CSR 作为企业为社会贡献的一个方面进行报道。虽然还有很多学者对这种将 CSR 表面化的行为持消极态度，但即便将 CSR 看作是一种"工具"，它本身作为一种营销概念也吸引了投资者、消费者而产生收益。我们认为企业做好事（或者关键利益相关者认为企业在做好事）的现象使公众产生了对公司股票、工作和产品的需求和承诺。CSR 还能被视为一种独特的资源——如对待相关者的方式、公司运行的方式，这种资源实质上会提升效益或降低成本。提升效益包括善待员工而获得员工的努力，援助非营利组织（如产学研组织）从而获得创新的产品等；降低成本包括因清洁、安全操作等避免相关的处罚与监管等。CSR 资源性的机制同以往对 CSR 作用的研究一致，如有学者认为 CSR 可以提高经营效率（Saiia et al.，2003）、提高员工生产力（Tuzzolino 和 Armandi，1981）、提高风险管理能力（Richardson 和 Welker，2001）等。基于 CSR 工具性和资源性的双重机制，我们做出如下假设：

H1：企业社会责任对企业绩效有正向影响效果。

2.2 S-O-R 模型视角下的公共关系

公共关系（Public Relation）作为具有多重含义的概念，区别于中国式的公共关系，西方将其定义为组织改善与关键社会公众的关系（Grunig，1993）、促进社会对其的认识以树立品牌形象的一种活动。其包括为解决公共关系问题而进行的危机处理等活动（Wilson，1994），越来越多的学者将这方面的研究归纳为关系管理范畴（Relationship Management）。而企业公共关系水平是企业在公共关系方面做出的行为形成的相关层级。从关系管理的范畴来看，公共关系包含客户关系在内的相关营销关系管理（Ledingham 和 Bruning，1998）。企业公共关系水平与 CSR、企业绩效的关系，从营销学角度来看，S-O-R 模型能解释其机制。该模型是指刺激-反应模型，是由刺激变量通过某种中介对反应变量产生作用（Mehrabian 和 Russell，1974）。这个理论模型常被用来解释消费者在购物情景下的刺激反应，在一定程度上也能解释 CSR 信号发出后对其利益相关者产生刺激的效果。也就是说，企业在进行 CSR 后对核心的利益相关者发出信号并产生刺激，并将刺激通过其公共关系水平作用于企业绩效上。从以往的研究来看，S-O-R 模型对营销之外的如企业各种能力水平的中介效果的解释都具有很好的效果，例如组织承诺为中介的组织学习与绩效关系的研究（梁卓等，2007）。这也从一定程度上表明了该理论可以在公共关系水平这种公众对企业认可的程度、涉及企业能力的方面进行相关解释。

CSR 的履行已经越来越成为企业构建企业公共关系水平的一个部分，作为营造良好的品牌形象的一个重要组成。CSR 同公共关系水平之间的关系，尽管目前还没有翔实的文献报告其关系，但已经有学者将 CSR 作为营销战略，认为 CSR 会影响公共关系水平（Bahadir et al.，2008；Mishra 和 Modi，2016）。S-O-R 模型解释了 CSR 的履行提升了企业对利益相关者的影响，从而影响关键公共对象（Key publics）对企业的认可，而这种认可正是企业公共关系水平的外在体现之一。同时，公共关系水平是企业通过和关键社会公众建立联系进而塑造形象活动的水平，就意味着 CSR 履行的差异程度会反映在企业的公共关系水平上。在已有的相关研究中，公共关系对企业绩效的影响，有基于社会交换理论所提出的营销作为企业价值提升的工具和资产等论点（Salancik 和 Pfeffer，1978）。公共关系水平在很大程度需要通过营销来构建，这表明企业通过提高公共关系水平可能会获得更好的社会认知水平及更加丰富的公司资产。同时，公共关系水平已经成为危机处理的一个重要条件，这种处理能力在企业面临生死考验时尤为重要，尤其是面临同企业绩效高度相关的危机时，公共关系水平会使得危机的走向发生变化。

企业在进行 CSR 的同时，得到了利益相关者的认可，并通过这种认可提升了绩效水平，而公共关系水平是整合和利用这些认可和资源以促进企业绩效的一种公司能力水平。那么，这可能意味着公共关系水平在 CSR 和企业绩效关系中起中介作用。企业绩效作为反映 CSR 通过公共关系水平产生刺激的效果。这也同 S-O-R 理论在影响机制上的解释相吻合，即企业在 CSR 信号发出后对其利益相关者产生刺激，并将刺激通过其公共关系水平作用于企业绩效上。也就是说，企业在进行了 CSR 后，会通过调动自己的公共关系进行营销，影响公众对企业的评价，进而影响企业绩效。基于此，我们做出如下假设：

H2：公共关系在企业社会责任和企业绩效关系中起中介作用。

2.3 外部环境

从影响企业绩效的相关文献来看，有部分学者提出了客户意识对其的调节作用（Servaes 和 Tamayo，2013）和社会资本对其的调节作用（于洪彦等，2015）等。这些调节作用大致分为两个方面，一方面是有关公司本身能力的内部因素，另一方面是有关企业所处的社会环境等外部因素。我们认为公共关系水平对企业绩效的作用也受到企业所处环境的影响，从企业资源依赖的角度看，企业拥有一定数量的包括资本等在内的资源，当外部环境的复杂性较低时，企业有余力将更多的资源投入公共关系水平的构建中，从而提高企业的绩效水平。当企业面临较高的环境复杂性时，由于资源的有限，将资源投入经营性支出中；当然，也存在由于更高的环境复杂性，企业试图以更丰富的公共关系水平来构建竞争优势，从而影响企业绩效水平的可能性。环境复杂性在各因素对企业绩效效果中起着非常关键的作用。如在 CSR 和绩效的关系中，Goll 和 Rasheed（2004）提出环境包容性和动态性是企业自发社会责任（Discretionary Social Responsibility，DSR）和绩效的权变干扰变量。外部环境的变化等因素天然地被企业识别并使得企业能力在不同的环境中发挥不同的作用。这从一个侧面向我们暗示，外部环境的不同程度，特别是外部环境的复杂性等因素在这个关系链条中起到了关键性的作用。

公共关系水平对企业绩效的影响效果比较积极，并容易受到企业决策者、企业客观因素的影响。这些客观因素在很大程度上对两者关系具有调节效果。而环境复杂性的不同对公共关系水平的影响主要是从资源依赖理论的角度解释的。具体来说，转型期的企业面临更复杂的外部环境时，往往忽视企业公共关系水平的建设，进而将有限的资源投入经营性支出中，这也使得公共关系水平对企业绩效的影响减弱。公共关系水平在 CSR 和企业绩效关系之间可能存在中介作用，而由于公共关系水平和企业绩效之间可能被环境复杂性调节，中介效应也可能被调节。当环境复杂性越高时，企业在 CSR 的投入一方面由于公共关系对绩效的影响变弱而使公众感知变差，进而损害企业绩效，这同 S-O-R 的刺激机制一致；另一方面企业面对更高的环境复杂性时，CSR 虽然被提高了，但社会对它的反应变差，这同资源依赖理论提出的企业资源的有限性一致。基于此，我们做出如下假设：

H3：环境复杂性负向调节公共关系水平对企业绩效的影响，环境复杂性越高，其影响越弱。

H4：环境复杂性负向调节公共关系水平对企业社会责任和企业绩效关系的中介作用，环境复杂性越高，其效果越弱。

综上，本文带调节的中介作用的模型如图 1 所示。

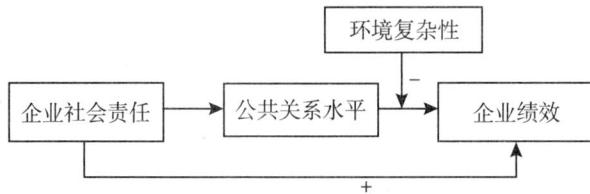

图 1　模型简图

3. 实证设计及数据收集

3.1　数据

本文通过问卷调研的方式进行数据采集。问卷分为 2 个主要部分，问题使用 7 点

Likert 量表设计，问卷的调查范围为苏州、南京、常州、合肥等长三角地区的企业。回收有效数据 307 份。问卷设计的第一部分包括对 CSR 测度、公共关系水平的测度和对目前企业外部环境的测度；第二部分包括对企业经营状况的测度。

问卷涉及的企业包括食品制药业、服装纺织业、木制品家具业、造纸印刷业、石油化工行业、电子行业、金属与非金属行业、机械设备制造业等行业的企业，具有一定的代表性。从所有制角度看，国有及集体企业占 13.7%，私营企业占 58.6%，含外资的企业及其他企业占 27.7%。对问卷结果基于企业规模、行业、省份企业年龄等差异进行交叉表分析，未发现显著差异，问卷具有代表性。

3.2 测量

企业社会责任。CSR 的测量比较复杂，有声誉指数法（Reputation Index）和内容分析法（Content Analysis）、问卷调查等几种比较常见的方法（田虹，2009）。考虑到我国对 CSR 的量化测量还不具备国外的条件，本文采用问卷测量的方式对企业家、高管等进行问卷测量，问卷采用 7 点 Likert 式。该方法被许多学者采用于实证研究，如 Aupperle 等（1985）的研究。

为了使问卷具有可读性和可操作性，我们采用了利益相关者理论，对 CSR 进行划分。国际上通常认为 CSR 应该包括除股东之外的维护商业道德责任、保护员工权利责任、环境保护责任、慈善事业责任、保护弱势群体责任等。国内学者卢代富（2001）在此基础上，结合我国国情在分析时将 CSR 分为：股东责任、雇员责任、消费者责任、债权人责任、社会发展责任、环境责任、社会福利与慈善责任等。根据利益相关者理论，综合以往研究中关于 CSR 的测量维度，我们将社会责任的维度分为：政府、客户、员工、社区。通过对这些变量的测量来解释潜变量 CSR。这部分的题项包括对其同政府的关系的得分项、对员工的工资福利水平、对客户投诉的重视、社区慈善活动等在 CSR 各个方面的测量。具体地，我们从利益相关者理论出发，提出政府 CSR、客户 CSR、雇员 CSR 和社区 CSR 四个易于感知的主要维度，通过问卷题项进行数据采集。在政府层面主要包括：与一般职能部门的联系；与本地政府的联系；与本行业对口管理部门的联系。在客户层面主要包括：服务质量；客户意见重视程度；产品品牌；产品质量。在社区层面主要包括：社区活动频率；慈善活动频率；社区知名度重视程度；社区美誉度重视程度。

企业绩效。在绩效指标的选择上，我们经验性地选择净资产收益率、市场份额、市场份额增长率作为显变量（基于同行业的水平）来反映企业绩效（Ruf et al.，2001；Verschoor，2002）。这部分的选择同以往在 CSR 和企业绩效的研究中采用的指标基本一致。

公共关系水平。在测量方面，学者在其测量的维度上并没有达成普遍共识，一般从销售、广告、公共关系策略、公共关系处理等方面进行测量（Hotz，2005）。具体地，公共关系水平作为关系管理的一个范畴，在很大程度上是企业在社会公众面前品牌形象的一种维持，企业会通过广告等营销手段来构建公共关系水平，同时在营销策略等方面做出的战略安排也是构建其公共关系水平的方法。我们通过对企业的销售、广告、公共关系策略、公共关系处理等进行测量，使用营销手段、公共关系战略、广告投入等指标来测量潜变量的公共关系水平（PR）。

环境复杂性。环境复杂性（Environmental complexity）指环境同组织之间关系的同异质度和集中分离程度(Justin Tan 和 Litsschert,1994)。这些对环境维度的划分主要是在不同的层面解释环境不同的作用机制和理念。考虑到抽样企业的特性,我们剔除了如国际环境等环境复杂性,测量了竞争者、客户、供应商、技术等指标。

4. 实证结果

4.1 信效度分析及描述性统计

在对假设进行检验之前,首先进行验证性因子分析以验证问卷具有较好的信度和效度水平,如表 1 所示。本文采用 SPSS 及 SmartPLS 对各个潜变量的题项进行数据分析。结果表明,CSR 各个维度的克隆巴赫 α 系数分别为 0.838、0.890、0.908、0.931,均在 0.7 的水平之上,公共关系水平环境复杂性和 CSR 的克隆巴赫 α 系数分别为 0.724、0.754、0.858,也都达到了信度要求,问卷信度良好。根据验证性因子分析的结果来看,因子载荷普遍在 0.7 以上,有较高的聚敛效度。

表 1 各潜变量信度与验证性因子分析

构念	题 项	因子载荷	α
政府 CSR	与一般职能部门(如工商局、税务局、财政局等)的联系	0.887	0.838
	与地方政府的关系密切程度	0.883	
	与本行业对口管理部门的联系	0.836	
客户 CSR	对培训一线员工以提高客户服务质量的重视程度	0.840	0.890
	对客户投诉意见的重视程度	0.865	
	对产品品牌在客户心目中形象的重视程度	0.851	
	对产品质量的重视以至于不让客户失望的程度	0.912	
雇员 CSR	保证员工工资待遇努力程度	0.814	0.908
	建立与员工间信任努力程度	0.866	
	对员工工作满意度关心程度	0.907	
	对与员工共赢的认可程度	0.888	
	决策中采纳员工意见的认可程度	0.799	
社区慈善 CSR	公司参与社区民间活动的频率	0.872	0.931
	公司参加社会慈善活动的频率	0.892	
	公司义务参加社区活动的频率	0.918	
	对公司在所在社区知名度的重视程度	0.886	
	对公司在所在社区美誉度的重视程度	0.860	

构念	题 项	因子载荷	α
公共关系水平	在营销和公共关系方式上强调创新	0.871	0.724
	广告投入强度	0.767	
	高层管理者鼓励制定创新性的营销战略和公共关系策略,即使知道其中有些会失败	0.787	
环境复杂性	竞争者之间环境的复杂程度	0.722	0.754
	零售商、批发商和最终消费者环境的复杂程度	0.827	
	供应商环境的复杂程度	0.686	
	技术环境的复杂程度	0.772	
企业绩效	净资产收益率	0.871	0.858
	市场份额	0.767	
	市场份额增长率	0.863	
	销售毛利	0.844	

表 2 为 SmartPLS 在路径分析时对主要潜变量的潜在得分进行的相关性分析。从表中我们可以看到 CSR、公共关系水平及企业绩效之间都呈现明显的正相关,这也同我们对其中介的假设相一致。

表 2　　　　　　　　　　　主要潜变量相关系数表

	环境复杂性	企业社会责任	企业绩效	公共关系水平
环境复杂性	1			
企业社会责任	0.579**	1		
企业绩效	0.254**	0.345**	1	.
公共关系水平	0.301**	0.516**	0.326**	1

注:**表示在 0.01 的水平下(双尾)相关性显著。

4.2 PLS-SEM 结构模型及假设检验

为达到研究目的,本文分别采用 PLS-SEM 及 bootstrap 法验证主效应和中介效应(H1、H2)及调节作用(H3、H4)。采用的软件为 SmartPLS(version:3)、SPSS(version:26)及其宏程序 PROCESS(version:3.4)。

考虑到本文样本数较小,同时为了消除测量误差和共线性对参数估计量的较大影响而使显著检验失灵的潜在问题,本文使用偏最小二乘结构方程模型(PLS-SEM)进行路径分析，bootstrap 重复抽样 5000 次。具体地，我们在使用 PLS-SEM 后，得到了表 3 所示的模型Ⅰ及模型Ⅱ。

表3 PLS 路径分析及回归分析

	模型Ⅰ	模型Ⅱ		模型Ⅲ DV: PR	模型Ⅳ DV: PF	模型Ⅴ DV: PF
CSR->PF	0.299*** (5.019)	0.305*** (4.974)	CSR	0.517*** (10.53)	0.241*** (3.895)	0.185* (2.572)
ENC->PF	0.217** (3.254)	0.186** (2.475)	ENC			0.074 (1.147)
PR->PF		0.154* (1.970)	PR		0.202** (3.272)	0.197** (3.211)
CSR->PR		0.519*** (10.426)				
			PR×ENC			−0.098* (−2.245)
	$R^2=0.160$	$R^2=0.177$		$R^2=0.267$	$R^2=0.150$	$R^2=0.268$

注：***、**、*分别表示在 0.001、0.01、0.05 的水平下(双尾)相关性显著。

同时我们将模型的全效应及间接效应放入图 2 及图 3 中。其全效应如模型Ⅰ(见图 2)所示，间接效应如模型Ⅱ(见图 3)所示。

图 2　企业社会责任对企业绩效的全效应(模型Ⅰ)

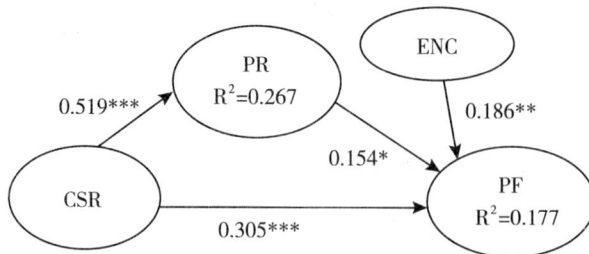

图 3　企业社会责任对企业绩效的间接效应(模型Ⅱ)

模型Ⅱ中，在"CSR->企业绩效"路径上(B=0.305，t=4.974)表现显著，H1 得到验证；CSR 对企业绩效的影响（B = 0.519，t = 10.426）及公共关系水平对企业绩效的影响（B = 0.154，t = 1.970）都表现显著，这说明公共关系水平作为中介变量是有意义的。

为了进一步验证上述两条路径是否存在中介效果，本文遵循 Hayes 和 Preacher（2014）以及 Preacher 和 Hayes（2008）的建议，使用 PLS 模型各潜变量的得分作为输入数据对其进行 bootstrap 法（抽样 5000 次）检验，各潜变量的相关系数见表 2，bootstrap 法输出结果见表 3（模型 III 及模型 IV）及表 4。

表 4   中介效果检验

	95%置信区间			
	Effect	Boot SE	Boot LLCI	Boot ULCI
公共关系水平	0.104	0.040	0.026	0.187

模型 III 和模型 IV 是我们将潜变量的得分作为输入数据加入 PROCESS 中进行回归得到的模型。在模型 III 中，我们仅加入了 CSR 得分对企业绩效水平进行回归，发现其系数显著；模型 IV 是我们在模型 III 的基础上加入了企业公共关系水平后得到的，其系数也同样显著。对其系数进行分析，系数 a×b（0.517×0.202）经 Bootstrap 法检验在 95%置信区间下，中介检验结果显著，其置信区间为 LLCI：0.26 ~ ULCI：0.187（见表 4），表明其中介效应显著（为 0.104），H2 得到验证（Hayes，2018）。

4.3 调节作用检验

在对环境复杂性的调节作用进行分析时，根据我们的假设，其调节效果作用于"公共关系水平->企业绩效"路径上，检验结果如表 2 中的模型 V 所示。在这个模型中，我们发现，环境复杂性×公共关系水平（B = -0.098，t = -2.245）表现显著，H3 得到验证。

进一步地，我们分析了环境复杂性在各水平上对中介作用的影响水平，利用 PLS 潜变量得分及 bootstrap 法估计得到如表 5 所示的中介效果。我们可以看到在较低的环境复杂性下，CSR 通过公共关系水平对企业绩效的间接效应大于 0，而在较高的环境复杂性下，间接效应不再明显（其置信区间包含 0）。也即，公共关系水平对 CSR 和企业绩效的中介作用只有在环境复杂性较低的水平时才会显著存在。H4 中被调节的中介效果得到部分验证。

表 5   CSR->PR->FP 间接效应

	95%置信区间			
环境复杂性	Effect	Boot SE	Boot LLCI	Boot ULCI
Mean-1SD	0.153	0.046	0.063	0.187
Mean	0.102	0.031	0.306	0.180
Mean+1SD	0.051	-0.042	-0.422	0.148

5. 结论与讨论

本文通过长江三角洲地区企业的 307 份问卷调查，分析了 CSR 与企业绩效的关系，建立了 CSR、公共关系水平、环境复杂性和企业绩效的带调节的中介模型。实证结果验证了以下结论：①CSR 对企业绩效有正向影响，公共关系水平是其关系的部分中介；②公共关系水平对 CSR 和企业绩效的中介作用受到环境复杂性的负向调节，且这种调节在较低水平的环境复杂性上显著。

5.1 结论

5.1.1 中介效果

根据上述结果，我们发现，企业公共关系水平在 CSR 和企业绩效的关系中起到了中介作用。这与一些学者关于公司能力在两者关系中的作用相互验证。这种中介作用的成立，从市场营销的 S-O-R 理论逻辑上来讲，是企业将 CSR 作为公共关系的一种，并从营销战略的角度出发提高关键公众的认可，从而提高公共关系水平，让利益相关者获得更强的、更多元的信号刺激，以便使他们的决策偏向更优的方面。

但我们也注意到，这种中介效果也只是部分中介，还有其他的因素没有被充分考虑。结合以往研究来看，中介因素呈现复杂的趋势，这也同 CSR 影响不同方面有关。特别是目前 CSR 已经被越来越多的管理学科所关注，比如营销学已经将其视为一种营销手段。我们单从战略角度来看 CSR，也发现 CSR 在公司治理架构中，已经不仅仅是一种宣传方式（工具性），还是公司其他能力的一种外在体现和内生动力（资源性）。

5.1.2 调节效果

在上述的讨论中，我们发现，环境复杂性在公共关系水平对 CSR 和企业绩效的中介作用中起负向调节效果。其效果虽然显著，但拟合效果并不理想。这从一个侧面也表明企业在面临不同水平的 CSR 时，虽然会采取不同的 CSR 水平以达到提高绩效的目的，但这种改变还存在着其他方面的因素，如企业吸收能力等内部因素、行业的发展阶段等外部因素。

在环境复杂性处于高水平下，其对中介效果的调节作用达不到显著水平。这可能同我们使用了同一地区的实证数据导致其外部环境复杂程度的区分度不明显有关。也可能由于企业在面临更高水平的环境复杂性时，往往需要通过形成更高层次的公共关系水平、投入更多资源进入 CSR，以获得竞争优势，提高绩效。这并没有同我们提出的相关假设相违背。本文认为企业面临更复杂的外部环境时，往往忽视企业公共关系水平的建设，同时也会相对减少在 CSR 方面的努力，进而将有限的资源投入经营性支出中，从而使得公共关系水平对企业绩效的影响减弱——这是在低复杂性时，企业做出的最优资源配置；当环境复杂性到达较高水平时，企业为了寻求更高的绩效，得到更多的突破，它会选择更充分的 CSR 的履行来获取更多的社会认同，进而提升公共关系水平，最终影响绩效水平，这充分验证了资源依赖理论。

结合以往的研究，我们越来越多地看到 CSR 同绩效之间的关系呈现非线性变化，或者其调节作用产生的路径越来越复杂。这也从一个侧面表明我们不能简单地把 CSR 认为是推动企业绩效提升的行为,我们要从更宏观、更系统的角度看待它们,在管理实践中也需要更辩证地看待两者关系,找到最适合企业的平衡点。

从我们的分析中,我们发现 CSR 部分地通过企业公共关系水平影响其绩效,而企业所处的环境复杂性越高,这种影响就越弱。在高环境复杂性的条件下,这种调节失效。这启示我们,在当下经济转型背景下,企业处于多变、不稳定和经济放缓的情景中,需要在 CSR 方面做好战略规划,甚至将 CSR 作为公共关系处理、市场营销的一环。一个发展健康的企业,需要和自己的利益相关者保持强互动,其原因不仅在于提高自身的利润收入,更在于提升自己在社会价值链中作为一个社会主体的"话语权"和"影响力"。在中国经济转型时期,特别是在社会媒体特别发达的今天,企业通过 CSR 构建起更高水平的公共关系水平,可以获得更高的声誉。声誉度高的企业在价值链上会得到充分的尊重,从而有利于企业更好地发展,如对学校的资助形成了企业人才培养体系,对社区的贡献形成了特有的企业文化等。

环境复杂性的负向调节作用也是需要企业重点关注的。一些企业在面对更高的环境复杂性时,往往放弃自己在社会责任方面的贡献,转而通过短期易于获得绩效的方式去进行企业营销活动、经营活动等。同时,我们需要注意的是,在高水平的环境复杂性下,其调节作用失效,而目前竞争环境越发复杂,存在更多冲突发生的可能与危机出现的机会,企业绩效的提升不能单纯地依靠对主营业务的投入,在其他方面进行更多的探索将是更有利的选择。这从资源依赖理论也可以看出,当企业处于复杂的环境中时,它需要通过吸收或建立属于自己的资源,并努力将这些资源的属性个性化,形成独有的竞争力,促成企业独特的竞争优势,进而在竞争中取得长期稳定的绩效。

5.2 贡献与不足

本文的主要贡献是丰富了 CSR 和企业绩效关系研究的相关视角:一方面,本文提出了公共关系水平为两者关系的中介变量,外部环境作为调节变量的模型探究了较为复杂的情景,对 CSR 的影响路径研究具有意义;另一方面,本文补充了 CSR 对企业绩效产生效果的 S-O-R 机制,提出公共关系水平可能是两者关系的中介,这对 CSR 作为战略性手段或营销手段的研究都有意义。另外,本文利用偏最小二乘结构方程模型进行了路径分析,补充了 CSR 和企业绩效关系研究中对 CSR 这一难以直接测量的概念的数据处理方法,减少了因测量误差导致的回归结果的偏离。

除了上述贡献外,本文还存在一些不足。本文采用了长三角地区企业的数据,企业所在区域的经济处于中国较发达水平,可能存在偏见;问卷采集数据,虽然在数据处理上采用了 PLS 的方法,但相关变量间可能存在内生性;数据存在短期情况,没有建立长效跟踪的研究机制,特别是对调节效果没有进行时滞操作,结果可能存在偏差。未来的研究在数据收集上可以建立长效跟踪研究机制,对 CSR 的识别和对环境复杂性的测量也可寻求更合理的指标。同时,应更多地探讨 CSR 同企业绩效之间关系的影响路径,并对其中的机制做更深入的探索。

◎ **参考文献**

[1] 李正. 企业社会责任与企业价值的相关性研究——来自沪市上市公司的经验证据[J]. 中国工业经济, 2006(2).

[2] 梁阜, 李树文, 孙锐. Sor视角下组织学习对组织创新绩效的影响[J]. 管理科学, 2007, 30 (3).

[3] 刘凤军, 李敬强, 李辉. 企业社会责任与品牌影响力关系的实证研究[J]. 中国软科学, 2012(1).

[4] 卢代富. 国外企业社会责任界说述评[J]. 现代法学, 2001, 23 (3).

[5] 田虹. 企业社会责任与企业绩效的相关性——基于中国通信行业的经验数据[J]. 经济管理, 2009, 1.

[6] 于洪彦, 黄晓治, 曹鑫. 企业社会责任与企业绩效关系中企业社会资本的调节作用[J]. 管理评论, 2015, 27 (1).

[7] Al-Tuwaijri, S. A., Christensen, T. E., Hughes, K. I. The relations among environmental disclosure, environmental performance, and economic performance: A simultaneous equations approach[J]. *Accounting Organisations & Society*, 2004, 29 (5-6).

[8] Aupperle, K. E., Carroll, A. B., Hatfield, J. D. An empirical examination of the relationship between corporate social responsibility and profitability [J]. *Academy of Management Journal*, 1985, 28 (2).

[9] Bahadir, S. C., Bharadwaj, S. G., Srivastava, R. K. Financial value of brands in mergers and acquisitions: Is value in the eye of the beholder? [J]. *Journal of Marketing*, 2008, 72 (6).

[10] Carroll, A. B. A three-dimensional conceptual model of corporate performance [J]. *Academy of Management Review*, 1979, 4 (4).

[11] Dodd, E. M. For whom are corporate managers trustees? [J]. *Harvard Law Review*, 1932, 45 (7).

[12] Goll, I., Rasheed, A. A. The moderating effect of environmental munificence and dynamism on the relationship between discretionary social responsibility and firm performance [J]. *Journal of Business Ethics*, 2004, 49 (1).

[13] Griffin, J. J., Mahon, J. F. The corporate social performance and corporate financial performance debate: Twenty-five years of incomparable research[J]. *Business & Society*, 1997, 36 (1).

[14] Grunig, J. E. Image and substance: From symbolic to behavioral relationships[J]. *Public Relations Review*, 1993, 19 (2).

[15] Hayes, A. F. *Introduction to mediation, moderation, and conditional process analysis second edition: A regression-based approach*[M]. New York: Guilford Press, 2018.

[16] Hayes, A. F., Preacher, K. J. Statistical mediation analysis with a multicategorical

independent variable [J]. *British Journal of Mathematical and Statistical Psychology*, 2014, 67 (3).

[17] Hotz, L. *Performance measurement method for public relations, advertising and sales events*: US, 09/605412[P]. 2005-04-01.

[18] Justin Tan, J., Litsschert, R. J. Environment-strategy relationship and its performance implications: An empirical study of the chinese electronics industry [J]. *Strategic Management Journal*, 1994, 15 (1).

[19] Ledingham, J. A., Bruning, S. D. Relationship management in public relations: Dimensions of an organization-public relationship[J]. *Public Relations Review*, 1998, 24 (1).

[20] Lin, C. H., Yang, H. L., Liou, D. Y. The impact of corporate social responsibility on financial performance: Evidence from business in taiwan[J]. *Technology in Society*, 2009, 31 (1).

[21] Luo, X., Bhattacharya, C. B. Corporate social responsibility, customer satisfaction, and market value[J]. *Journal of Marketing*, 2006, 70 (4).

[22] Malik, M. Value-enhancing capabilities of CSR: A brief review of contemporary literature [J]. *Journal of Business Ethics*, 2015, 127 (2).

[23] Margolis, J. D., Elfenbein, H. A., Walsh, J. P. Does it pay to be good? A meta-analysis and redirection of research on the relationship between corporate social and financial performance[J]. *SSRN Electronic Journal*, 2009: 1-68.

[24] McGuire, J. B., Sundgren, A., Schneeweis, T. Corporate social responsibility and firm financial performance[J]. *Academy of Management Journal*, 1988, 31 (4).

[25] McWilliams, A., Siegel, D. Corporate social responsibility and financial performance: Correlation or misspecification? [J]. *Strategic Management Journal*, 2000, 21 (5).

[26] Mehrabian, A., Russell, J. A. *An approach to environmental psychology*[M]. Cambridge: The MIT Press, 1974.

[27] Mishra, S., Modi, S. B. Corporate social responsibility and shareholder wealth: The role of marketing capability[J]. *Journal of Marketing*, 2016, 80 (1).

[28] Porter, M. E., Kramer, M. R. The link between competitive advantage and corporate social responsibility[J]. *Harvard Business Review*, 2006, 84 (12).

[29] Preacher, K. J., Hayes, A. F. Asymptotic and resampling strategiesfor assessing and comparing indirect effects in multiple mediator models[J]. *Behavior Research Methods*, 2008, 40 (3).

[30] Richardson, A. J., Welker, M. Social disclosure, financial disclosure and the cost of equity capital[J]. *Accounting, Organizations and Society*, 2001, 26 (7-8).

[31] Ruf, B. M., Muralidhar, K., Brown, R. M., Janney, J. J., Paul, K. An empirical investigation of the relationship between change in corporate social performance and financial performance: A stakeholder theory perspective [J]. *Journal of Business Ethics*,

2001, 32 (2).

[32] Saiia, D. H., Carroll, A. B., Buchholtz, A. K. Philanthropy as strategy: When corporate charity "begins at home"[J]. *Business & Society*, 2003, 42 (2).

[33] Salancik, G. R., Pfeffer, J. A social information processing approach to job attitudes and task design[J]. *Administrative Science Quarterly*, 1978, 23 (2).

[34] Servaes, H., Tamayo, A. The impact of corporate social responsibility on firm value: The role of customer awareness[J]. *Management Science*, 2013, 59 (5).

[35] Smith, R. Social responsibility: A term we can do without[J]. *Business and Society Review*, 1988.

[36] Tuzzolino, F., Armandi, B. R. A need-hierarchy framework for assessing corporate social responsibility[J]. *Academy of Management Review*, 1981, 6 (1).

[37] Verschoor, C. C. Best corporate citizens have better financial performance[J]. *Strategic Finance*, 2002, 83 (7).

[38] Waddock, S. A., Graves, S. B. The corporate social performance-financial performance link [J]. *Strategic Management Journal*, 1997, 18 (4).

[39] Wang, M., Qiu, C., Kong, D. Corporate social responsibility, investor behaviors, and stock market returns: Evidence from a natural experiment in china[J]. *Journal of Business Ethics*, 2011, 101 (1).

[40] Wilson, L. J. Excellent companies and coalition-building among the fortune 500: A value- and relationship-based theory[J]. *Public Relations Review*, 1994, 20 (4).

CSR and Firm Performance Mediated by Public Relationship: The Moderated Mediation of Environmental Complexity

Liu Haijian[1]   Shi Hao[2]

(1, 2   Business of School of Nanjing University, Nanjing, 210097)

Abstract: The paper analyses the relationship between corporate social responsibility (CSR) and firm performance (PF) to see whether public relation (PR) is the mediator and environmental complexity (ENC) is the moderator. Data comes from a sample of 307 firms in Yangtze River Delta. Results from variances based on PLS-SEM and Bootstrap method show that PR mediates the influence of CSR on PF, and ENC negatively conditions the indirect effect when it is at a lower level.

Key words: Corporate social responsibility; Public relationship; Environmental complexity; Firm performance

专业主编：陈立敏

共享经济型企业发展内在因素组合路径研究[*]

——基于清晰集定性比较分析法

张　勇[1]　赵鑫鑫[2]

（1，2　贵州大学管理学院　贵阳　550025）

【摘　要】结合当前共享经济的新发展，对共享经济进行重新定义，并对其内生机制进行分析，得出共享经济活动基本运作模型及共享经济型企业顾客价值创造模型。以此为基础对共享经济型企业进行分类，提出了共享经济型企业的三个基本类型，并构建出具有普适性和预测性的共享经济商业模式四要素模型。最后，利用定性比较分析法（QCA）对共享经济型企业发展的内在影响进行研究，得出了三条最有可能成为高潜力共享经济型企业的内在因素组合路径。

【关键词】共享经济型企业　内生机制　四要素模型　定性比较分析

中图分类号：F272　　文献标识码：A

1. 引言

　　2018 年是共享经济风雨兼程的一年，总体发展态势有喜有忧。一方面，共享经济依旧保持高速增长，2018 年中国共享经济交易规模 29420 亿元，比上年增长 41.6%[①]，不仅成为经济增长的重要新动能，也成为新型、弹性就业的重要源泉，成为服务业快速增长和转型升级的引擎；另一方面，共享单车市场竞争格局出现重大变化，单车企业一年内接续倒闭，使得行业发展动态引发舆论广泛关注，也引发了人们关于共享经济发展前景的讨论和反思。共享经济是"伪命题""昙花一现"，以及"寒冬论""死亡论"等负面的新闻、评论和言论大量出现，直接影响公众与市场对共享经济发展的信心和信任。共享经济是否还具有发展潜力？如果具有，哪些类型的共享经济型企业更具有潜力？这两个问题逐渐进入人们的视线。

　　在相关研究方面，共享经济的定义自其出现以来，一直是学术界及实务界探究的热

　　* 基金项目：贵州省教育厅项目"贵州金佛山方竹产业融合发展的技术集成与示范"（项目编号：黔教合 KY 字［2019］026）。

　　通讯作者：赵鑫鑫，E-mail：17684766006@ 163. com。

　　① 国家信息中心. 中国共享经济发展年度报告(2019)。

点，部分定义也为大众所接受，这其中最突出的是 Botsman 与 Rogers(2011)对于共享经济的定义。另外我国学者孙凯等(2019)也根据共享经济的新发展提出了相应的定义，这些定义在被提出的时候或许适用，但均无法适应仍然在不断发展的共享经济，无法真正准确全面地蕴含当前所有的共享经济现象。

而共享经济定义的不确定不完善，也进一步导致当前学术界对共享经济商业模式分类的混乱。尽管很多学者对共享经济的分类提出了自己的标准，如我国学者董成慧(2016)以 Botsman 与 Rogers(2011)的研究为基础，从表现形式角度提出了"产品服务系统""再分配市场""协同生活方式""技能或服务共享系统"的分类标准；杨帅(2016)基于供求主体的不同提出了"个人对企业""个人对个人""企业对个人""企业对企业"的分类标准。这些分类标准本质上都是通过观察已经出现的共享经济模式，在归纳整理的基础上提出的，因此缺少普适性，无法长期指导正在迅速发展的共享经济。

综上所述，为了回答文章开始的两个问题，本文首先针对当前定义不准确不全面的现象，重新定义了共享经济，并针对当前对共享经济的研究大多从现象出发的问题，对共享经济的内生机制进行了较为深入的研究，提出共享经济活动基本运作模型及顾客价值创造模型，并以此为基础加强对共享经济的核心——共享经济交易平台(郑志来，2016)，即共享经济型企业的相关研究，提出了共享经济型企业的分类标准，同时基于共享经济内生机制的研究提出具有普适性价值的共享经济商业模式四要素模型，回答了共享经济是否还具有发展潜力的问题。最后运用定性比较分析法(QCA)对共享经济型企业发展潜力的内在影响机制进行研究，得到了三条高潜力的内在因素组合路径，回答了哪种类型的共享经济型企业更具有潜力的问题。

2. 共享经济的重新定义

共享经济的概念最早由美国学者以一种命名为"协同消费"的生活消费方式提出，此后，学者们从各自的角度尝试对共享经济进行定义。随着共享经济被引入中国，并得到极大发展，其内涵也变得更加丰富，传统的共享经济定义已然不再适用，而当前学者们未能对"新共享经济"提出真正恰当的定义，导致出现很多不便与质疑，故而要确保对共享经济研究的准确性和科学性，就必须先对共享经济进行重新定义。

本文首先对以往定义进行梳理，为了更加直观地体现当前共享经济定义的现状，本文将从"主体""客体""媒介""目标"四个方面分别进行梳理。

首先在共享经济的主体上，各定义经历了两个阶段，第一个阶段是 2015 年之前，共享经济的供求主体基本为个人与个人。典型的有 Lovelock 和 Gummesson(2004)的研究，他们认为共享经济是"基于个人与个人关系上的交换和消费行为，且不需要发生所有权的转移"；Belk(2007)认为共享经济是"将自己的东西分配给他人使用，或从他人手中获取东西或服务为自己所用的行为和过程"；中国学者谢志刚(2015)则认为"个体消费者之间的分享、交换、借贷、租赁为共享经济"。

第二阶段为 2015 年之后，共享经济主体开始向多维化发展。典型的如何超等(2018)将共享经济定义为"基于互联网平台，个人或组织将闲置资源短时出租从而获得收益的经济模式"；Kumar 等(2018)认为"共享经济通过短时租赁将提供者(个人或组织)拥有的闲置资源进行了货币化"。

在共享经济客体上，情况则较为混乱。Belk(2007)认为共享经济的客体是"东西"或"服务"；Botsman 与 Rogers(2011)则认为是空间、技能、物品等闲置资源；Kathan 等(2016)认为共享经济包括有形资产或无形资产的使用权暂时转移和再分配；而从 Sundararajan(2016)对共享经济的定义"共享经济是一种以人群为基础的资本主义，并且通过按需使用，商品的所有权在不断发生改变"可以看出，Sundararajan 认为共享经济的客体为"商品的所有权"；而从余航等(2018)对共享经济的定义"拥有闲置资产(有形实物资产和无形资产)的机构或个人通过共享市场有偿让渡资产的短暂使用价值，利用网络共享平台进行交易以获得一定经济回报，交易对象是闲置资产的临时使用权而不是永久所有权，具体涵盖房屋、空间、车辆、食品、知识、经验、时间、劳动力、资金等交易类别"可以看出，余航等人将共享经济的客体界定为"闲置资源的使用权"。

在共享经济媒介方面，当前的定义已基本统一为"互联网技术平台"，典型的如张玉明和管航(2017)提出的定义"共享经济是通过现代互联网技术，使得创新产品、服务、知识、技能、思维等资源得以复制，并且扩散速度快、搜寻成本低、获取效率高，从而实现优化资源配置，交易成本降至极低甚至为零"。另外何超等(2018)、孙凯等(2019)也都将共享经济的媒介确定为"互联网技术平台"。

而在共享经济的目的方面，根据当前已有的定义，可以基本确定为"提高社会福利"，相关典型定义如孙凯等(2019)提出共享经济是"依托互联网技术平台，个体或组织间将闲置的、未被充分利用的资源的所有权或使用权转移，在客观上提升社会福利的经济活动总和"。

通过以上梳理可以发现，当前关于共享经济的定义，在媒介及目标上基本一致，媒介均为通过共享经济型企业建立的互联网技术平台，目标则为提高整体社会福利。分歧主要出现在主体、客体的不同上。

主体上，传统的共享经济主要以 C2C 形式为主体，例如咸鱼二手交易市场，小猪短租等，个人将闲置资源所有权或使用权通过平台转移给其他个人。然而随着共享经济在中国的日益发展与深入，其主体也变得愈加丰富，从最开始的个人之间的形式发展到企业与个人之间，例如共享单车由企业为个人提供单车资源，解决了个人出行最后一公里的问题，猪八戒网的个人威客，通过时间、技能的共享服务于小微企业，甚至发展为企业与企业之间的形式，如三一重工设备共享平台，企业将闲置设备分享给其他企业使用，提高资源利用率，故而当前共享经济的主体应为企业和个人的任意组合。

客体上，刚刚出现的共享经济以闲置有形资源的使用权为主要客体，但随着共享经济多样性的发展，其客体也逐渐开始丰富起来，无形资源及人力资源被纳入共享经济客体，如知乎平台，个人或企业将无形资源"知识"的使用权通过平台转移给他人；爱大厨，个人或企业通过平台将人力资源"厨师"的使用权转移给其他企业或个人。

与此同时，共享单车、共享充电宝等企业主动生产产品以供消费者消费，也使得其客体为"闲置资源"的描述不再合适，而"未被充分利用资源"则更加适合当前情况。

值得一提的是，共享经济下，使用权与所有权分离(张琴等，2019)，而使用权是所有权的一项权能(高艳东等，2019)，故以咸鱼二手交易市场为代表的以所有权转移为主要形式的共享经济，可以视为使用权的不可逆转移。因此本文认为，共享经济的客体应为"未充分利用的有形资源、无形资源、人力资源的使用权"。

综上所述，本文认为共享经济是依托互联网技术平台(共享经济型企业)，以个体或企业间未充分利用资源的使用权分享为主要特征，在客观上提升社会福利的经济活动的总和。其中，资源包括有形资源，无形资源和人力资源；使用权的分享方式有使用权可逆转移与使用权不可逆转移两种方式。共享经济概念图见图1。

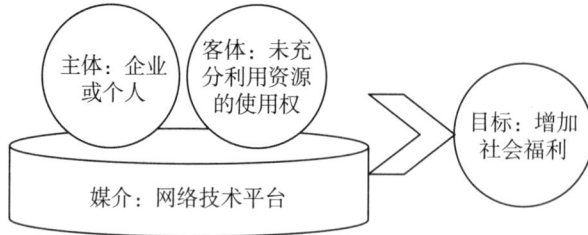

图 1   共享经济概念图

有形资源使用权分享是共享经济最早出现的形式。有形资源使用权的可逆转移，指企业或个人通过平台将未充分利用的有形资产进行租赁的行为，如共享单车、共享充电宝等；有形资源使用权不可逆转移，即指企业或个人通过网络平台将未充分利用的有形资源进行买卖的行为，如咸鱼二手市场等。

无形资源使用的权分享是随着知识经济时代的到来，应运而生的共享经济形式。无形资源使用权可逆转移，指企业或个人通过网络平台将未充分利用的无形资产进行租赁的行为，如企业将专利利用网络平台进行外租，使得消费者短暂获得某专利使用权的经济活动。无形资源使用权不可逆转移，指企业或个人通过平台将未充分利用的无形资产的使用权买卖的行为，如知乎等。消费者在支付一定费用后，将获得某知识的使用权。

人力资源的使用权分享是一种新兴的共享经济模式。人力资源使用权是指使用人力资源的权利(年志远，2005)，在该模式下未被充分利用的人力资源将会通过平台得以充分利用。人力资源使用权可逆转移，指企业或个人通过网络平台将未充分利用的人力资源进行短期外租的行为，如爱大厨、名医主刀等。人力资源使用权不可逆转移，指企业或个人通过网络平台将未充分利用的人力资产的使用权进行彻底转移的行为，该模式目前通常存在于个人与企业之间，如猪八戒网等。企业通过猪八戒网物色适合的人力资源，并与其签订合同，获得其使用权。另外，也可由此预测出未来可能会出现的共享经济形式，如企业与企业间通过网络平台进行人才互换的共享经济模式。

3. 共享经济内生机制研究

内生机制是事物自身发展的运行机制。研究共享经济的内生机制，是从根本上研究共享经济，将使得对其相关问题的研究更加深刻。本部分将以此为出发点，对共享经济的基本运作形式与其顾客价值的创造路径进行着重研究。

当代共享经济活动是由未充分利用资源供应主体经由网络技术平台向消费者提供资源的经济过程(Schor 等, 2016)。结合以往学者的研究结论(王璟珉等, 2018)，本文认为其基本运作模型如图 2 所示。

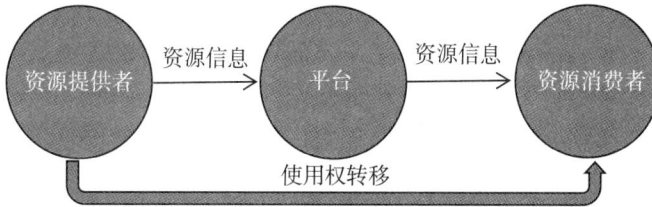

图 2　共享经济活动基本运作模型

资源提供者将所提供的资源信息递交给网络技术平台，网络技术平台将信息分类，展示给资源消费者，若供需匹配，则在提供者与消费者之间进行使用权转移，完成一次共享活动。对模型进行进一步挖掘可以发现，在一次共享经济活动中，存在三次价值创造过程：平台满足资源提供者发布信息需求创造的顾客价值；平台满足资源消费者寻找信息需求创造的顾客价值；资源提供者满足资源消费者使用资源的需求创造的顾客价值。由此得到共享经济顾客价值创造模型(见图 3)：

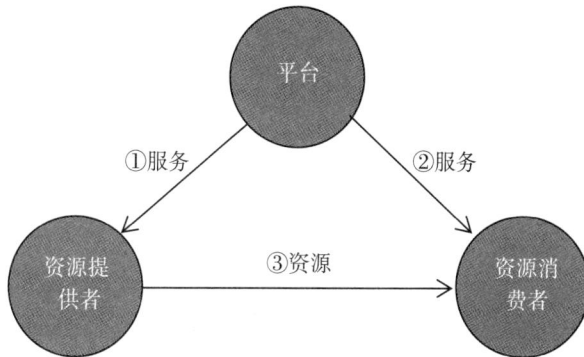

图 3　共享经济顾客价值创造模型

在实际生活中，并非所有的共享经济活动都完全符合该模型，资源提供者与平台合一，资源消费者与平台合一的情况皆有之。故根据该模型与实际情况，对该模型进行适当变形，可以得出共享经济型企业的三种类型(蕴含了当前所有类型的共享经济型企业)。

(1)传统平台型共享经济型企业。传统平台型共享经济型企业是指企业仅运行网络技术平台，为资源提供者与消费者提供信息服务，如五八同城、咸鱼等。该类型企业在顾客价值创造模型中涉及两条顾客价值创造路径，一条为资源提供者提供服务，另一条为资源消费者提供服务。

（2）资源提供型共享经济型企业。资源提供型共享经济型企业指企业在提供平台的同时也提供消费者所需要的资源，如哈啰出行，街电共享充电宝等企业。该类型企业中资源提供者与平台合二为一，涉及平台为资源消费者提供服务的顾客价值创造及资源提供者为资源消费者提供资源的顾客价值创造两条路径。该类型企业中顾客价值创造模型转变为如下形式（见图4）：

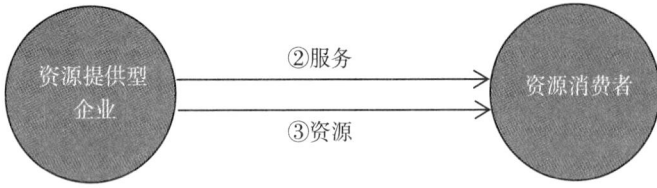

图4　顾客价值模型变式1

（3）资源消费型共享经济型企业。资源消费型共享经济型企业指企业在提供平台的同时也作为资源消费者进行消费，如爱回收，回收宝等企业。该类型企业中顾客价值模型转变为图5所示的形式。通过模型可发现，该类型企业中资源消费者与平台合二为一，仅涉及平台为资源提供者提供服务的顾客价值创造。

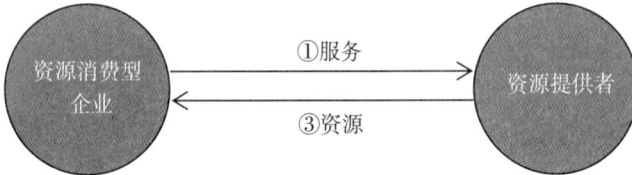

图5　顾客价值模型变式2

汇总以上三种类型，得到共享经济型企业基本类型表（见表1），并对一些代表性企业进行分类整理（见表2）。需要说明的是，在实际生活中，可能出现某一企业同时为两种或两种以上共享经济企业类型的情况。

表1　　　　　　　　　　　　　　　　共享经济型企业基本类型

第一角色 第二角度	无	资源提供者	资源消费者
平台	传统平台型	资源提供型	资源消费型

表 2	三种共享经济型企业类型及对应代表企业整理
共享经济企业类型	案　　　例
传统平台型企业	今日头条、快手、斗鱼、拼多多、团贷网、秒拍、小猪短租、51 信用卡、滴滴、美团、陆金所、惠民网、微影 tv、途家、达达、知乎、瓜子二手车、货车帮、运满满、微医、新氧科技、艾佳生活、闪送、医联、满帮集团、曹操专车（曹操出行）、小红书、美菜、丁香园
资源提供型企业	VIPKID、联影中国、网易云、猿辅导、iTutorGroup、沪江网校、优客空间、魔方公寓、哈啰出行、一起作业
资源消费型企业	爱回收、微回收、回收宝、估吗、乐回收、虎哥回收

4. 共享经济商业模式"四要素"模型设计

通过梳理近年对共享经济的研究文献发现，当前的共享经济商业模式的分类大体只有两种分类方式，一种以主体为标准进行分类，典型的如杨帅（2016）的分类标准，其基于供求主体的差异对共享经济进行了划分，将我国共享经济分为："企业-企业"，其主要特征为企业闲置生产能力的分散利用；"企业-个人"，其主要特征为企业资产（产品）出租给个人；"个人-企业"，其主要特征为个人技能、闲暇时间、资金；"个人-个人"，其主要特征为个人闲置固定资产、资金、技能等。

另一种则为根据其"表现形式"进行分类，如 Teubner（2014）提出的共享经济应包括市场结构、产品或服务类型、所有权是否转移等类型；Schor（2014）将共享现象划分为四类：一是商品再流通，如 ebay 等；二是提升耐用资产利用率，如 Airbnb、Uber 等；三是服务交换，如时间银行等；四是生产性资产共享，如创客空间、协同工作空间、教育平台、P2P 大学等。其中最为典型的是 Botsman 和 Rogers（2011）的研究，他们认为共享经济等同于协同消费，并将共享经济划分为三种类型：一是产品服务系统，在所有权不转移的情况下平台允许成员分享公司或个人拥有的多种产品；二是再分配市场，以 P2P 匹配为主且允许所有权转移的市场，实质上就是我们一般理解的二手产品交易市场；三是协同生活方式，通过物物交换以及类似兴趣、货币、空间、时间等无形资产的分享来实现整个社会生活网络的重构，并由此产生群体协同效应。而中国学者董成惠（2016）则结合国内外研究，在 Botsman 与 Rogers 的基础上，提出了第四种共享经济分类——技能或服务共享系统，即对特殊技能和个体劳动力的共享，如厨师、美容师的上门服务等。

然而事实上，表现形式的不同只是"不同共享经济客体采用不同的转移方式"造成差异的表象，比如在 Botsman 和 Rogers 的研究中，将"产品与服务系统"定义为"在所有权不转移的情况下平台允许成员分享公司或个人拥有的多种产品"，这其实是指"三种共享经济客体使用权的可逆转移"；而再分配市场，以 P2P 匹配为主且允许所有权转移的市场，实质上是指"有形资源的不可逆转移"；协同生活方式，通过物物交换以及类似兴趣、货币、空间、时间等无形资产的分享来实现整个社会生活网络的重构。这其中物物交换则可以理解为两次有形资源使用权的不可逆转移。

综上所述，当前对于共享经济商业模式的分类从本质上就是运用主体、客体及客体的转移类型这几个要素对其进行分类。故本文从共享经济的构成要素出发，以资源提供者类型、资源类型、使用权转移类型、资源消费者类型为要素，建立"共享经济商业模式四要素模型"，具体如图 6 所示。

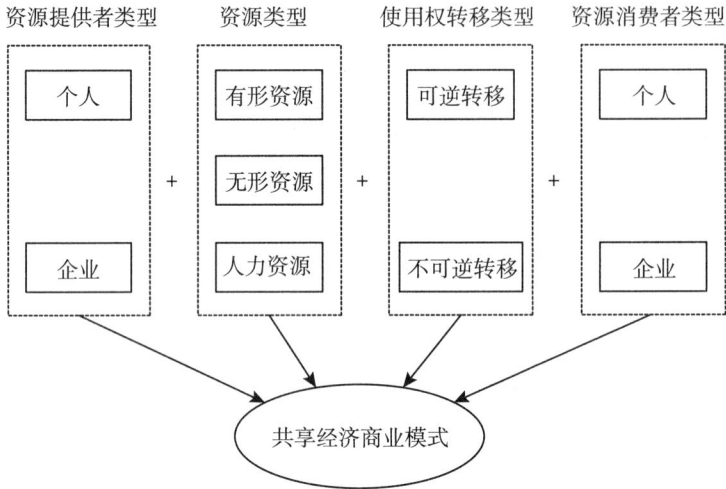

图 6　共享经济商业模式四要素模型

图中，在每一虚线框内取出任一元素进行组合，均可成为一类共享经济商业模式，故理论上可以存在的共享经济商业模式为 24 种，而当前已经出现的共享经济种类还未达到这一数字，因此我们可以根据这一模型，推测可能出现的共享经济新模式，进而开拓共享经济新领域。例如：企业+人力资源+使用权不可逆转移+企业这一路径，可以通过企业间交换人才，以达到人才效用最大化，由此可以得出，共享经济仍然具有极大的发展空间及潜力。

5. 影响共享经济型企业发展的内在因素组合路径研究

随着共享经济进入中国，大批创业者在短时间内涌入共享经济领域，成功者与失败者皆有之。实践证明，并非所有类型的共享经济型企业都可以实现轻松盈利。为弄清什么类型的企业潜力更高，更容易实现盈利，本部分运用清晰集定性比较分析法对影响共享经济型企业发展的内在因素组合路径进行研究，以期为创业者及投资者们在进行方向选择时提供一些帮助，同时为学者们提供一种研究共享经济的新思路与新方法。

5.1　研究方法——定性比较分析法（QCA）

1987 年，查尔斯·拉金开创了定性比较分析的研究方法。该方法分为清晰集定性比较和模糊集定性比较两种（何俊志，2013）。定性比较分析能够有效系统地处理多案例比较研究数据，该方法已经被广泛应用于工业行动、社会运动、抗议研究和社会革命，应用于经济管理还较少。与以往仅仅关注个体原因的多数研究不同，定性比较分析基于"与""或""非"的集合运算逻辑，允许分析者把变量的几个不同组合看成导致结果发生的原因。这种方法论为认定导致结果发生的组合式充分原因提供了一个逻辑基础，因为每一种原因组合都可能是某一结果的充分原因，所以这种方法为同一结果的多种路径提供了解释性框架（Mahoney 和高奇琦，2014）。

定性比较分析适合处理一些相对能够被类别化、分级化的数据、事件或性质，根据拉金的研究成果，这一方法的基础在于将变量做两分处理，即解释变量和结果变量都有两种，变量取值转换为 1 和 0，因此可以将"质性"的内容转化为直观的"量化"数据。二分变量赋值为 1，表示"是"或"存在"；二分变量赋值为 0，表示"否"或"不存在"，用~表示；乘法为"和"，即条件同时存在，用 * 表示；加法为"或"，表示二者至少存在其一，用"+"表示；符号"="或"→"表示"导致"。比如，A * B = Y 表示因素 A 和因素 B 同时存在将会导致 Y 发生（周俊和王敏，2016）。

清晰集定性比较方法认为集合之间的关系存在明显界限，只能处理解释变量和结果变量均为二分变量的案例，但是现实中集合间关系并不完全如此。模糊集合理论的引入将集合之间的关系处理为一种程度关系，从而突破了清晰集方法的局限，可以将在 0 与 1 之间的定距变量处理成隶属度分数，对集合进行交集和并集运算。本研究所设计的变量都有明确的赋值标准，可以进行直接的二分变量处理，因此本文采用清晰集定性比较分析方法。

在具体操作中，首先根据研究目标确定一定数量的样本案例及针对研究目标的结果变量；然后基于前人研究经验和材料分析，提炼出可能影响结果变量的解释变量。在解释变量和结果变量都确定后，以单个的样本案例为单位，统计出每个变量的编码数据，将这些数据汇总起来就得到了解释变量和结果变量的所有组合，这些组合用图表的方式体现出来就是"真值表"，真值表是 QCA 分析运算的起点。

作为一种以案例研究为取向的研究方法，QCA 可以帮助研究者进行理论与经验的对话，并能系统地分析中小样本的数据（黄荣贵和桂勇，2009）。为了便于研究影响共享经济型企业发展的内在因素组合路径，根据因素组合的复杂性和不确定性，本文以"共享经济型企业潜力的高与低"作为衡量发展的重要指标，并将结果变量设置为二分变量"潜力高、潜力低"。

此外，本研究采用定性比较分析的原因还包括以下两个方面：一方面，本研究选取的案例样本量较小，不适合大规模的统计分析。样本量小，意味着在研究中会有很多变量被忽略，但是定性比较分析恰恰是仅仅针对小范围的样本，能够弥补这一缺口。另一方面，在本研究中，共享经济型企业发展潜力高低的内在影响机制涉及资源提供者类型、平台类型、资源类型、使用权转移类型、资源消费者类型等因素，导致企业潜力高低的因素是多重并发的，是多种因素组合产生的结果，符合 QCA 应用前提。

5.2 案例样本的选择及变量设计

本文选取了 CB Insights 公布的中国共享经济独角兽企业及《中国共享经济发展年度报告（2018、2019）》所提及的企业作为案例库。最终确定滴滴、美团、陆金所（网贷）、惠民网、微影时代、途家、优客工场、达达、知乎、瓜子二手车、魔方公寓、满帮集团、微医、大搜车、爱回收等44家企业作为案例样本进行研究。

解释变量的设计主要考虑研究主题中"共享经济型企业"和"内在影响"这两大关键词来设定，本文基于共享经济的定义，确立了资源提供者类型、平台类型、资源类型、使用权转移类型、资源消费者类型等5个解释变量。

本文将中国共享经济企业潜力高低作为结果变量，以是否进入CB Insights公布的独角兽企业为标准。进入则为潜力较高，未进入或由于亏损被剔除则为潜力较低。需要解释的是本文所说的潜力主要指企业融资能力及其盈利能力。独角兽企业的定义为估值达到10亿美元以上的初创企业，因此成为独角兽企业并且未出现亏损现象代表其融资能力卓越且盈利能力较好，可以认定该企业潜力较高。相反，未成为独角兽企业或成为后出现亏损现象，代表其融资能力或盈利能力相对不足，故认定其潜力相对较低。

5.3 QCA变量赋值表

根据以上变量设计，进行1和0的赋值。解释变量和结果变量的设定见表3。

表3 解释变量和结果变量的设定

变量	变量类型	赋值	说明
资源提供者类型	个人	1	解释变量
	企业	0	
平台类型	传统平台型	1	解释变量
	复合型(资源消费型+资源提供型)	0	
资源类型	有形资产	1	解释变量
	无形资产(无形资产+人力资源)	0	
使用权转移类型	可逆	1	解释变量
	不可逆	0	
资源消费者	个人	1	解释变量
	企业	0	
潜力大小	高	1	结果变量
	低	0	

5.4 定性比较分析及结果

5.4.1 真值表建构

在对变量赋值后，根据QCA的分析步骤，对每个案例进行编码并汇总，得到解释变量和结果变量的数据组合，即真值表。研究选取了"资源提供者类型(TGZ)""平台类型(PT)""资源类型(ZY)""使用权转移类型(SYQ)""资源消费者类型(XFZ)"作为解释变量，解释"潜力高低(QL)"这一结果变量，建立的真值表见表4。

表4 各案例变量组合情况真值表

资源提供者类型（TGZ）	平台类型（PT）	资源类型（ZY）	使用权转移类型（SYQ）	资源消费者类型（XFZ）	案例数（NUMBER）	潜力高低（QL）
1	1	1	1	1	8	1
1	1	0	0	1	7	1
0	0	0	0	1	7	1
0	0	1	1	1	5	0
1	1	0	1	1	5	1
0	1	1	0	0	2	1
0	0	1	0	0	1	1
1	1	1	0	0	1	1
0	0	1	1	0	1	1
0	1	0	0	1	1	1
0	0	1	0	1	1	1
0	1	1	0	1	1	1
1	1	1	0	1	1	1
0	1	0	1	1	1	1
0	1	1	1	1	1	1

5.4.2 单变量必要性分析

定性比较分析中，通过一致性和覆盖率的计算，可以确定变量之间是否存在必要性和充分性关系。一致性指纳入分析的所有案例在多大程度上共享了导致结果发生的某个给定条件（或条件组合）；覆盖率指这些给定的条件（或条件组合）在多大程度上解释结果的出现。如果条件 X 是结果 Y 的必要条件，则 Y 对应的集合是 X 对应集合的一个子集，那么其相应的必要一致性指标的取值应该大于 0.9。反之，如果必要一致性指标小于 0.9，则不能将 X 看做 Y 的必要条件。在本研究中，对单个变量是否能构成"共享经济型企业潜力高低"的必要条件进行分析，结果见表5。从表5中可以发现单一变量的必要一致性均小于 0.9，不足以构成影响共享经济型企业发展潜力的必要条件，即单一变量无法解释结果变量出现的原因。本研究中，共享经济型企业潜力大小是多因素共同作用的结果。

表5 单一变量必要一致性测量表

Analysis of Necessary Conditions		
Outcome variable：QL		
Conditions tested：		
	Consistency	Coverage
TGZ	0.525000	0.954545
PT	0.675000	0.964286
ZY	0.500000	0.909091
SYQ	0.475000	0.904762
XFZ	0.875000	0.921053

5.4.3 条件组合分析

将表 5 中相关数据输入 FSQCA 分析软件进行统计，得到的结果见表 6。

表 6   条件组合分析的结果

条件组合	覆盖率	一致性
PT×XFZ	0.585	0.96
˜TGZ×˜SYQ×XFZ	0.244	1
PT×ZY×˜SYQ	0.122	1
˜TGZ×˜PT×ZY×˜XFZ	0.049	1
TGZ×˜PT×˜ZY×SYQ×˜XFZ	0.024	1
结果覆盖率	0.927	

QL=PT×XFZ+˜TGZ×˜SYQ×XFZ+PT×ZY×˜SYQ+˜TGZ×˜PT×ZY×˜XFZ+TGZ×˜PT×˜ZY×SYQ×˜XFZ

分析得出了五组条件组合更加可能导致企业高发展潜力。其中：

PT×XFZ 组合可表示为当某共享经济型企业是传统平台型企业，而该企业服务的资源消费者类型为个人，则该企业很可能获得投资并迅速成长。其一致性为 0.96，覆盖率为 0.585。

˜TGZ×˜SYQ×XFZ 组合的含义是，当某个共享经济型企业运营方式为促成某个企业将其未充分利用的资源售卖给某人时，则该共享经济型企业的潜力较大，较容易受到资助。其一致性为 1，覆盖率为 0.244。

PT×ZY×˜SYQ 组合的含义是，一个促使未被充分利用的有形资产的所有权进行转移的传统平台型共享经济型企业具有较大发展潜力，容易获得投资。其一致性为 1，覆盖率为 0.122。

类似地，可解释˜TGZ×˜PT×ZY×˜XFZ 组合及 TGZ×˜PT×˜ZY×SYQ×˜XFZ 组合。其相应覆盖率为 0.049、0.024，一致性均为 1。

5.4.4 清晰集定性比较分析结论

由于˜TGZ×˜PT×ZY×˜XFZ 组合及 TGZ×˜PT×˜ZY×SYQ×˜XFZ 组合的覆盖率均低于 0.1，实际解释力不足，因此本文选择了案例覆盖比例最高的三种组合作为最可能具有高发展潜力的共享经济型企业的典型组合：

PT×XFZ(0.585)+˜TGZ×˜SYQ×XFZ(0.244)+PT×ZY×˜SYQ(0.122)

=传统平台型×资源消费者为个人+资源提供者为企业×资源使用权不可逆转移×资源消费者为个人+传统平台型×有形资源×资源使用权不可逆转移

据此，本研究发现了成为高潜力共享经济型企业的三种路径。

路径一：传统平台型×资源消费者为个人

滴滴出行、微医、58 到家、途家等是这一组合的代表性企业。

以滴滴出行为例，滴滴出行于 2012 年 7 月 10 日成立，经过 3 个月的准备与司机端的推广，9 月 9 日在北京上线，旨在建立司机与乘客间的桥梁，改变传统出租司机等客方式，让司机师傅根据乘客目的地按意愿"接单"，节约司机与乘客的沟通成本，降低空驶率，最大化节省司乘双方的资源与时间。滴滴在建立初期，作为传统平台型共享经济企业，其全部精力都集中于平台的运营上，开展的各类"补贴"营销活动，使得滴滴打车的用户活跃量不断上升。加之国内打车市场广阔，也使得滴滴得以拥有大量打车用户，保证了其盈利空间。滴滴作为起到中介作用的传统平台型企业，其打车用户数量的庞大，进一步导致司机用户的不断涌入，使得滴滴的活跃车辆增多，提高了打车用户的打车效率，促进了打车用户的持续增加，从而形成良性循环，使得滴滴投入市场不到两年，其用户数在 2014 年便超过 1 亿，司机数超过 100 万，日均单已经达到 521.83 万单，成为移动互联网最大日均订单交易平台。

该组合能够具有较大潜力有以下几点原因：首先，由于其传统平台型企业相较于复合型企业而言，企业无须耗费大量资金与精力在资源的制造或资源的出售上，企业只需集中全部精力进行平台的运营，因此无论是对投资者或者创业者本身都是一个较为优先的选择，故而能够吸引到较多的投资。此外，由于以共享单车领域为代表的复合型共享经济企业的格局动荡，也进一步导致了资金向传统平台型企业的倾斜。其次，由于其资源消费者定位为个人，而个人所代表的市场相较于企业要庞大得多，确保了其活跃用户基数。最后，在传统平台型企业与资源消费者为个人的两者组合中，对于传统平台型企业来说，资源消费者的规模增大也会自然导致资源提供者的规模增大，同时反馈到资源消费者以形成良性循环，使得两端用户数量不断增长，而传统平台型企业只需不断完善平台运营，以服务不断涌入的大量用户。

路径二：资源提供者为企业×资源使用权不可逆转移×资源消费者为个人

猿辅导等共享教育类企业及艾佳生活、拼多多等为该条件组合的代表性企业。

以猿辅导为例，猿辅导是国内知名的中小学生直播课程平台，为我国中小学生提供在线教学服务。猿辅导是典型的资源提供型共享经济型企业，同时扮演资源提供者与平台两个角色。作为资源提供者，猿辅导对于每一位授课教师及其授课内容都进行严格审核与考察，从而确保每一堂课程的质量。而作为平台，猿辅导的产品"课程"的使用权转移不可逆性，也使得猿辅导不用花费精力在产品使用权的反复转移上，猿辅导得以将更多的精力投入产品质量的提高。同时，我国中小学教育市场的庞大也使猿辅导可以在短时间内拥有大量客户。

该路径可以具有较大潜力的原因有以下几点：首先，资源提供者使企业可以最大程度上保证资源质量，确保消费者权益，进而吸引消费者消费，提高收益。而资源使用权的不可逆转移，极大程度上降低了使用权反复转移带来的如商品损坏、丢失及人工成本等经营成本。其次，资源消费者为个人在最大程度上保证了市场的开阔性，满足了资源提供者的需求。故而在该路径组合下的共享经济型企业，同时满足了资源提供者、平台、资源消费者三方价值需求，进而潜力大增。

路径三：传统平台型×有形资源×资源使用权不可逆转移

惠民网、瓜子二手车、大搜车均符合该条件组合。

以瓜子二手车为例，瓜子二手车，成立于 2015 年 9 月，致力于创新重塑二手车产业，为用户创造更大的价值。二手车主将想要出售的车辆信息上传到瓜子二手车平台，瓜子二手车对车辆信息进行严格审核通过后，再将车辆信息于平台公布，消费者根据自身需求在平台上进行筛选购买。

该路径组合与前两条有重合之处，这也恰恰印证了单因素难以解释结果变量的发生，但是某些因素会在结果变量发生中起到重要作用，比如"传统平台型企业""资源使用权不可逆转移""资源消费者为个人"这三个条件因素均出现了两次，说明这几个变量对于结果变量的出现具有较为重要的作用。

该路径下，传统平台型共享经济企业对于资源有监管及审核的责任，相对于无形资源监管难度大，审核要求高，有形资源具有更加便于管理的优势，而由于有形资源使用权不可逆转移，极大地降低了有形资源的维护成本及使用权反复转移带来的成本。因此，符合该条件组合的企业在最大程度上降低了运营成本，能更加平稳地成长，也更能受到投资者的青睐。

当前学术界与实务界对于共享经济型企业发展的研究，基本上均基于"行业"视角开展探讨，所研究的话题大多集中在类似如"共享经济某一行业在未来几年内的发展"等问题。这就导致学术界与实务界在研究共享经济型企业发展的相关问题时，多从其经济环境、社会环境、技术环境等外部环境入手，基于国家政策、市场导向等因素来对其发展进行研究，忽略了内在因素对其发展的影响，这也正是导致当前共享经济出现如"共享单车倒闭潮"等问题的重要原因。由于外部环境的利好，资金短时间内大量涌入共享单车行业，却忽视了共享单车企业这种"资源提供型企业 * 有形资源 * 资源使用权可逆转移 * 资源消费者为个人"的共享经济型企业在经营中所应重视的要点，才最终导致这一乱象。本研究从影响共享经济型企业发展的内在因素出发，对共享经济型企业的发展进行研究，得到了三种有利于成为高潜力共享经济型企业的要素组合，弥补了当前研究的空白，并提供了共享经济领域新的研究视角。

6. 研究结语

当前，我国的发展已经迈入新的阶段，经济进入新常态，实现经济转型升级迫在眉睫，共享、协作、共赢、可持续发展相关的主题引起了高层的高度重视，共享经济的理论研究课题无疑具有重要的政策实践意义与学术价值。

本文针对当前共享经济定义不明确的问题，在梳理以往共享经济定义的基础上，根据当前共享经济新发展，重新定义共享经济，确定了共享经济的广义普适性概念，对于未来共享经济的研究具有重要学术价值。

同时加强了对共享经济内生机制的研究，依据实际建立共享经济基本运作模型及共享经济顾客价值创造模型，以此为基础，提出共享经济企业的三种基本类型并整理归纳了相应的代表性企业。此外，针对当前共享经济商业模式分类标准混乱的问题，梳理了学者们对共享经济的分类方式，指出共享经济分类方式的实质，即以其构成要素为分类指标。在结合本文对共享经济的定义及对内生机制的研究的基础上，提出了具有普适性的共享经济商业模式四要素模型，该模型不仅蕴含了当前所有的共享经济商业模式，也包括还未曾出现的共享经济商业模式，对于共享经济的发展及相关研究都具有极大的帮助作用。

本文将定性比较分析法引入共享经济研究领域，对共享经济型企业发展的内在影响机制进行研究，得到三种有利于成为高潜力共享经济型企业的要素组合。回答了什么类型的共享经济型企业更加具有发展潜力的问题，具有较强的实践意义。

◎ 参考文献

[1] 董成惠. 共享经济：理论与现实[J]. 广东财经大学学报. 2016, 31(5).

[2] 高艳东, 张琼珲. 论共享使用权的保护必要性及路径[J]. 浙江大学学报(人文社会科学版), 2019, 49(1).

[3] 黄荣贵, 桂勇. 互联网与业主集体抗争：一项基于定性比较分析方法的研究[J]. 社会学研究, 2009, 24(5).

[4] 何俊志. 比较政治分析中的模糊集方法[J]. 社会科学, 2013(5): 30-38.

[5] 何超, 张建琦, 刘衡. 分享经济：研究评述与未来展望[J]. 经济管理, 2018, 40(1): 191-208.

[6] Mahoney J, 高奇琦. 质性方法论与比较政治[J]. 比较政治学前沿, 2014(2): 44-76.

[7] 年志远. 人力资本实际使用权与人力资本法权使用权[J]. 学习与探索, 2005(5): 226-228.

[8] 孙凯, 王振飞, 鄢章华. 共享经济商业模式的分类和理论模型——基于三个典型案例的研究[J]. 管理评论, 2019(7): 97-109.

[9] 王璟珉, 刘常兰, 窦晓铭. 共享经济理论演进、发展与前沿[J]. 经济与管理评论, 2018, 34(4): 68-81.

[10] 谢志刚. "共享经济"的知识经济学分析——基于哈耶克知识与秩序理论的一个创新合作框架[J]. 经济学动态, 2015(12): 78-87.

[11] 杨帅. 共享经济类型、要素与影响：文献研究的视角[J]. 产业经济评论, 2016(2): 35-45.

[12] 余航, 田林, 蒋国银, 陈云. 共享经济：理论建构与研究进展[J]. 南开管理评论, 2018, 21(6): 37-52.

[13] 周俊, 王敏. 网络流行语传播的微观影响机制研究——基于12例公共事件的清晰集定性比较分析[J]. 国际新闻界, 2016, 38(4): 26-46.

[14] 张玉明, 管航. 共享创新模式内涵、特征与模型构建[J]. 科技进步与对策, 2017, 34(13): 10-16.

[15] 郑志来. 共享经济的成因、内涵与商业模式研究[J]. 现代经济探讨, 2016(3): 32-36.

[16] 张琴, 刘倩男, 龚艳萍. 使用权消费研究综述与展望[J/OL]. 管理现代化, 2019(6): 105-108 [2019-12-19]. https://doi.org/10.19634/j.cnki.11-1403/c.2019.06.

024.

[17] Belk R. Why not share rather than own? [J]. *The Annals of the American Academy of Political and Social Science*, 2007, 611.

[18] Botsman R., Rogers R. *What's mine Is yours: The rise of collaborative consumption*[M]. New York: Harper Business, 2011.

[19] Felson M., Spaeth J. Community structure and collaborative consumption: A routine activity approach[J]. *American Behavioral Scientist*, 1978, 21(4): 614-624.

[20] Juliet B. Schor, Connor Fitzmaurice, Lindsey B. Carfagna, Will Attwood-Charles, Emilie Dubois Poteat. Paradoxes of openness and distinction in the sharing economy[J]. *Poetics*, 2016, 54.

[21] Kathan W., Matzler K., Veider V. The sharing economy: Your business model's friend or foe? [J]. *Business Horizons*, 2016, 59(6): 663-672.

[22] Kumar V., Lahiri A., Dogan O. B. A strategic framework for a profitable business model in the sharing economy[J]. *Industrial Marketing Management*, 2018(69): 147-160.

[23] Lovelock C., Gummesson E. Whither services marketing? In search of a new paradigm and fresh perspectives[J]. *Journal of Service Research*, 2004, 7(1): 20-41.

[24] Schor J. Debating the sharing economy[J]. Great Transition Initiative, 2014.

[25] Sundararajan A. *The sharing economy: The end of employment and the rise of crowd-based capitalism*[M]. Cambridge: MIT Press, 2016.

[26] Teubner T. Thoughts on the sharing economy: Proc. of the international conference on e-commerce[C]. *International Conference on E-commerce*, 2014: 11, 322-326.

A Study on the Combination Paths of Inherent Factors in the Development Potential of Sharing Economy Enterprises
—Based on Clear Set Qualitative Comparison Analysis

Zhang Yong[1]   Zhao Xinxin[2]

(1, 2   School of Management, Guizhou University, Guiyang, 550025)

Abstract: The sharing economy, as a new economic model, has received extensive attention from the academic and practical circles. On the basis of sorting out the previous literature, this article redefines the sharing economy in light of the new development of the current sharing economy. The endogenous mechanism is analyzed, and the basic operation model of sharing economy activities and the customer value model of sharing economy enterprises are obtained. Based on this, the sharing economy enterprises are classified, three basic types of sharing economy enterprises are proposed, and a four-element model of a universal and predictive sharing economy business model is constructed. Finally, using the qualitative comparative analysis (QCA) method to study the internal impact of the development potential of the sharing economy enterprises, it is concluded that there are three internal factors that are most likely to become high-potential sharing economy enterprises.

Key words：Shared economic enterprise；Endogenous mechanism；Four-element model；Qualitative comparative analysis

专业主编：陈立敏

技术董事、CEO 开放性与企业创新可持续性*
——基于中国高科技上市公司的实证研究

龚 红[1,2] 彭玉瑶[1]

（1 武汉大学经济与管理学院 武汉 430072；
2 武汉大学中国产学研合作问题研究中心 武汉 430072）

【摘 要】 本文通过分析 CEO 开放性将如何影响技术董事与创新可持续性之间的关系，探讨董事会和 CEO 的关系将如何影响企业的战略决策和创新活动，发现了以下研究结论。技术董事能够为企业的创新战略带来方向指导和资源支持，提升了企业创新战略的可行性和成功率，有效促进了企业的创新可持续性。同时，CEO 开放性越高，有利于营造鼓励创新和变革的企业文化氛围，技术董事对创新绩效和创新可持续性的正向影响越大。CEO 持有公司股权时，技术董事对创新投入和创新绩效的正向影响更大。而在两职合一的情况下，技术董事对创新绩效的促进作用会削弱。最后提出了相应的政策建议。

【关键词】 技术董事 CEO 开放性 创新可持续性

中图分类号：C93 文献标识码：A

1. 问题提出

在日益激烈的全球化竞争形势下，创新已经成为企业生存和发展的关键影响因素，是企业构建竞争优势和提升竞争能力的重要动力。同时，由于企业的创新活动周期长，需要持续不断的资源投入，创新活动耗费了高额的沉没成本，但形成的资产具有很强的专用性且收益具有不确定性，因此，创新活动的中断会造成前期投入的流失，给企业带来很高的调整成本和巨大的经济损失。只有保障创新的可持续性，才能构建企业长期的竞争优势。

由于创新活动具有复杂性和高不确定性的特点，保持持续的创新活力对于企业管理者而言提出了更高的要求和挑战。技术董事具有技术专长，是董事会中参与创新战略的中坚力量，能够为企业的创新战略提出正确的方向引导和咨询建议，探讨技术董事对创新可持

* 湖北省技术创新专项重点项目"技术进步、产业升级与知识型老年人力资本再开发研究"（项目批准号：2016ADC019）。

通讯作者：龚红，E-mail：gonghong009@ 163.com。

续性的影响具有重要的意义。同时，在企业经营管理决策和价值创造过程中，CEO在组织权力层级中处于核心地位，是企业中最重要的决策者，会对董事会的战略决策过程产生影响。而CEO开放性能够创造一种鼓励组织变革的企业文化氛围，推动组织学习和创新变革，从而深入影响企业的创新战略。之前鲜有研究同时考虑这两个因素及其关系对创新可持续性的影响，本文通过分析CEO开放性将如何影响技术董事与创新可持续性之间的关系，探讨董事会和CEO的关系将如何影响企业的战略决策和创新活动，为"董事会和CEO的互动如何影响企业创新"这一新研究领域提供了补充和支持。

2. 文献综述

2.1 技术董事对企业创新可持续性的影响

以往的研究更多地探讨企业面临的外部环境对于创新可持续性的影响。李健(2016)的研究发现，政府补贴不但直接缓解企业面临的融资压力，而且能够对外释放积极信号，从而间接激励外部投资者投资，增强企业创新投资的稳定性，提升企业的创新可持续性。徐飞(2019)发现银行为了降低信贷风险，更愿意借款给创新投入低的企业，并限制企业的高风险创新投资，因而企业融资渠道中银行贷款的比重越大，企业创新可持续性越低。实际上，创新是企业的内部管理决策问题，董事会作为战略决策的主要参与者，对组织的战略决策和创新绩效会产生重要影响。董事的人力资本和社会资本具有资源效应(许为宾，2017)，能够有效引导和配置内外部不同的资源，为企业管理和决策提供建议咨询和资源支持。因此，董事会的构成会影响到战略咨询职能发挥的有效性，成为影响企业决策和战略方向的重要因素。董事会成员具有不同的经验、专长、知识和价值观等，会影响其对企业资源和能力的认知，从而影响董事会的战略决策(Sur，2013)。因此，不同背景的董事会成员对企业战略决策，包括企业创新决策，产生不同的影响。已有研究发现，具有技术背景的管理者会对企业的决策和绩效产生异质性的影响。研究也证明，有技术学科教育背景的管理者与外界开展研发合作的意愿更强(Ahn，2017)。具有研发经历的管理者，关注市场机会和行业动态，更多地与外部利益相关者接触，拥有更多的外部社会资本，在应对瞬息万变的外部环境时具有明显的优势；而且他们在性格特征上表现得更加自信，有更强的自我认同和更高的风险偏好，会更有利于创业企业的创新；张琴(2018)也证实了技术背景的CEO会更有能力和动力去影响企业的创新活动，既能够有效提升企业的创新能力，也能显著改善企业绩效水平；朱焱(2017)也发现技术型的高管相比于非技术型高管学历更高，任期也更长，更有利于提升企业绩效。还有研究发现，有科研学术经验的管理者，特别是有技术方面学术经验的管理者，更加富有创新思维和创新精神，能够通过产学研结合的技术创新战略提升企业创新绩效(张晓亮等，2019)。以上都说明，拥有技术背景的管理者，作为企业技术领域的专家，不仅能够准确把握行业技术发展前沿和最新动态，运用专业的知识和技术为企业战略决策提出正确的方向指引，优化企业的资源配置，提高创新战略决策的效率；而且能够运用自身的资源和社会网络，比如产学研结合，为创新战略的实施带来优质的外界资源支持，提升企业创新战略的成功率。

因此，技术董事作为董事会中参与创新战略的中坚力量，能够为企业创新战略和创新资源分配提出正确的方向引导和咨询建议，提升创新战略的可行性，并利用自己的外部资源为战略实施提供有力的资源保障和支持，能够有效促进企业创新可持续性。基于以上分析，我们提出以下假设。

H1：技术董事对企业创新可持续性有显著的积极影响。

2.2　CEO 开放性的调节作用

技术董事作为管理层的战略顾问，其咨询职能的发挥受到 CEO 个人特征的影响。CEO 接受咨询的意愿越强，越有利于技术董事咨询职能的发挥（龚辉锋，2014）。CEO 的开放性是指 CEO 具有善于改变组织现状、寻求新的制度体系和战略方向的个性特征（Datta，2003）。因而，本文继续探讨 CEO 开放性对于技术董事与创新可持续性的调节效应。CEO 的个人特征能够影响企业的文化氛围和知识共享（王华强等，2018；赵书松，2018）。具有开放性特征的 CEO，不会用维持现状的眼光来发展企业，他们具有创新性的视角和非常规思维，乐于接受新事物和新观点，会积极主动地向公司员工传递创新的价值观。因而，能创造一种鼓励组织变革和打破常规的企业文化氛围（王晨曦，2017）。通过营造创新的组织氛围，鼓励组织中的知识获取、知识共享和知识整合，推动组织学习和组织变革行为。而且，CEO 开放性程度越高，他们越倾向于为适应环境变化的需要而不断调整组织的资源配置和战略选择，也能够更主动地构建和利用外部的社会网络关系（连燕玲，2015），探寻新的市场机会和管理模式，获取有利于组织创新和变革的外部资源和信息，从而整合和优化内外部的资源，推动企业的创新和变革（刘良灿，2018）。

同时，鼓励变革和创新的 CEO，也会强化高管团队成员对创新的认知，鼓励高管团队成员的创造性思维和团队学习行为（陈璐，2016），高管团队成员会在创造性活动上投入更多时间和精力，以提升整个高管团队的创新意识和创造力，从而推动高管团队的创新决策。相应地，高管团队的创造力能够为董事会的战略决策提供创新的想法和建议，推动企业创新战略的实施。

总之，CEO 开放性越高，企业文化越倾向于注重和提倡创新与变革。同时，包括 CEO 在内的整个高管团队对于董事会风险较高的创新决策的接受度也越高，董事会和高管团队在创新战略上更容易达成一致。因此，CEO 开放性越强，技术董事对创新可持续性的积极影响更为显著。基于以上分析，我们提出以下假设。

H2：CEO 开放性越强，技术董事对企业创新可持续性的积极影响更为显著。

2.3　CEO 两职合一的调节作用

首先，由于技术创新具有较高的风险，并且需要较长时间来证明技术创新是否成功。与两职分离的 CEO 相比，两职合一的 CEO 在组织中拥有更大的管理自主权，更愿意承担风险（Li，2010），为创新提供了权力保障，使得技术创新决策通过的可能性更大，最终促使企业技术创新投入更多（黄庆华，2017）。同时，企业技术创新需要在激烈的市场竞争中做出快速的决策判断，才能掌握先机。如果企业的 CEO 同时也是董事长，就会减少 CEO 和董事长之间的利益冲突和权力纠纷，更有利于董事会决策。由于 CEO 同时也担任董事会成员，技术董事与 CEO 会有更加频繁的沟通交流和更多的接触机会，技术董事能够及时地对技术创新决策提出建议和反馈意见，能更好地促进技术创新活动的开展和实施。此外，CEO 控制权较大可能会为其机会主义行为带来便利，CEO 也可能会利用自身的权力干扰董事会做出的技术创新决策，两职合一的 CEO 也有可能会弱化技术董事对企业创新可持续性的正向影响。但总的来说，两职合一保障了 CEO 的自由决策，也加强了 CEO 与技术董事之间的沟通和联系，能更快速地应对市场机会和技术环境变革，有利于企业的创新决策。在这种环境下，技术董事能够显著促进企业创新可持续性。基于以上分析，我们提出以下假设。

H3：在 CEO 两职合一的情况下，技术董事对企业创新可持续性的积极影响会增强。

2.4 CEO 股权激励的调节作用

CEO 股权激励反映了一个公司所有权与经营权分离的情况。CEO 持股数量越多，那么公司的所有权和经营权分离就越不明显。根据利益趋同理论，CEO 股权激励能够缓解 CEO 和股东之间的委托代理问题，减少 CEO 和股东之间的信息不对称，促进股东与经理人的利益相一致。在股权激励下，CEO 会更愿意站在企业长期利益的角度进行战略决策，更有动力支持董事会的战略决策(陈习定，2018)。

同时，由于创新活动周期长且不确定性高，增加了企业的财务风险，不利于企业短期绩效的提升。管理层普遍缺乏对于创新活动长期投入的承诺，而股权激励的激励形式赋予了管理层一部分所有权，使 CEO 的薪酬与企业的长期绩效相关联，能够减少管理层的短视行为，提升管理层的风险承担能力，激励管理层承担研发创新带来的风险(叶陈刚，2015)。

已有研究表明，对于 CEO 的短期激励不能提升企业的研发支出，而对于 CEO 的股权和期权等长期激励有利于增加企业的研发投入(梁彤缨，2015)。吴伟伟等(2017)也指出，CEO 股权激励能够激发高管的创新动力，促进企业的技术知识资产转化为企业市场绩效，显著提升了企业技术创新的效率。因此，CEO 股权激励的情况下，CEO 和股东的利益会更加一致，CEO 会减少短视行为，更倾向于推动企业长期利益的提升，此时技术董事对企业创新可持续性的积极影响会更强。基于以上分析，我们提出以下假设。

H4：在 CEO 持股的情况下，技术董事对企业创新可持续性的积极影响会增强。

3. 实证研究设计

3.1 样本选取与数据来源

本文选取 2011—2017 年高科技行业上市公司作为样本，原因是高科技行业上市公司对创新方面的数据披露较完善，有较高的研发投入和专利产出，数据缺失相对较少。根据证监会行业分类标准(2012)年和《中国高技术产业统计年鉴》的高科技行业分类标准，选取电子元器件制造业(C51)、仪器仪表及文化和办公用机械制造业(C78)、医药和生物制品(C8)、通信及相关设备制造业(G81)、计算机及相关设备制造业(G83)、计算机应用服务业(G87)的上市公司。

本文的专利数据来自国家知识产权网的专利数据库(www.cnipr.com),包括上市公司及子公司的专利。其他数据均来自国泰安数据库。对于原始样本,本文剔除以下数据:(1)ST、PT上市公司;(2)2011年后上市的公司;(3)主要变量缺失的样本。最终得到227家公司的1354个观测值,为非平衡面板数据。

3.2 变量定义

创新可持续性(Sus)。借鉴鞠晓生等(2013)和潘镇等(2017)的研究,采用无形资产增量与企业总资产的比值衡量企业的创新可持续性。主要是因为企业创新活动不仅包括企业内部的研发投入,还涉及外购技术、人力资本开发等活动,而企业的无形资产中涵盖商标权、专利权、非专利技术等多方面的创新成果,作为度量指标更加科学合理。

创新绩效(Innova)。由于专利从申请到授权的时间过长,存在不确定性。借鉴黎文靖(2016)和申宇等(2017)的研究,采用年度专利申请数衡量企业创新绩效。

创新投入(Rd)。借鉴鞠晓生(2013)、李健(2016)等人的研究,用企业年度研发费用占营业收入的比重衡量企业创新投入。

技术董事(Tech)。参照胡元木(2017)的研究,依据以下标准判断董事会成员是否为技术董事,符合任意一条即为技术董事:(1)有理工类专业的教育背景;(2)生产或研发类技术岗位的工作经历;(3)拥有技术类的研究员或工程师职称。

CEO开放性特征(Open)。借鉴Datta等(2003)的研究对CEO开放性进行测量,涉及CEO年龄、CEO受教育水平和CEO在本企业内的任职期限三个变量。因为CEO年龄和任期与开放性程度呈负向关系,为确保这两个指标和CEO受教育水平与CEO开放性关系是同方向关系,所以需要将每个数值乘以-1。对转化后的CEO年龄和任职期限以及CEO变教育水平三个指标进行标准化处理,最后将上述进行标准化处理后的三个指标数值加总获得CEO开放性程度。

CEO两职合一(Dual)。衡量董事长和CEO是否由同一人任职。

CEO持股(Share)。衡量CEO是否持有公司股权。

选取董事会规模(Board)、企业规模(Size)、企业盈利能力(Roe)、企业营运资金(Cash)、企业产权性质(Equity)作为控制变量。为控制时间和行业因素对创新可持续性的影响,引入年度控制变量(Year)和行业控制变量(Ind)。表1描述了主要变量的衡量方式和特征。

表1   主要变量的描述性统计

变量	符号	变量衡量方式	观测值	平均数	最大值	最小值	标准差
被解释变量							
创新可持续性	Sus	无形资产增量/总资产×100	1354	0.672	18.987	-13.045	1.797
创新绩效	Innova	专利申请数量	1354	105.742	9278	0	523.325
创新投入	Rd	年度研发费用/营业收入×100	1354	6.783	52.61	0.03	6.209

变量	符号	变量衡量方式	观测值	平均数	最大值	最小值	标准差
解释变量							
技术董事	Tech	技术董事在董事会所占比重	1354	0.479	1	0.1	0.162
CEO开放性特征	Open	CEO 年龄、任期、受教育程度标准化	1354	0.004	5.103	-7.420	1.946
CEO 两职合一	Dual	董事长和 CEO 是否为同一人	1354	0.29	1	0	0.454
CEO 持股	Share	CEO 是否持股	1354	0.595	1	0	0.491
控制变量							
董事会规模	Board	董事会成员的人数	1354	8.790	16	5	1.621
企业盈利能力	ROE	净资产收益率	1354	0.091	0.743	-0.424	4.170
企业营运资金	Cash	净现金流量	1354	2.89e+08	1.05e+10	-3.7e+09	7.45e+08
企业产权性质	Equity	国有控股为 0，非国有控股为 1	1354	0.651	1	0	0.477
企业规模	Size	企业总资产的对数	1354	9.499	11.312	8.338	0.423

3.3 模型设计

为研究技术董事对于企业不同层面创新指标的影响，分别对技术董事与创新投入、创新绩效和创新可持续性进行回归。同时，依次引入技术董事与 CEO 开放性、两职合一和 CEO 股权激励的交互项，探讨 CEO 各方面特征的调节作用。

$$\mathrm{Rd}_{i,t} = \alpha_0 + \alpha_1 \mathrm{Tech}_{i,t} + \alpha_2 \mathrm{Open}_{i,t} + \alpha_3 \mathrm{Dual}_{i,t} + \alpha_4 \mathrm{Share}_{i,t} + \alpha_5 \mathrm{Tech}_{i,t} \times \mathrm{Open}_{i,t} + \alpha_6 \mathrm{Tech}_{i,t} \times \mathrm{Dual}_{i,t} + $$
$$\alpha_7 \mathrm{Tech}_{i,t} \times \mathrm{Share}_{i,t} + \alpha_8 \mathrm{Cash}_{i,t} + \alpha_9 \mathrm{Size}_{i,t} + \alpha_{10} \mathrm{Lev}_{i,t} + \alpha_{11} \mathrm{Roe}_{i,t} + \alpha_{12} \mathrm{Equity}_{i,t} + \alpha_{13} \mathrm{Board}_{i,t} + \mathrm{Year}$$
$$\mathrm{FE} + \mathrm{Ind} \ \mathrm{FE} + \varepsilon_{i,t} \tag{1}$$

$$\mathrm{Innova}_{i+1,t} = \alpha_0 + \alpha_1 \mathrm{Tech}_{i,t} + \alpha_2 \mathrm{Open}_{i,t} + \alpha_3 \mathrm{Dual}_{i,t} + \alpha_4 \mathrm{Share}_{i,t} + \alpha_5 \mathrm{Tech}_{i,t} \times \mathrm{Open}_{i,t} + \alpha_6 \mathrm{Tech}_{i,t} \times $$
$$\mathrm{Dual}_{i,t} + \alpha_7 \mathrm{Tech}_{i,t} \times \mathrm{Share}_{i,t} + \alpha_8 \mathrm{Cash}_{i,t} + \alpha_9 \mathrm{Size}_{i,t} + \alpha_{10} \mathrm{Lev}_{i,t} + \alpha_{11} \mathrm{Roe}_{i,t} + \alpha_{12} \mathrm{Equity}_{i,t} + \alpha_{13}$$
$$\mathrm{Board}_{i,t} + \mathrm{Year} \ \mathrm{FE} + \mathrm{Ind} \ \mathrm{FE} + \varepsilon_{i,t} \tag{2}$$

$$\mathrm{Sus}_{i,t} = \alpha_0 + \alpha_1 \mathrm{Tech}_{i,t} + \alpha_2 \mathrm{Open}_{i,t} + \alpha_3 \mathrm{Dual}_{i,t} + \alpha_4 \mathrm{Share}_{i,t} + \alpha_5 \mathrm{Tech}_{i,t} \times \mathrm{Open}_{i,t} + \alpha_6 \mathrm{Tech}_{i,t} \times \mathrm{Dual}_{i,t} + $$
$$\alpha_7 \mathrm{Tech}_{i,t} \times \mathrm{Share}_{i,t} + \alpha_8 \mathrm{Cash}_{i,t} + \alpha_9 \mathrm{Size}_{i,t} + \alpha_{10} \mathrm{Lev}_{i,t} + \alpha_{11} \mathrm{Roe}_{i,t} + \alpha_{12} \mathrm{Equity}_{i,t} + \alpha_{13} \mathrm{Board}_{i,t} + \mathrm{Year}$$
$$\mathrm{FE} + \mathrm{Ind} \ \mathrm{FE} + \varepsilon_{i,t} \tag{3}$$

4. 实证分析

4.1 相关性分析

变量的 Pearson 系数见表 2。相关系数的绝对值均小于 0.52，同时，通过对变量的方差膨胀因子检验，验证了变量的 VIF 值都小于 2，VIF 的平均值为 1.3，说明模型不存在严重的多重共线性。

表2   变量相关分析结果

	Sus	Rd	Tech	Open	Dual	Share	Board	Roe	Cash	Equity	Size
Rd	0.007										
Tech	0.046	0.201									
Open	0.059	0.1	0.13								
Dual	0.028	-0.002	-0.102	-0.298							
Share	0.033	0.201	0.129	-0.180	0.198						
Board	-0.055	-0.046	-0.038	0.104	-0.177	-0.016					
Roe	0.059	-0.098	-0.007	0.011	-0.021	-0.011	0.042				
Cash	0.012	-0.048	-0.025	-0.081	-0.083	-0.017	0.173	0.118			
Equity	0.096	0.128	-0.037	-0.004	0.231	0.350	-0.216	0.014	-0.111		
Size	-0.044	-0.182	-0.067	-0.088	-0.046	-0.10	0.248	0.126	0.515	-0.195	
Lev	-0.067	-0.277	0.011	0.046	-0.046	-0.204	0.153	-0.115	0.124	-0.241	0.473

4.2   技术董事、CEO 开放性与研发投入

通过怀特检验，发现变量之间存在异方差。因此，采用加权最小二乘法（WLS）进行回归。模型1检验了技术董事对创新投入的影响（$\beta = 4.060$，$p<0.01$），说明董事会中技术董事能够显著促进企业的创新投入，验证了假设 H1。模型2引入 CEO 开放性这一调节变量，调节变量显著，且系数为正，说明 CEO 开放性对技术董事对研发投入的影响有正向调节作用，即 CEO 开放性越高，技术董事对研发投入的正向影响越大，验证了假设H2。这表明 CEO 开放性越强，企业创新的文化和氛围越浓厚，创新积极性更高，更愿意进行创新研发投入。模型3引入两职合一的调节变量，调节变量不显著，无法验证假设H3。最后，引入 CEO 股权激励这一调节变量，发现调节变量显著，且系数为正。说明CEO 股权激励对技术董事对研发投入的影响有正向调节作用，即 CEO 持有公司股权时，技术董事对研发投入的正向影响更大。因此，CEO 持股会激励 CEO 为了企业的长期发展而主动承担风险，减少管理层短视行为，增加企业的研发投入，此时技术董事能够更显著地促进研发投入。

表3   技术董事对创新投入的影响

变 量	模型 1	模型 2	模型 3	模型 4
技术董事（Tech）	4.060*** (4.10)	3.926*** (3.97)	4.066*** (3.56)	2.045* (1.71)
CEO 开放性（Open）	0.228*** (2.67)	0.381* (1.65)	0.142* (1.82)	0.131* (1.67)

58

变　　量	模型 1	模型 2	模型 3	模型 4
两职合一（Dual）	0.294 (0.79)	0.329 (0.88)	0.593 (0.69)	0.212 (0.62)
CEO 持股（Share）	1.308*** (3.71)	1.311*** (3.75)	1.193*** (3.68)	-0.22 (-0.27)
技术董事×CEO 开放性 （Tech×Open）		1.36*** (2.72)		
技术董事×两职合一 （Tech×Dual）			-0.869 (-0.43)	
技术董事×CEO 持股 （Tech×Share）				3.523* (1.86)
董事会规模（Board）	0.065 (0.64)	0.083 (0.81)	-0.043 (-0.45)	-0.066 (-0.69)
企业盈利能力（Roe）	-3.497* (-1.74)	-3.82* (-1.90)	-2.145 (-1.16)	-2.312 (-1.25)
企业产权性质（Equity）	0.876** (2.42)	0.928*** (2.56)	0.486 (1.44)	0.480 (1.43)
企业营运资金（Cash）	$5.36e^{-10}$** (2.23)	$5.05e^{-10}$** (2.10)	$4.40e^{-10}$** (2.03)	$4.34e^{-10}$** (2.01)
企业规模（Size）	-2.057*** (-4.36)	-2.010*** (-4.26)	-1.680*** (-3.83)	-1.610*** (-3.65)
常数项	19.701*** (4.41)	19.065*** (4.33)	17.330*** (4.21)	17.681*** (4.32)
N	1354	1354	1354	1354
R^2	0.204	0.208	0.194	0.196

注：***、**、*分别代表在 1%、5%、10%的水平下显著。

4.3　技术董事、CEO 开放性与创新绩效

表 4 继续探讨技术董事与创新绩效之间的关系。模型 1 检验了技术董事对创新绩效的影响（β = 3.626，p<0.1），说明董事会中技术董事能够显著促进企业的创新绩效，验证了假设 H1。模型 2 引入 CEO 开放性这一调节变量，调节变量显著，且系数为正，说明 CEO 开放性对技术董事对创新绩效的影响有正向调节作用，即 CEO 开放性越高，技术董事对创新绩效的正向影响越大，验证了假设 H2。模型 3 引入两职合一的调节变量，调节变量系数为负，说明在两职合一的情况下，技术董事对创新绩效的促进作用会削弱。这可能是因为两职合一时，CEO 组织权力更大，更有可能追求自身利益的最大化，利用职权抑制创新绩效，从而提升企业的短期绩效。同时，两职合一会降低董事会的战略参与程度，强权 CEO 会不利于董事会成员对战略方案提出反对意见（Ruigrok，2006）。因此，两

职合一会削弱技术董事对创新绩效的正向影响。最后，引入 CEO 持股这一调节变量，发现调节变量显著，且系数为正。说明 CEO 股权激励对技术董事对创新绩效的影响有正向调节作用，即 CEO 持有公司股权时，技术董事对创新绩效的正向影响更大。

表 4　　　　　　　　　　　　　技术董事对创新绩效的影响

变　量	模型 1	模型 2	模型 3	模型 4
技术董事（Tech）	3.626* (1.70)	3.632* (1.85)	213.590*** (2.92)	161.607* (2.00)
CEO 开放性（Open）	2.552 (0.83)	−13.496* (−1.91)	5.741* (1.85)	0.879* (1.67)
两职合一（Dual）	69.172*** (5.98)	63.999*** (5.46)	207.014*** (7.41)	58.641*** (4.91)
CEO 持股（Share）	−2.286 (−0.18)	−5.572 (−0.43)	9.987 (0.77)	−100.266*** (−3.02)
技术董事×CEO 开放性 （Tech×Open）		72.679*** (2.52)		
技术董事×两职合一 （Tech×Dual）			−677.415*** (−5.42)	
技术董事×CEO 持股 （Tech×Share）				423.600*** (3.20)
董事会规模（Board）	−16.468*** (−4.78)	−15.614*** (−4.52)	−15.903*** (−4.65)	−18.498*** (−5.32)
企业盈利能力（Roe）	−278.729*** (−4.35)	−309.673*** (−4.75)	−330.737*** (−5.14)	−286.211*** (−4.49)
企业产权性质（Equity）	−150.856*** (−12.88)	−147.519*** (−12.54)	−137.665*** (−11.60)	−147.094*** (−12.56)
企业营运资金（Cash）	$2.27e^{-7}$*** (21.77)	$2.26e^{-7}$*** (21.66)	$2.27e^{-7}$*** (21.95)	$2.25e^{-7}$*** (21.64)
企业规模（Size）	24.568 (−1.38)	25.888 (1.45)	27.786 (1.53)	29.569* (1.66)
常数项	−90.785 (−0.55)	−111.873 (−0.67)	−168.902 (−1.02)	−79.079 (−0.48)
N	1354	1354	1354	1354
R^2	0.460	0.463	0.472	0.464

注：***代表在 1% 的水平下显著。

4.4　技术董事、CEO 开放性与创新可持续性

表 5 探讨了技术董事对创新可持续性的影响。模型 1 检验了技术董事对创新可持续性的

影响（ β =0.452， $p<0.1$ ），说明董事会中技术董事能够显著促进企业的创新可持续性，验证了假设 H1。模型 2 引入 CEO 开放性这一调节变量，调节变量显著，且系数为正，说明 CEO 开放性对技术董事对创新可持续性的影响有正向调节作用。因此，CEO 开放性越高，企业文化越倾向于注重和提倡创新和变革，更容易激发员工和高管团队的创造力，从而董事会和高管团队在创新战略方面更容易达成一致，此时技术董事能更显著地促进创新可持续性，验证了假设 H2。模型 3 引入两职合一的调节变量，调节变量不显著，无法验证假设 H3。最后，引入 CEO 股权激励这一调节变量，发现调节变量不显著，不能验证假设 H4。

表 5 技术董事对创新可持续性的影响

变 量	模型 1	模型 2	模型 3	模型 4
技术董事（Tech）	0.452* (1.74)	0.390* (1.85)	0.608* (1.68)	0.540* (2.05)
CEO 开放性（Open）	0.063** (2.31)	−0.024** (−2.28)	0.067** (2.43)	0.068** (2.48)
两职合一（Dual）	0.082 (0.69)	0.065 (0.54)	0.411 (1.12)	0.058 (0.48)
CEO 持股（Share）	0.075 (0.67)	0.039 (0.34)	0.042 (0.37)	0.147 (0.44)
技术董事×CEO 开放性 (Tech×Open)		0.182* (1.93)		
技术董事×两职合一 (Tech×Dual)			−0.701 (−1.02)	
技术董事×CEO 持股 (Tech×Share)				−0.207*** (−2.61)
董事会规模（Board）	−0.068** (−2.10)	−0.083*** (−2.58)	−0.084*** (−2.60)	−0.084*** (−5.32)
企业盈利能力（Roe）	0.878 (1.38)	0.769 (1.20)	0.807 (1.26)	0.819 (1.28)
企业产权性质（Equity）	0.295*** (2.56)	0.396*** (3.47)	0.389*** (3.42)	0.390*** (3.41)
企业营运资金（Cash）	$1.14e^{-10}$ (1.50)	$1.31e^{-10}$* (1.65)	$1.34e^{-10}$* (1.70)	$1.36e^{-10}$* (1.72)
企业规模（Size）	0.013 (0.09)	0.033 (0.22)	0.024 (0.16)	0.020 (0.13)
常数项	0.763 (0.55)	0.639 (0.46)	0.624 (0.44)	0.706 (0.50)
N	1354	1354	1354	1354
R^2	0.044	0.053	0.053	0.052

注：***、**、*分别代表在 1%、5%、10%的水平下显著。

5. 结论与对策建议

5.1 结论

创新已经成为大国博弈的核心焦点和经济发展的关键动能。面对全球化的竞争格局和发达国家对于关键技术的技术封锁，提升企业在关键技术领域的创新能力至关重要，特别是对于高科技企业而言更是如此。面对中美贸易摩擦对于高科技行业的制裁，我国的高科技企业不能仅仅依赖于技术引进，只有通过提升持续创新能力，从技术创新的"跟跑者"转变为技术创新的"领跑者"，才能不在关键技术方面受制于人，真正实现在市场上立足，增强企业的核心竞争力，推动我国高科技产业逐步迈向全球产业链的中高端。本文通过研究高科技行业中技术董事对企业创新可持续性的影响，同时探讨了 CEO 开放性、两职合一和 CEO 股权激励对于这一影响的边际作用，发现了以下研究结论。首先，技术董事能够促进企业的创新投入、专利产出和创新可持续性提升。同时，CEO 开放性越高，技术董事对创新绩效和创新可持续性的激励作用越大。而且，在 CEO 持有公司股权时，技术董事对创新投入和创新绩效的正向影响更强。在两职合一的情况下，CEO 更有可能出现机会主义行为，技术董事对创新绩效的激励效应会削弱。

5.2 对策建议

针对以上研究结论，本文主要提出以下对策建议。首先，企业应该重视技术董事在公司治理和创新战略中发挥的作用，多引入具有技术背景和专业知识的董事，构建有利于创新的董事会制度安排，帮助董事会做出有效的创新战略决策，提高企业的创新绩效，推动企业创新的可持续性。其次，企业要完善职业经理人制度，加强对于管理层的监督和激励，股东可以聘请具备开放性特征的人才担任 CEO，这有利于企业营造鼓励创新和变革的文化氛围，激发组织中的知识共享和组织学习，促进高管团队的创造性思维和意识，会使董事会和高管团队在创新战略上更容易达成一致，促进企业的创新决策。最后，对于 CEO 的激励应该采用股权激励等长期激励的方式，促使 CEO 主动承担风险，减少短视行为，站在企业长远发展的角度考虑，加大风险较高的创新投资，推动企业创新绩效和创新可持续性的提升。

◎ 参考文献

[1] 陈璐，柏帅蛟，王月梅. CEO 变革型领导与高管团队创造力：一个被调节的中介模型[J]. 南开管理评论，2016，19(2).

[2] 陈习定，戴晓震，张芳芳. 管理层持股对企业技术创新效率的影响研究[J]. 科研管理，2018，271(5).

[3] 龚辉锋，茅宁. 咨询董事、监督董事与董事会治理有效性[J]. 管理科学学报，2014，17(2).

[4] 胡元木，纪端．董事技术专长、创新效率与企业绩效[J]．南开管理评论，2017(3)．

[5] 黄庆华，陈习定，张芳芳等．CEO 两职合一对企业技术创新的影响研究[J]．科研管理，2017，38(3)．

[6] 李健，杨蓓蓓，潘镇等．政府补助、股权集中度与企业创新可持续性[J]．中国软科学，2016(6)．

[7] 鞠晓生，卢荻，虞义华．融资约束、营运资本管理与企业创新可持续性[J]．经济研究，2013，48(1)．

[8] 李小荣，张瑞君．股权激励影响风险承担：代理成本还是风险规避？[J]．会计研究，2014(1)．

[9] 连燕玲，贺小刚．CEO 开放性特征、战略惯性和组织绩效——基于中国上市公司的实证分析[J]．管理科学学报，2015(1)．

[10] 梁彤缨，雷鹏，陈修德．管理层激励对企业研发效率的影响研究——来自中国工业上市公司的经验证据[J]．管理评论，2015(5)．

[11] 刘良灿，宁鑫，吕潮林．CEO 开放性促进了企业创新吗？——基于创业板上市公司的实证研究[J]．经济与管理评论，2018，34(2)．

[12] 潘镇，李云牵，李健．总经理掌控力、董事长——总经理垂直对特征与创新持续性[J]．经济管理，2017，39(9)．

[13] 王晨曦，范雪灵，周禹．CEO 变革导向领导行为与组织的探索性技术创新——创新氛围和组织学习的链式中介作用[J]．经济管理，2017，39(7)．

[14] 王华强，丁志慧，刘文兴．精神型领导对知识共享的影响：内部人身份感知的中介作用[J]．珞珈管理评论，2018(3)．

[15] 吴伟伟，阚红莲，刘业鑫，等．管理机制、技术知识资产与企业市场绩效[J]．科学学研究，2017，35(5)．

[16] 申宇，赵玲，吴风云．创新的母校印记：基于校友圈与专利申请的证据[J]．中国工业经济，2017(8)．

[17] 许为宾，周建，周莉莉．政府治理、董事会资本及其匹配与企业投资效率[J]．珞珈管理评论，2017(17)．

[18] 徐飞．银行信贷与企业创新困境[J]．中国工业经济，2019，370(1)．

[19] 叶陈刚，刘桂春，洪峰．股权激励如何驱动企业研发支出？——基于股权激励异质性的视角[J]．审计与经济研究，2015，30(3)．

[20] 张琴．技术背景 CEO、技术创新与企业绩效——基于民营高科技企业的实证分析[J]．经济问题，2018(5)．

[21] 张晓亮，杨海龙，唐小飞．CEO 学术经历与企业创新[J]．科研管理，2019，40(2)．

[22] 赵书松，谭蓓菁，朱越．领导者创新鼓励对组织创新性格的作用机制[J]．珞珈管理评论，2018(2)．

[23] 朱焱，王广．技术型高管权力与非技术型高管权力对企业绩效的影响——来自中国 A 股上市高新技术企业的实证检验[J]．会计研究，2017(12)．

[24] Ahn, J. M., Minshall, T., Mortara, L. Understanding the human side of openness: The fit

between open innovation modes and CEO characteristics[J]. *R&D Management*, 2017, 47 (5).

[25] Li, J., Tang, Y. CEO Hubris and firm risk taking in China: The moderating role of managerial discretion[J]. *Academy of Management Journal*, 2010, 53(1).

[26] Lerner, J., Wulf, J. Innovation and incentives: Evidence from corporate R&D[J]. *Review of Economics & Statistics*, 2007, 89(4).

[27] Ruigrok, W., Simon, I. P., Hansueli, K. Board characteristics and involvement in strategic decision making: Evidence from Swiss companies [J]. *Journal of Management Studies*, 2006, 43(5).

[28] Sur, S., Lvina, E., Magnan, M. Why do boards differ? Because owners do: Assessing ownership impact on board composition[J]. *Social Science Electronic Publishing*, 2013, 21 (4).

Technical Directors, CEO Openness and Corporate Innovation Sustainability
—An Empirical Research Based on Chinese High-tech Listed Company

Gong Hong[1,2]   Peng Yuyao[1]

(1 Economics and Management School of Wuhan University, Wuhan, 430072;

2 Research Center for China Industry-University-Research Institute Collaboration
of Wuhan University, Wuhan, 430072)

Abstract: This paper examines the impact of CEO openness on the relationship between technical directors and corporate innovation sustainability, and investigate how the relationship between board and CEO impact the corporate strategy decision and the innovation activities. Technical directors can provide direction guidance and resource support to the innovation strategy of the company, and enhance the feasibility and success rate of the innovation strategy, promote the company's innovation investment, enhance the company's innovation performance, and effectively promote innovation sustainability. At the same time, when the level of CEO openness is high, it is beneficial to promote the corporate culture that encourages innovation and business change, and the positive impact of technical directors on innovation performance and innovation sustainability will be strengthened. When a CEO holds company equity, technology directors have greater positive impact on innovation investment and innovation performance. In the case of CEO duality, the promotion of innovation performance by technical directors will be weakened. Finally, the corresponding policy recommendations are put.

Key words: Technical directors; CEO openness; Innovation sustainability

专业主编：陈立敏

道德型领导、团队公平感与员工
促进性和抑制性建言[*]

王烁砾[1]　李燕萍[2]　郭　玮[3]　涂乙冬[4]

(1，2，4　武汉大学经济与管理学院　武汉　430072；
3　北京市人力资源和社会保障局　北京　100036)

【摘　要】员工建言对团队效能和组织竞争力具有积极推动作用，然而，现有研究未能检验道德型领导对不同类型员工建言的影响，也缺乏对其作用机制的探索。本研究从组织公平理论出发，用团队公平感来解释道德型领导对员工两种建言的作用机制。以 50 个研发团队的 248 名员工为对象，本研究运用多层次结构方程模型技术检验了道德型领导如何通过团队公平感对员工不同类型的建言产生影响。结果表明，道德型领导对员工的促进性建言和抑制性建言具有显著正向作用，团队公平感在道德型领导与促进性建言和抑制性建言之间起部分中介作用。但是，道德型领导对员工的促进性建言和抑制性建言影响的差异并不显著，团队公平感在道德型领导与两种建言之间中介效应的差异也不显著。本文探明了中国情境下道德型领导对员工建言的影响机制，并为领导如何提升下属建言提供了指导。

【关键词】道德型领导　团队公平感　促进性建言　抑制性建言
中图分类号：C93　　　文献标识码：A

1. 引言

以提升管理效能、发现潜在问题为出发点的员工建言，既是团队领导者提升团队效能

　　* 基金项目：国家自然科学基金项目"社会责任型人力资源管理对组织内道德型领导涌现的机制研究"（71872139）；国家社会科学基金重大攻关项目"驱动中国创新发展的创客与众创空间培育战略研究"（15ZDC014）；教育部人文社会科学研究规划基金项目"工资扭曲、种群密度与企业成长：基于企业生命周期的动态分析"（17YJA630141）；教育部人文社会科学研究青年项目"道德型领导对员工职业健康的影响机制研究"（18YJC630164）；武汉大学自主科研项目（人文社会科学）"中央高校基本科研业务费专项资金"。

　　通讯作者：涂乙冬，E-mail：ydtu@ whu. edu. cn。

的有效方法，也是组织管理者在激烈商业竞争中持续保持竞争优势的关键（Detert & Burris, 2007）。由于知识经济的兴起以及市场竞争的进一步加剧，密切接触客户与市场、直接承担各种创新任务的员工多以团队工作方式广泛地存在于各类组织之中。团队成员之间相互合作、相互启发，展示出对内外部动态信息的敏锐捕捉力、优化组织流程的改造力与发现潜在问题的分析力。团队成员往往能提出一些团队领导者不曾注意到的问题，有时甚至能结合实际提出一些切实可行的解决方法。领导者作为组织代理人享有高度的权威和权力（Chen et al., 2014），下属的新想法必须通过向领导者建言才可能被运用于组织变革。因此，鼓励和激发知识团队员工积极建言已成为团队领导者的一项重要工作。

作为一种新兴的领导方式，道德型领导通过领导者的道德表率和严格的道德管理来获得符合道德规范的组织绩效。已有研究证实了道德型领导对员工建言的正向促进作用（Chen & Hou, 2016）。但对于两者之间关系的研究还存在两点不足。

一是未进一步检验道德型领导对不同类型员工建言的不同影响。目前的几项研究都只关注了道德型领导对下属建言的影响，Avey 等（2012）发现道德型领导促进下属的建言并提升他们的心理幸福感。Chen 和 Hou（2016）认为道德型领导显著提升了下属的建言并进一步促进下属的创新。Zhu 等（2015）发现道德型领导通过影响下属的组织认同来提高下属的建言。上述三项研究都是将建言看作一个整体的行为，并未区分出不同类型的建言。依据下属向领导者建言的不同目的，可以将其划分为促进性建言和抑制性建言。促进性建言主要着眼于激发组织战略性思考、改进工作流程、提升管理效能，抑制性建言主要着眼于帮助领导者发现组织运营或管理中存在的潜在问题（Liang, Farh & Farh, 2012）。道德型领导在提高下属的道德追随行为方面具有显著效能，能够增加下属符合道德规范的行为和降低不符合道德规范的行为。本文第一个研究目的是检验道德型领导对员工促进性和抑制性建言的影响。

促进性建言和抑制性建言对建言者的要求有显著的差异。前者只需领导者鼓励员工更加积极地参与到组织管理中；后者不但会挑战领导者在组织中的权威，也让员工因此承担更大的风险（魏昕和张志学，2010），下属也因为害怕威权式领导而不敢对上司提出抑制性意见（Li & Sun, 2015）。后续研究发现两种建言的前因是不同的，抑制性建言比促进性建言具有更大的风险和困难，员工进行抑制性建言的意愿比进行促进性建言的意愿要低（Li & Sun, 2015）。道德型领导对促进性和抑制性建言的影响究竟孰高孰低，缺乏有效而直接的实证证据。因此，有必要进一步比较道德型领导对员工两种建言的影响。道德型领导更关注组织中的道德议题，而抑制性建言通常是为了纠正组织中的不当道德管理，因此，本文假设道德型领导对抑制性建言的影响会大于对促进性建言的影响。

二是对道德型领导如何促进下属建言的作用机制缺乏足够的探索。Brown 和 Treviño（2006）认为，现有研究未能深入揭示道德型领导与结果变量之间的作用机制，急需更多实证证据来揭开这个作用机制。例如，Zhu 等（2015）发现了组织认同在道德型领导与个体建言之间的作用。但员工在决定自己是否做出建言之前，都有一个权衡利弊得失的决策过程。员工甘愿冒着人际冲突、个人职业生涯受阻等风险提出一些促进性或抑制性建言，这是一种理性的行为，而非冲动行为（Liang et al., 2012；段锦云，王啸天 & 王娟娟，2019）。公平是个体评估是否建言的前提，已有研究发现组织公平对于员工建言是至关重要的（骆元静，李燕萍 & 穆慧娜，2017）。因此，本文从组织公平理论出发，用团队公平感来解释道德型领导与员工两种建言之间的过程。本文选择团队公平感，而非整体的组织公平感，是因为本文定义的道德型领导的客体是团队层面的主管，而非组织层面的高层管理者。因此，为了研究精确性，我们检验团队公平感在道德型领导与员工两种建言之间的中介机制。

基于以上分析，本研究探索道德型领导对员工促进性建言和抑制性建言的影响，并且检验了团队公平感在其中的中介作用。本文的贡献主要包括以下三个方面：第一，在以往道德型领导与建言的研究基础上，进一步区分了道德型领导对两种不同建言的效应。第二，在道德型领导和两种建言的主效应基础上，本文进一步检验团队公平感在它们之间的中介效应，探索了道德型领导与两种建言的过程机制。第三，本文从组织公平理论视角来探索道德型领导与建言之间的关系，这区别于社会学习以及社会交换理论的道德型领导研究，回应了从更多理论视角来理解道德型领导与其有效性的号召与呼吁。本研究为中国情境下道德型领导对员工建言的影响机制提供了实证证据，在实践上为领导者的管理行为提升提供指导。

2. 研究假设

2.1　道德型领导

道德型领导通过表率行为和人际互动向下属展示什么是合乎规范、恰当的行为，并通过双向沟通、正向强化和邀请参与决策等方式来激励下属的道德行为（Brown，Treviño & Harrison，2005；周明建 & 李博，2010）。诚实、诚信、利他、值得信任、以集体利益为重以及决策公平是道德型领导的特质（Brown & Treviño，2006）。他们通过自身的道德行为对下属的态度和行为产生影响。我们依据 De Hoogh 和 Den Hoogh（2008）的研究划分出道德型领导鼓励建言的三种核心行为：一是道德和公正领导行为，指在与团队下属进行各种正式、非正式的沟通与交流时，领导者以诚实、可信、公平、关心等行为准则规范自身言行，正直、真诚地对待每一个员工，公正地赋予每个下属合理的话语权，尊重他们所提出的各种意见。二是分权行为，指领导者允许和鼓励员工参与组织决策制定过程，认真聆听其对组织发展的各种建议，及时对员工建言的可行性给予正确的评价。三是模范领导行为，指领导者通过在团队成员前展示规范、合理的公共行为，向成员们传递鼓励建言的信号。

本研究中的员工建言特指下属对上级的建言，即"出于促进组织发展的目的，员工个体主动向组织中具有权威的人，提出或表达的促进性或抑制性的意见"（Detert & Burris，2007）。Liang 等人（2012）发现中国情境中存在两种建言：一种是提出建设性意见的促进性建言，另一种是阻止对组织不利行为的抑制性建言。两种建言的共同点是都以组织获益为目标，向领导者提出挑战其权威的建议（Van Dyne，Ang & Botero，2010）。两种建言的区别在于：促进性建言强调实现未来目标的可能性，着眼于适合将来做事的方式，以及为提升组织效能提出具体方法（Liang et al.，2012）。抑制性建言是员工指出工作中已经存在或潜在的问题，如对组织有害的行为、无效率的程序、规则或政策。此种建言与中国历史和文化中的"进谏"含义相近（魏昕 & 张志学，2010），它强调对过去与未来的双向关注，以及如何制止这些问题对组织的伤害。抑制性建言可能关注组织中已经损害的状况（如现存的严重问题），也可能关注对组织的潜在威胁（如某些导致工作流程低效的做法）。因此，两种建言在性质和内容上有较大差别。

道德型领导对员工建言的研究大多将员工建言作为一种行为进行研究（Avey et al., 2012; Chen & Hou, 2016; Zhu et al., 2015），而忽略了进一步区分道德型领导对不同建言的影响。同时，现有的研究缺乏对道德型领导对两种建言的作用机制的检验，我们对道德型领导如何促进促进性建言及抑制性建言仍然不清楚。

2.2 道德型领导与员工促进性建言及抑制性建言

道德型领导不仅通过与员工一对一的双向沟通对其产生影响，也经由团队道德管理实践影响员工建言。道德型领导的行为和示范如同信号一样，告诉成员哪些行为是应该被表扬的、哪些行为是应该被禁止的（Schneider, White & Paul, 1998）。因此，道德型领导能对员工建言产生作用（Tu & Lu, 2013; 郭玮等，2012）。

我们假设道德型领导能够提升下属的促进性建言和抑制性建言。首先，道德型领导者以是否符合道德规范作为指导自己行事的重要准则（Brown et al., 2005; Tu & Lu, 2013）。他们向成员们传递了一个判断自身行为对与错的标准：只要是对组织发展有益，且符合道德规范的行为，哪怕会危及领导者在组织中的地位及权威也是值得鼓励的。因而员工在团队中提出改进组织效能的促进性建言和制止危害组织及团队因素的抑制性建言都是符合标准的。其次，道德型领导关心员工的需要，仁慈、体贴地对待下属，授权给下属，帮助下属获得更好的职业发展。这些领导行为让员工会有更强烈的回报感，愿意为改进组织管理中存在的问题向领导者提出促进性建言。有时为了及时制止现行制度中的某些不利因素，员工甚至不惜提出逆耳忠言般的抑制性建言。最后，道德型领导以公正的领导行为为员工创造出一个有利于建言的开放环境（Brown et al., 2005; Brown & Treviño, 2006），使员工减少对建言消极后果的顾虑，从而主动为领导者提出更多促进性和抑制性建言。

如前所述，两种建言背后的动机和机制有可能是不同的（Liang et al., 2012），例如，Wei 等（2015）发现，促进性建言更加依赖于个体建言的效能感，而抑制性建言更加依赖于个体建言的安全感。相比较于促进性建言，抑制性建言会对现有组织运营有害的方面提出挑战，在改善组织的健康运营方面有着比促进性建言更重要的作用，但面临着更大的不确定性和风险（Liang et al., 2012）。同时，抑制性建言聚焦于组织有害的、失败的、不公正的议题，这些往往是和道德议题相关的，这就要求组织成员勇于面对组织中不道德的情境，直言不讳地提出改善这种不道德情境的建议，这种抑制性建言要求员工更多地识别道德议题，解决道德困境等。提出道德型领导的目的之一就是通过增强员工的道德行为来提高公司效能（Brown et al., 2005），道德型领导能够提高道德行动的指南，能够通过道德规范或价值观来减少员工行为的不确定性，增加员工的心理安全感（Tu et al., 2018）。因此，道德型领导对员工的抑制性建言的影响会比对促进性建言的影响要更大。基于此，我们提出以下假设：

H1a：道德型领导对员工促进性建言有正向影响。

H1b：道德型领导对员工抑制性建言有正向影响。

H1c：道德型领导对员工抑制性建言的作用大于对促进性建言的作用。

2.3 团队公平感的中介作用

团队公平感是指雇佣关系中员工的公平感知。在过去的 30 年中，它一直是组织行为学关注的热点和重点。近年来团队公平感的深度和宽度被大大拓宽了，由员工对单一种类公平的感知，如程序公平、分配公平、人际公平和信息公平（Cohen-Charash & Spector, 2001），向员工在组织中的整体公平感知转变（Ambrose & Schminke, 2009）。

道德型领导能提高团队公平感：(1)道德型领导通过在团队中制定符合道德规范的绩效标准，奖励做出了符合道德标准行为的员工，惩罚违反道德标准行为的员工等措施提升团队在分配方面的公平感（Brown et al., 2005；Brown & Treviño, 2006）。(2)道德型领导以高标准的道德规范约束自己的工作和生活，诚实、真诚地对待员工，关心、体贴地照顾员工，关注和满足员工的个体需求（Brown et al., 2005；Brown & Treviño, 2006），与员工发展高水平的领导-部属交换关系（涂乙冬等，2014）。这些领导行为会提升团队在人际方面的公平感。(3)道德型领导采取开放的姿态为员工提供双向沟通渠道，尊重团队决策程序，鼓励员工参与团队决策，让员工更多地参与团队建设和团队自我管理（Brown et al., 2005；Brown & Treviño, 2006）。这些领导行为将提高团队程序方面的公平感。基于以上三个理由，本文认为道德型领导能够显著提高团队公平感。

我们假设团队公平感与员工的促进性建言和抑制性建言显著正相关。这是因为：(1)团队公平感为个体促进性建言和抑制性建言提供了良好的保证，员工认为他们的团队是公平的，有公平的程序和措施来保障他们提出建设性和批评性意见，这种公平感会让员工有充足的渠道和机会进行建言。(2)团队公平感为个体提供了更高的促进性建言和抑制性建言激励。由于建言往往让员工面临着高度的风险和不确定性，甚至可能为其带来人际冲突和职业生涯阻碍等负面影响（Morrison & Milliken, 2010）。此时，若个体能感知到组织较高的分配公平感，就会认为他从组织中获得了公平的分配对待，从而有更高的义务感去回报团队和领导，为团队和领导贡献更多的努力和角色外行为。其中，就包括促进性建言和抑制性建言。(3)团队公平感为个体提供了更高的心理安全。团队中存在较高的人际公平感会提升领导和员工的互动水平（Masterson et al., 2000）。领导与成员之间的相互信任，将降低下属对于促进性建言和抑制性建言所带来的人际冲突的顾虑，使下属认为在团队中建言安全，不会被报复或者歧视对待。这种心理安全感有利于下属做更多促进性建言和抑制性建言（Tu et al., 2018）。因此，团队公平感能够提升员工的促进性建言和抑制性建言。

综上所述，我们认为道德型领导会提高团队公平感，而团队公平感又将进一步提高员工的促进性建言和抑制性建言。由此，提出以下假设：

H2a：团队公平感在道德型领导与员工促进性建言的关系中起中介作用。

H2b：团队公平感在道德型领导与员工抑制性建言的关系中起中介作用。

H2c：团队公平感在道德型领导与员工抑制性建言间的中介作用大于在道德型领导与员工促进性建言间的中介作用。

3. 研究设计

3.1 样本与数据收集

本研究以武汉、北京、上海、深圳等地 45 家企事业单位的工作团队及其员工为对象，进行了实地问卷调查。研究程序包括以下几个步骤：首先，在每个企事业单位中选择 1~3 个工作团队；其次，向工作团队的负责人说明此次研究的目的、介绍问卷填写方法，并请其邀请团队成员自愿参与我们的研究；再次，以团队为单位，发放事先编号的问卷，请员工填写问卷；最后，请团队负责人回收问卷并将问卷返回给研究者。

本次研究发放 58 份团队问卷，350 份员工问卷，团队成员的平均数量为 6 名。为保证问卷的质量和有效性，我们剔除了仅有员工问卷或仅有领导问卷的样本、成员少于三人的样本、团队成立时间少于 6 个月的样本。回收后得到 50 个团队样本(有效回收率 86.2%)和 248 份员工样本的有效问卷(有效回收率 70.9%)。

在有效问卷中，团队成员的平均数量为 4.96 个(SD = 1.185)，来自高新技术企业、金融业、高等学校和政府机构的团队所在比例分别为 44%、30%、14% 和 12%；来自中部地区、东部地区、西部地区的样本分别为 78%、16% 和 6%。团队成员中，男性占 51.2%、女性占 48.8%，平均年龄 31.47 岁(SD = 8.297)，拥有大学及以上学历的占 53.2%，在当前团队的工作均时是 38 个月(SD = 50.580)。

3.2 测量工具

本研究中相关量表来源于英文量表，为保证中国情境下测量的有效性，我们将 6 名管理学专业的博士研究生分为两组，每组三人并行地、双盲地双向互译，再请组织行为学的 2 名副教授评价原英文条目、中文译句以确定合适的中文译句。然后我们邀请了管理经验 5 年以上的领导 2 名、工作年限 3 年以上的员工 4 名进行了 3 次小组讨论(每次邀请 1~3 人)，并在此基础上改进了问卷条目。问卷采用李克特 5 点量表计量。

道德型领导采用 Brown 等(2005)的 10 条目问卷，举例条目是"我的领导会惩罚违反道德准则的员工"。这一量表是目前道德型领导研究领域运用最广泛的量表。该量表在本研究中的信度系数为 0.931。

团队公平感采用 Conlon，Porter 和 Parks(2004)的 5 条目量表，举例条目是"我觉得领导做决定所依据的程序对大家都是公平的"。该量表在本研究中的信度系数为 0.927。

促进性建言和抑制性建言采用 Liang 等(2012)的量表，分别为 6 个条目和 4 个条目，举例条目是"我积极地想出各种可能对部门有影响的建议"和"我为改进部门的运作方式提出富有建设性的想法"。该量表在本研究中的信度系数分别为 0.924 和 0.850。

本文将员工的性别、年龄和年资作为控制变量，性别的测量中，1 代表男，0 代表女；年龄以数字直接表示，年资是员工在该公司工作的时间(以月计算)。

3.3 分析策略

尽管本文的结果变量是由员工自己评价，并未违反结果变量方差独立性的假设，但由于本文在收集数据过程中以团队为单位，存在着员工嵌套于团队的结构。本文也进一步检验促进性建言和抑制性建言多层次聚合指标来确认多层次研究的适用性，结果发现促进性建言（ICC1 = 0.31，ICC2 = 0.69，r_{wg} = 0.92）和抑制性建言（ICC1 = 0.38，ICC2 = 0.76，r_{wg} = 0.86）是具有多层次结构的。上述结果进一步表明本文存在嵌套结构，多层次回归相对于一般线性回归更适合用于检验本文的研究模型。

根据 Zhang 等（2008）的建议，本文使用多层次结构方程模型来检验模型。由于本文的道德型领导、团队公平感、促进性建言和抑制性建言都是在个体层面进行定义和测量，因此，本文的模型属于多层次结构方程模型中的 1-1-1 中介模型。

4. 数据分析与结果

4.1 同源方差

由于本研究数据均来自员工自我报告，同源方差可能会对研究结论产生影响。我们采用"HARMAN 单因子检验"的方法来检验同源方差。我们运用验证性因子分析技术来进行 HARMAN 单因子检验。考虑到条目较多，我们对因子进行打包，按照 Mathieu 和 Farr（1991）建议的方法，我们按照条目因子负荷的高低搭配，将每个变量的条目打包为 2 个因子。结果显示，4 因子模型（χ^2 = 37.470，df = 13，CFI = 0.985，GFI = 0.963，IFI = 0.985，RMR = 0.021，RMSEA = 0.087，AIC = 83.470）远远优于 1 因子模型（χ^2 = 579.618，df = 19，CFI = 0.648，GFI = 0.656，IFI = 0.650，RMR = 0.081，RMSEA = 0.346，AIC = 613.618）。这表明，本文的同源方差并不严重，对本研究的干扰较小。

4.2 相关分析

表 1 列示了各变量的均值、标准差及相关系数。道德型领导与团队公平感（r = 0.591，$p < 0.001$）、促进性建言（r = 0.521，$p < 0.001$）和抑制性建言（r = 0.490，$p < 0.001$）显著正相关，团队公平感与促进性建言（r = 0.487，$p < 0.001$）和抑制性建言（r = 0.494，$p < 0.001$）显著正相关，相关性和本文的假设相一致。

表 1 　　　　　　　　　　　　　　均值、标准差及相关系数

变量	均值	标准差	1	2	3	4	5	6
员工性别	0.512	0.501						
员工年龄	31.468	8.297	0.008					
员工年资	38.327	50.580	−0.107	0.540 ***				

变量	均值	标准差	1	2	3	4	5	6
道德型领导	3.720	0.747	-0.75	0.012	0.158*			
团队公平感	3.622	0.811	-0.52	0.102	0.135*	0.591***		
促进性建言	3.474	0.752	-0.025	0.198**	0.272***	0.521***	0.487***	
抑制性建言	3.316	0.805	-0.041	0.180**	0.279***	0.490***	0.494***	0.701***

注：$n_{员工}=248$；$n_{团队}=50$，* 表示 $p<0.05$，** 表示 $p<0.01$，*** 表示 $p<0.001$；2-tailed。

4.3 研究假设验证

表 2 给出了道德型领导对促进性建言及抑制性建言的主效应及其中介效应检验的多层次结构方程模型分析结果。如表 2 模型 2 和模型 4 所示，道德型领导对促进性建言（$\gamma=0.407$，$p<0.001$）和抑制性建言（$\gamma=0.415$，$p<0.001$）有正向影响。因此，假设 H1a 和假设 H1b 得到了验证。我们进一步检验了道德型领导对两种建言影响的差异，道德型领导对促进性建言比对抑制性建言的影响小 0.008（n.s.），因此，尽管道德型领导对抑制性建言的影响比对促进性建言的影响稍大，但道德型领导对两者的影响并没有显著差异，假设 H1c 并未得到支持。

表 2　　　　　　　　　　　中介模型检验结果

变量	团队公平感	促进性建言		抑制性建言	
	模型 1	模型 2	模型 3	模型 4	模型 5
截距	3.241	3.087	2.724	6.162	6.997
员工性别	-0.062	0.021	0.028	-0.034	-0.018
员工年龄	0.016*	0.018*	0.016*	0.021**	0.018*
员工年资	-0.002	-0.001	0.000	-0.001	0.000
道德型领导	0.565***	0.407***	0.305***	0.415***	0.288***
团队公平感			0.178**		0.226***
σ^2	0.373	0.334	0.321	0.336	0.317
R^2	0.260	0.157	0.189	0.168	0.215
中介效应		0.101(95%CI[0.026,0.176])		0.128 (95%CI[0.050,0.206])	

注：$n_{员工}=248$；$n_{团队}=50$，* 表示 $p<0.05$，** 表示 $p<0.01$，*** 表示 $p<0.001$；2-tailed。

假设 H2a 和 H2b 认为团队公平感在道德型领导与两种建言之间起着中介效应。如表 2 中的模型 1 所示，道德型领导对团队公平感有显著影响（$\gamma=0.565$，$p<0.001$）。如表 2 中的模型 3 所示，当加入团队公平感后，道德型领导对促进性建言作用显著（$\gamma=0.305$，

$p<0.001$），且团队公平感对促进性建言有显著影响（$\gamma=0.178$，$p<0.01$），道德型领导通过团队公平感对促进性建言的中介效应为 0.101（95%CI[0.026，0.176]），这说明团队公平感在道德型领导和促进性建言间发挥着部分中介的作用，支持了假设 H2a。

如表 2 中的模型 5 所示，当加入团队公平感后，道德型领导对抑制性建言作用显著（$\gamma=0.288$，$p<0.001$），团队公平感对抑制性建言有显著影响（$\gamma=0.226$，$p<0.001$）。道德型领导通过团队公平感对抑制性建言的中介效应为 0.128（95%CI[0.050，0.206]），这说明团队公平感在道德型领导和抑制性建言间发挥着部分中介的作用，支持了假设 H2b。

我们进一步检验了 2 个中介效应的差异，团队公平感在道德型领导与促进性建言和抑制性建言之间的中介效应相差 0.027（n. s. 95%CI[-0.099，0.045]），这表明团队公平感在道德型领导与两种建言之间的中介效应并没有显著差异。因此，假设 H2c 没有得到支持。

5. 结论与展望

5.1 研究结论

本研究基于组织公平理论解释了员工为何甘愿冒着各种可能的风险向道德型领导提出促进性建言和抑制性建言，并验证了团队公平感在其中的中介作用。本文对已有文献的贡献包括以下几个方面：

第一，本研究证实了道德型领导对促进性建言和抑制性建言的正向作用。现有研究支持道德型领导对员工建言（单一维度）的正向影响（Chen & Hou, 2016）。然而，伴随着学术界对建言多维度性的认可，仅关注领导力与提出新创意或建议的促进性建言（Van Dyne & Lepine, 1998），或只研究领导力与对实施政策、规则、流程中潜在问题进行告诫和劝阻的抑制性建言之间的关系（魏昕 & 张志学，2010），都难以全面审视其对员工建言的影响。此外，与西方人直面冲突的处理方式不同，中国员工更在意与领导者之间和谐的人际关系（Friedman, Chi & Liu, 2006）。与提出促进性建言相比，中国员工需要付出更大的努力、承担更大的风险才敢于发表抑制性建言。与前人的研究相反，我们基于道德型领导在对下属道德追随方面的独特影响力，假设道德型领导对下属抑制性建言的作用要大于促进性建言的作用，结果表明道德型领导对促进性建言和抑制性建言的作用分别为 0.407（$p<0.001$）和 0.415（$p<0.001$），方差解释力分别为 15.7%（$R^2=0.157$）和 16.8%（$R^2=0.168$），但道德型领导对两种建言的影响没有显著差异，假设 H1c 并未被证实。

虽然假设 H1c 未被支持，但本文发现了不一样且有趣的结果。以往研究通常认为领导力对下属促进性建言大于对抑制性建言的作用（Li & Sun, 2015），但本文的结果表明，道德型领导对下属抑制性建言的作用和对促进性建言的作用非常接近。Chamberlin 等（2017）的元分析发现，道德型领导总体上能够提高下属的建言，同时，道德型领导对促进性建言的作用（0.27）比对抑制性建言的作用（0.20）更大。但需要注意的是，Chamberlin 等（2017）是把提出异议行为和举报行为作为抑制性建言的操作化定义（并未直接测量两种建言），这显然与本文定义的抑制性建言是有差异的，他们也并未检验两个系数差异的显著性，因此，该文的研究定义与本文的研究定义有很大的差异，这种差异可能是造成研究发现不同的原因之一。本文的研究结果表明道德型领导更加鼓励下属去解决组织中的不道德问题，通过道德的行为来提高组织效能，保障组织永续发展，而这种自上而下的影响促使下属更多地提出改善组织运营中不利或不道德方面的建言，这些建言往往是抑制性的。因此，道德型领导对抑制性建言的作用才会和对促进性建言的作用接近。

第二，本研究探明了道德型领导对员工建言的作用机制。首先，本文的团队公平感是所有成员对公平感的整体感知评价，对员工个体绩效有显著正向的影响。其次，尽管以往的建言研究已经论述了员工对建言结果可能导致"冲突"的恐惧（Avey et al., 2011；Ng & Feldman, 2012），本研究基于组织公平视角进一步揭示了团队公平感在道德型领导处理人际关系和对员工的工作评价方面对团队冲突的消声器作用。我们证实了团队中的高公平感能够让员工较少顾忌不利的人际负面效应，从而勇敢地提出促进性和抑制性建言。团队公平感部分中介了道德型领导与促进性建言与抑制性建言之间的关系。

然而，团队公平感在道德型领导与两种建言之间的中介效应的差异却不显著。这一研究和以往数项研究有一些不同，例如 Liang 等（2012）提出两种建言的前因机制并不相同，本文却发现团队公平感对于两种建言都是同等重要的。同时，不同于以往研究表明某一种单一的公平对于建言有显著作用，本研究更加强调公平作为一种整体概念对于建言的重要性。因此，本研究有助于丰富组织公平和建言研究。

第三，本文从组织公平理论出发，检验了团队公平感在道德型领导与两种建言之间的中介机制。道德型领导的研究通常在社会学习和社会交换两个理论视角下进行探索，近年来研究者也呼吁应该进一步拓宽道德型领导的研究基础（Tu & Lu, 2016），在一个更广泛的理论视角上理解道德型领导的有效性。本研究从组织公平的视角去理解道德型领导是如何通过塑造团队公平感，从而激发下属的促进性建言与抑制性建言。这一理论视角更加强调作为一个道德型领导塑造团队公平的重要性。因此，在社会学习和社会交换理论之外，本文运用了一个新的理论视角去理解道德型领导的作用过程。

5.2 实践意义

本研究对团队领导者的管理实践有一定的启示作用。首先，员工的促进性建言和抑制性建言在组织中具有十分重要的作用，组织的领导者应该更多地关注员工的意见，以开放的姿态来聆听员工的意见，创造更多的渠道和平台来使员工能够更好地建言。促进性建言能够就组织的效率提升提出一些新的办法，这对于提升组织效率十分重要；抑制性建言，尽管在中国情境下可能会引发一些人际关系紧张，但"忠言逆耳利于行"，对改善组织运营，特别是纠正一些组织存在的弊端有着更重要的作用。促进性建言和抑制性建言对于组织而言就像是"锦上添花"和"雪中送炭"。"锦上添花"易，"雪中送炭"难。因此，组织应该从制度、领导力等多方面着力让员工能够自由地提出建设性和批评性的意见。

其次，领导者应不断提升自我道德水平，并以此作为指导自身言行的重要准则。领导者应在团队中展现公平、公正、公开的领导行为，并成为员工的道德表率；在管理中展现道德型领导方式，成为一个有道德的个体和管理者，以有效激发下属的促进性建言和抑制性建言。最新的研究表明，领导者仅仅是开放式的、乐于接受建言的，对于提升下属的抑制性建言仍然效果比较弱(Chamberlin et al., 2017)。本文的研究证实了道德型领导在提升下属建言、特别是抑制性建言方面的独特影响力，只有领导者是一个有道德的人和管理者，下属才能够提出抑制性建言，才能够有效地改善组织运营的弊端，革新组织运营效率。这表明，领导者其身正，下属才能畅所欲言，领导者其身不正，下属也就不能提出逆耳忠言。特别是在中国的历史背景下，人们往往推崇那些敢于对领导者提出批评性建议的人，但是这样的人在历史上却并不多见，领导者需要进一步提高自身的道德品质和道德管理，才能够有更多下属提出抑制性建言。

最后，领导者还应注重在日常工作中营造成员与领导者之间、成员之间的公平感。通过团队公平感增强员工建言。

5.3 研究局限与展望

由于主客观条件的限制，本研究存在一些局限之处。首先，本研究依据员工自我报告的横截面数据对假设进行了检验，相对于纵向研究(追踪研究)而言，说服力较弱、难以反映出道德型领导与员工的促进性建言及抑制性建言之间的因果关系。在未来研究中，希望通过多源数据、追踪研究等设计，更深入地分析以上变量之间的内在关系，对理论模型进行更具说服力的实证研究。其次，在样本的选择上，仅选择了中国大陆的知识型工作团队，对于研究结果是否可以运用到其他工作性质的员工和团队还需要进行更多检验。最后，本研究试图打开道德型领导对促进性和抑制性建言的作用机制。但这只是初步的探索性研究，在未来的研究中，希望通过更为全面的理论分析及探索性案例分析，识别出其他的中介变量，将其纳入道德型领导与员工建言模型之中，以建立更为完善的、有解释力的理论模型，从而进一步提高研究结论的系统性。

◎ 参考文献

[1] 郭玮，李燕萍，杜旌，陶厚永. 多层次导向的真实型领导对员工与团队创新的影响机制研究[J]. 南开管理评论，2012，15(3).

[2] 段锦云，王啸天，王娟娟. 团队建言氛围的形成：基于团队成员特征涌现的视角. 珞珈管理评论，2019，30(3).

[3] 骆元静，李燕萍，穆慧娜. 多一事不如少一事？组织地位感知对建言和创新行为的作用机制研究. 珞珈管理评论，2017，14(2).

[4] 涂乙冬，陆欣欣，郭玮，王震. 道德型领导者得到了什么？道德型领导、团队平均领导？部属交换及领导者收益[J]. 心理学报，2014，46(9).

[5] 魏昕，张志学. 组织中为什么缺乏抑制性进言？[J]. 管理世界，2010(10).

[6] 周明建，李博. 道德型领导力研究述评[J]. 社会心理科学，2010(7).

[7] Ambrose, M. L., Schminke, M. The role of overall justice judgments in organizational justice research：A test of mediation[J]. *Journal of Applied Psychology*, 2009, 94(2).

[8] Avey, D. R., Mckay, P. F., Wilson, D. C., Volpone, S. D., Killham, E. A. Does voice go flat? How tenure diminishes the impact of voice[J]. *Human Resource Management*, 2011,

50(1).

[9] Avey, J. B., Wernsing, T. S., Palanski, M. E. Exploring the process of ethical leadership: The mediating role of employee voice and psychological ownership[J]. *Journal of Business Ethics*, 2012, 107(1).

[10] Brown, M. E., Treviño, L. K., Harrison, D. A. Ethical leadership: A social learning perspective for construct development and testing[J]. *Organizational Behavior & Human Decision Processes*, 2005, 97(2).

[11] Brown, M. E., Treviño, L. K. Ethical leadership: A review and future directions [J]. *Leadership Quarterly*, 2006, 17(6).

[12] Chamberlin, M., Newton, D. W., Lepine, J. A. A meta-analysis of voice and its promotive and prohibitive forms: Identification of key associations, distinctions, and future research directions[J]. *Personnel Psychology*, 2017, 70(1).

[13] Chen, S. Y., Hou, Y. H. The effects of ethical leadership, voice behavior and climates for innovation on creativity: A moderated mediation examination [J]. *Leadership Quarterly*, 2016, 27(1).

[14] Chen, X. P., Eberly, M. B., Chiang, T. J., FARH, J. L., Cheng, B. S. Affective trust in Chinese leaders: Linking paternalistic leadership to employee performance[J]. *Journal of Management*, 2014, 40(3).

[15] Cohencharash, Y., Spector, P. E. The role of justice in organizations: A meta-analysis[J]. *Organizational Behavior & Human Decision Processes*, 2001, 86(2).

[16] Conlon, D. E., Porter, C. O. L. H., Parks, J. M. The fairness of decision rules[J]. *Journal of Management*, 2004, 30(3).

[17] De Hoogh, A. H. B., Den Hartog, D. N. Ethical and despotic leadership, relationships with leader's social responsibility, top management team effectiveness and subordinates' optimism: A multi-method study[J]. *Leadership Quarterly*, 2008, 19(3).

[18] Detert, J. R., Burris, E. R. Leadership behavior and employee voice: Is the door really open? [J]. *Academy of Management Journal*, 2007, 50(4).

[19] Friedman, R., Chi, S. C., Liu, L. A. An expectancy model of Chinese-American differences in conflict-avoiding[J]. *Journal of International Business Studies*, 2006, 37(1).

[20] Li, Y., Sun, J. M. Traditional Chinese leadership and employee voice behavior: A cross-level examination[J]. *The Leadership Quarterly*, 2015, 26(2).

[21] Liang, J., Farh, C. I. C., Farh, J. L. Psychological antecedents of promotive and prohibitive voice: A two-wave examination[J]. *Academy of Management Journal*, 2012, 55 (1).

[22] Masterson, S. S,, Lewis, K., Goldman, B. M., Taylor M S. Integrating justice and social exchange: The differing effects of fair procedures and treatment on work relationships[J]. *Academy of Management Journal*, 2000, 43(4).

[23] Mathieu, J. E., Farr, J. L. Further evidence for the discriminant validity of measures of

organizational commitment, job involvement, and job satisfaction[J]. *Journal of Applied Psychology*, 1991, 76(1).

[24] Morrison, E. W., Milliken, F. J. Speaking up, Remaining silent: The dynamics of voice and silence in organizations[J]. *Journal of Management Studies*, 2010, 40(6).

[25] Ng, T. W., Feldman, D. C. The effects of organizational and community embeddedness on work-to-family and family-to-work conflict[J]. *Journal of Applied Psychology*, 2012, 97 (6).

[26] Schneider, B., White, S. S., Paul M C. Linking service climate and customer perceptions of service quality: Test of a causal model[J]. *Journal of Applied Psychology*, 1998, 83 (2).

[27] Tu, Y., Lu, X., Choi, J. N., Guo, W. Ethical leadership and team-level creativity: Mediation of psychological safety climate and moderation of supervisor support for creativity [J]. *Journal of Business Ethics*, 2018, (1).

[28] Tu, Y., Lu, X. How ethical leadership influence employees' innovative work behavior: A perspective of intrinsic motivation[J]. *Journal of Business Ethics*, 2013, 116(2).

[29] Tu, Y., Lu, X. Do ethical leaders give followers the confidence to go the extra mile? The moderating role of intrinsic motivation[J]. *Journal of Business Ethics*, 2016, 135(1).

[30] Van Dyne, L., Ang, S., Botero, I. C. Conceptualizing employee silence and employee voice as multidimensional constructs[J]. *Journal of Management Studies*, 2010, 40(6).

[31] Van Dyne, L, Lepine, J. A. Helping and voice extra-role behaviors: Evidence of construct and predictive validity[J]. *Academy of Management Journal*, 1998, 41(1).

[32] Wei, X, Zhang, Z. X, Chen, X. P. I will speak up if my voice is socially desirable: A moderated mediating process of promotive versus prohibitive voice[J]. *Journal of Apply Psychology*, 2015, 100(5).

[33] Zhang, Z, Zyphur, M. J, Preacher, K. J. Testing multilevel mediation using hierarchical linear models: Problems and solutions[J]. *Organizational Research Methods*, 2008, 12 (4).

[34] Zhu, W., He, H., Treviño, L. K, Chao, M. M., Wang, W. Ethical leadership and follower voice and performance: The role of follower identifications and entity morality beliefs[J]. *Leadership Quarterly*, 2015, 26(5).

Ethical Leadership, Perceived Team Justice and Employee Promotive and Prohibitive Voice

Wang Shuoli[1] Li Yanping[2] Guo Wei[3] Tu Yidong[4]

(1, 2, 4 Economics and Management School of Wuhan University, Wuhan, 430072;

3 Beijing Municipal Human Resource and Social Security Bureau, Beijing, 100036)

Abstract: Employee voice plays a critical role in improving the effectiveness and competitiveness of working teams and organizations. However, the differentiated effects of ethical leadership on employee promotive and prohibitive voice have not been examined, and the mechanism underlying this relationship has not been fully explored. Based on organizational justice theory, this study aims to investigate the mediating effect of perceived team justice between ethical leadership and employee promotive and prohibitive voice. Using the data from 248 employees in 50 working groups, this study applied multilevel structural equational modeling (MSEM) to examine the research model. The results revealed that: Ethical leadership was positively related to employee promotive and prohibitive voice, but there was no significant difference between these two direct effects. Perceived team justice partially mediated the relationship between the ethical leadership and employees' promotive voice as well as prohibitive voice, however, these two mediating effects revealed no significant difference. This study uncovered the mediating mechanism between ethical leadership and employee promotive and prohibitive voice in Chinese context, and provided a guide for managers to encourage employee promotive and prohibitive voice.

Key words: Ethical leadership; Perceived team justice; Promotive voice; Prohibitive voice

专业主编：杜旌

实际控制人性质与股价崩盘风险*

孙凌霞[1]　亓先玲[2]

（1　中山大学国际金融学院　珠海　519082；2　南开大学金融学院　天津　300350）

【摘　要】 选取 2009—2018 年 A 股上市公司为样本研究实际控制人的特征，包括产权性质和现金流权，对股价崩盘风险的影响及作用机制。研究发现，当上市公司的实际控制人为中央或地方政府、国有企业等国有实体时，股价崩盘风险显著更低，并且实际控制人的现金流权能够显著降低国有上市公司的股价崩盘风险，表明国有实际控制人具有一定的治理效应。进一步分析和检验作用机制，发现国有实际控制人可以通过约束高管行为、CEO 决策行为特征及信息披露质量三种机制降低股价崩盘风险。使用工具变量、控制内外部公司治理变量、控制公司固定效应及对产权性质发生变化的子样本回归分析等方法解决内生性问题，结果依然稳健。本文拓展了股价崩盘风险影响因素的研究，为政府在调整股价风险方面的重要作用提供了证据。

【关键词】 实际控制人　股价崩盘风险　现金流权　高管行为

中图分类号：F83　　文献标识码：A

1. 引言

股价崩盘，即股票价格在短时间内大幅下跌的现象，在我国股票市场上屡见不鲜。例如，2018 年 7 月 15 日，长春长生生物科技有限责任公司被曝违法违规生产冻干人用狂犬病疫苗，其母公司长生生物（002680）的股票随即跌停并且连续跌停 32 天，致使约 2.5 万股东"踩雷"和财富缩水，公司的实际控制人也因涉嫌刑事犯罪而被依法刑事拘留。与此同时，长生生物的股价崩盘也造成了其他试图研制或生产人用狂犬病疫苗的上市公司股票价格纷纷下跌，证实了单只股票的价格暴跌导致市场崩盘的可能性（Hong & Stein，2003），反映了股价崩盘引起的投资者情绪恐慌和投资热情骤减非常不利于资本市场的健康稳定。由此可见，股价崩盘仍然是股票市场中备受关注的现象，哪些因素导致股价崩盘以及如何

---

* 基金项目：国家自然科学基金青年项目"非财务信息披露、股价信息含量与股价效率"（项目批准号：71802112）。

通讯作者：孙凌霞，E-mail：lingxiasun@ hotmail.com。

降低股价崩盘仍然是值得研究的问题。尤其是考虑到长生生物是一个由国企控股企业私有化的民营企业，而企业的实际控制人特征如何影响股价崩盘这一问题在现有研究中受到的关注较少，因此本文试图研究公司实际控制人对股价崩盘风险的影响及作用机制。

股价崩盘风险是指股价在短时间内暴跌的可能性。目前对股价崩盘风险的研究主要是从企业内部的代理问题出发，认为在信息透明度差的情况下，管理层出于薪酬、构建帝国、"掏空"、自身职业发展等动机而倾向于向外部投资者隐藏企业的坏消息，当坏消息累积到一定阈值后被集中释放到公开市场上就会导致股票价格大幅下跌，产生崩盘（Hutton et al.，2009；Jin & Myers，2006；Kothari et al.，2009；Xu et al.，2014；王化成等，2015；许言等，2017）。此外，其他相关研究分析了公司内外部治理的因素对股价崩盘风险的影响作用，发现高管性别、大股东持股比例、独立董事制度、控股股东股权质押等因素能够显著降低股价崩盘风险（李小荣、刘行，2012；王化成等，2015；梁权熙、曾海舰，2016；谢德仁等，2016），而分析师乐观偏差和面临的"利益冲突"、机构投资者持股比例、管理层非效率投资程度通过降低信息透明度、提高代理成本而加剧了股价崩盘风险（许年行等 2012；曹丰等，2015；田昆儒、孙瑜，2015）。综上，现有对股价崩盘风险的研究主要考虑公司管理层与外部投资者之间的代理问题，而较少关注公司实际控制人与管理层、小股东之间的代理问题。

以往研究对公司实际控制人通过缓解或加剧代理问题从而影响公司财务决策及绩效的关注较多，而对公司实际控制人是否以及如何影响股价崩盘风险的研究却鲜见。公司实际控制人可以从两方面影响代理问题，从而影响公司财务决策、绩效以及股票收益与风险。一方面，由于持有集中的股权及投票权，实际控制人有动力监督和抑制管理层攫取私利的行为，从而缓解股东与管理层之间的代理问题，即第一类代理问题（Grossman & Hart 1980，Shleifer & Vishny 1986）。另一方面，在公司董事会、控制权市场等治理机制失效的情况下，控股股东更容易控制公司、侵害小股东的利益，产生防御效应（Entrenchment Effect），可能增加控股股东与小股东之间的代理问题，即第二类代理问题（Morck et al.，1988，Shleifer & Vishny 1997，La Porta et al.，1999）。然而，现有研究对公司实际控制人如何影响代理问题并未得出一致的结论。如果上述第一种观点起主导作用，则公司实际控制人可能降低股价崩盘风险；如果第二种观点起主导作用，那么公司实际控制人并不一定降低股价崩盘风险。

为了实证检验公司实际控制人对股价崩盘风险的影响，本文根据实际控制人的性质将企业划分为国有企业与非国有企业，前者由中央机构、地方机构、行政机关、国有企业等国家实体作为公司实际控制人，后者由民营企业、外国企业、社会团体、自然人等作为公司实际控制人。国有企业与非国有企业在投融资行为、经营绩效、创新活动、公司治理等方面存在显著差异。例如，研究认为国有企业存在内部人控制、预算软约束、政府干预、市场化水平低等特点，因此表现出较低水平的会计稳健性、更低的研发投入、更差的经营绩效和更高的代理成本（李寿喜，2007；朱茶芬、李志文，2008；左晶晶等，2016）。也有观点认为国有控股有良好的治理效应和天然的制度优势，因此国有企业创新投入和创新产出显著高于民营企业，国有终极控制权通过降低第一类和第二类代理成本而显著提高公司的经营绩效（刘和旺等，2015；甄红线等，2015）。

本文以 2009—2018 年我国 A 股非金融行业上市公司为样本研究实际控制人的特征，包括产权性质和现金流权，对股价崩盘风险的影响及作用机制。研究发现，当上市公司的实际控制人为中央或地方政府、国有企业等国有实体时，股价崩盘风险显著更低，并且实际控制人的现金流权能够显著降低国有上市公司的股价崩盘风险，表明国有实际控制人及现金流权具有一定的治理效应。进一步分析和检验作用机制，发现国有实际控制人通过约束高管行为、影响 CEO 决策行为特征及信息披露质量三种机制降低股价崩盘风险。结论表明，国有控股公司并非只表现出内部人控制、高政府干预、普遍效率低下等负面特征，还具有天然的制度优势、良好的治理效应和控制风险能力。

本文的主要贡献有以下方面：首先，扩展了最终控制人特征包括产权性质和现金流权的经济后果研究。已有文献集中研究产权性质对企业效率包括经营绩效、创新效率、治理效率等方面的影响，对产权性质与股价崩盘风险关系的相关研究较少。其次，丰富了股价崩盘风险影响因素的研究。已有研究主要围绕公司治理的内外部主体特征和行为对股价崩盘风险的影响，尚未发现我国特有的制度安排下产权性质与股价崩盘风险关系的相关研究。并且，相关研究大都按控股股东的性质将企业划分为国有控股和非国有控股，而没有考虑公司实际控制人的性质和特征。最后，检验了公司实际控制人影响股价崩盘风险的作用机制，即通过约束高管行为、CEO 决策行为特征及提高信息披露质量降低股价崩盘风险。

2. 理论分析与假设提出

2.1 实际控制人性质与股价崩盘风险

本文根据公司实际控制人的性质将企业划分为国有企业与非国有企业，前者由中央机构、地方机构、行政机关、国有企业等国家实体作为公司实际控制人，后者由民营企业、外国企业、社会团体、自然人等作为公司实际控制人。股价崩盘风险产生的重要原因是代理问题，即高管受私人利益驱动，倾向于隐藏坏消息，提前披露好消息，导致坏消息累积到最大限度后集中释放到公开市场，从而导致股价崩盘。

考虑公司实际控制人的产权性质对第一类代理问题的影响，国有企业高管隐藏坏消息的动机可能更小，在任职初期和离任前隐藏坏消息的行为均较弱(许言等，2017)。首先，与民营企业相比，国有企业高管的选拔、考核、激励和晋升机制并非完全市场化，即不仅仅依据经济指标。《中央企业领导班子和领导人员综合考核评价办法(试行)》中明确提到："紧密结合企业实际，运用多维度测评、定量考核与定性评价相结合等方法，对中央企业领导班子和领导人员的政治素质、业务能力、工作实绩、勤勉尽职和廉洁自律等情况进行综合考核评价。"因此，国企高管除了关心市场对其经营管理能力的评价，更关心其他政治目标，比如政治升迁。由于公司的经济绩效对国企高管的政治升迁并没有明显帮助，国企高管在任期内树立市场声誉、彰显经营管理才能和管理公司信息的动机更弱(杨瑞龙等，2013)。

其次，国有企业属于政治敏感型企业，更容易受到政府、审计机构、媒体的关注和严格监管。为了防止国有资产流失，各级国资委等政府主管部门对国有企业实施了严格监管，政府作为实际控制人对国有企业经营状况、信息披露的管理能力较强(唐松、孙铮，2014)。因此，相较于民营企业，国有企业高管管理信息披露的空间和能力更低。此外，国有企业也会受到比民营企业更为严格的外部监管。例如，实施向上盈余管理的国有控股企业被出具非标准审计意见的概率更大(刘继红，2009)；当国有企业的内部控制存在较大缺陷时，会计师事务所为了规避严重的经济后果，会增大审计定价(孙文刚、郭文贞，2018)；媒体监管对国有企业的盈余管理约束力显著更高(陈克兢，2017)。

基于以上分析认为，当公司实际控制人为政府、国有企业等国有实体时，高管隐藏坏消息的动机较弱，同时受到政府、第三方审计机构、媒体等外部主体的关注和监管更多，管理信息的空间更小、能力更弱。因此提出如下假设：

H1：当公司实际控制人的性质为国有实体时，股价崩盘风险显著更低。

2.2 实际控制人的现金流权与股价崩盘风险

现金流权又称所有权，是实际控制人参与上市公司现金流分配的权利。国有产权性质与现金流权作为实际控制人的两个维度特征，有相关性但并非替代关系。这是因为，假设H1中国有控股影响股价崩盘风险的路径主要是缓解第一类代理问题，即股东与管理层之间的代理问题，而现金流权影响股价崩盘风险的路径主要是通过影响第二类代理问题，即控股股东与小股东之间的代理问题。虽然也有研究发现国家控制影响控股股东的"掏空"行为，但结论并不一致(高雷等，2006；李增泉等，2004)，而现金流权对控股股东的影响更直接。现金流权越高，实际控制人与上市公司的利益一致性程度越高，"掏空"等个人私利行为带来的经济损失越大，实际控制人掏空上市公司的动机越弱，操纵会计信息掩盖"掏空"的行为得到有效抑制，因而缓解公司内部的第二类代理问题。研究发现，现金流权能够显著降低盈余管理程度、提高盈余质量(袁振超、王生年，2010)，并且现金流权能够显著降低股价同步性、提高股价中包含的公司特质信息含量(王立章等，2016)。因此认为，现金流权能够抑制实际控制人掏空上市公司的行为，提高实际控制人与上市公司的利益一致性，降低盈余管理程度和股价同步性，提高上市公司信息透明度，降低股价崩盘风险。

然而，实际控制人的现金流权并不总是与公司利益趋于一致，由于产权性质不同，其"掏空"动机、对上市公司的支持力度存在较大差异，所以现金流权降低股价崩盘风险的治理效应很可能不同。在"掏空"方面，随着现金流权的增加，控股股东也倾向于使用现金股利"掏空"上市公司(顾小龙等，2015)。研究表明，国家控制并没有加剧控股股东的掏空行为(高雷等，2006)，而非国有实际控制人的"掏空"动机更强烈、政治成本更低，通过内幕交易、关联交易获得的私人利益更高。在对上市公司的支持方面，相较于"掠夺之手"，政府对国有企业的"支持之手"占主导作用(潘红波、余明桂，2011)。政府为公司贷款提供各种形式的担保，甚至在公司陷入困境时实施救助(Borisova et al.，2015)。国有实际控制人的现金流权越大，越有动机为上市公司提供资金支持或审慎监管，提高公司经营绩效、降低经营风险。而非国有实际控制人即使愿意提供支持，在政府对稀缺资源有较强控制的情况下，政府对国有企业的"支持之手"会阻碍民营企业的资源获取，导致其支持能力显著低于国有企业。因此，现金流权对股价崩盘风险的影响作用也受到实际控制人性质的调节。当实际控制人为国有机构时，随着现金流权的增加，控股股东利用资源支持公司超过"掏空"公司，更容易与公司利益相协同，从而降低股价崩盘风险；当实际控制人非国有机构时，随着现金流权的增加，控股股东"掏空"公司多于对公司的支持，更难与公司利益相一致，降低股价崩盘风险的作用小。

基于以上分析，提出如下假设：

H2：公司实际控制人的现金流权与股价崩盘风险负相关。

H2a：国有实际控制人的现金流权与股价崩盘风险的相关性强。

H2b：非国有实际控制人的现金流权与股价崩盘风险的相关性弱。

2.3 作用机制分析

Jin 和 Myers（2006）和 Hutton 等（2009）将股价崩盘风险解释为公司内部人与外部投资者之间的代理问题和信息不透明。由于信息不透明，公司内部人或控股股东更可能向外部投资者隐藏与公司未来现金流有关的坏消息，而坏消息不断累积最终爆发从而导致股价崩盘。基于此，本文提出国有实际控制人降低股价崩盘风险三个可能的作用机制。

第一个机制是，国有实际控制人对高管隐藏坏消息的行为具有约束作用。国有控股公司通常受到政府和中共中央政策规定的监管，高管隐藏坏消息的动机和行为均受到更强约束。其中直接约束国有控股企业高管行为的一个重要事件是 2012 年 12 月 4 日中共中央政治局会议审议通过的关于改进工作作风、密切联系群众的"八项规定"，这一外生冲击为检验该机制提供了一个"准自然实验"。"八项规定"中要求党员干部到基层深入了解真实情况、例行勤俭节约等具体规定内容强化对国有控股企业高管的监督，缓解代理问题，从而进一步降低股价崩盘风险。因此，提出如下假设：

H3a：约束国企高管行为能够增强国有实际控制人对股价崩盘风险的影响。

第二个机制是，国有控股公司高管的决策行为可能降低股价崩盘风险。Jin 和 Myers（2006）模型中一个关键假设是公司高管由于关注职业生涯而隐藏坏消息。与非国有企业相比，国有企业高管的选拔、考核、激励和晋升机制不仅仅依据经济指标，而是包括政治素质、业务能力、工作实绩、勤勉尽职和廉洁自律等综合指标。基于这些综合指标的激励以及相关规定的约束，国有控股公司高管的决策行为更倾向于保守和稳健，从而更可能降低股价崩盘风险。因此，提出如下假设：

H3b：国有实际控制人通过高管决策行为特征影响股价崩盘风险。

第三个机制是，国有实际控制人影响高管信息披露质量。研究发现，不同产权性质公司的盈余管理程度和信息披露质量存在显著差异，国有企业普遍存在融资软约束，经营绩效压力更小并且受到更为严格的外部监管，盈余管理动机更弱。此外，国有企业的盈余管理水平显著低于非国有企业，国有控股在一定程度上存在治理效应（高燕，2008；薄仙慧、吴联生，2009）。徐向艺和宋理升（2009）使用深交所信息披露评价结果作为信息披露质量的衡量指标，发现国有实际控制人的控制权和现金流权均能提高信息披露透明度，而非国有企业的这一影响并不显著。因此，提出如下假设：

H3c：国有实际控制人通过提升信息披露质量降低股价崩盘风险。

3. 研究设计

3.1 样本与数据

本文选取 2009—2018 年(滞后一期的时间区间为 2008—2017 年)A 股上市公司为研究样本,公司实际控制人数据来源于 CCER 中国经济金融数据库,其余数据均来源于 CSMAR 数据库。本文选取 2009 年(公司实际控制人起始研究年份为 2008 年)为起始研究年份主要是因为 2007 年股权分置改革完成后非国有企业逐年增加,而在 2007 年之前国有企业占据主体,可能会导致样本选择性偏差。

本文对原始数据做了如下处理:(1)为了可靠地计算股价崩盘风险,参考 Jin 和 Myers (2004)、许年行等(2012)的处理,剔除每年周收益率少于 30 个观测值的样本;(2)剔除公司实际控制人无法界定的样本;(3)由于金融行业的财务数据与其他行业有较大差异,剔除金融类公司;(4)剔除被 ST 的公司;(5)剔除有缺失值的样本。经过上述处理,共得到 20378 个公司-年观测值。为了避免极端值的影响,本文对所有连续变量进行了上下 1% 的缩尾处理。

3.2 变量的选取及度量

3.2.1 股价崩盘风险

借鉴已有文献 Chen 等(2001)、许年行等(2012)中计算股价崩盘风险 CrashRisk 的方法,本文构建两个变量测量股价崩盘风险。首先,计算股票的周特有回报率 $W_{i,t}$。使用回归模型(1)对股票 i 的周回报率逐年做回归,获得模型(1)中的残差项 $\varepsilon_{i,t}$,利用公式 $W_{i,t} = \ln(1 + \varepsilon_{i,t})$ 计算出股票 i 第 t 周的公司特质回报率。

$$R_{i,t} = \alpha_i + \beta_1 R_{m,t-2} + \beta_2 R_{m,t-1} + \beta_3 R_{m,t} + \beta_4 R_{m,t+1} + \beta_5 R_{m,t+2} + \varepsilon_{i,t} \qquad (1)$$

其中,$R_{i,t}$ 为股票 i 第 t 周考虑现金红利再投资的收益率,$R_{m,t}$ 为市场所有股票经流通市值加权的平均收益率。参考 Dimson(1979)对股票非同步性交易的调整,在模型(1)中加入了市场收益率的滞后项和超前项。

然后,使用 $W_{i,t}$ 构建负收益偏态系数 NCSKEW 和收益波动比率 DUVOL 来衡量股价崩盘风险。

(1)负收益偏态系数(NCSKEW)

$$\text{NCSKEW}_{i,t} = - \left[n(n-1)^{3/2} \sum W_{i,t}^3 \right] / \left[(n-1)(n-2) \left(\sum W_{i,t}^2 \right)^{3/2} \right] \qquad (2)$$

其中,n 为股票 i 每年的交易周数,NCSKEW 越大,收益偏态系数负的程度越大,股票的崩盘风险越高。

(2)收益波动比率(DUVOL)

$$\text{DUVOL}_{i,t} = \log \left\{ \left[(n_u - 1) \sum_{\text{DOWN}} W_{i,t}^2 \right] / \left[(n_d - 1) \sum_{\text{UP}} W_{i,t}^2 \right] \right\} \qquad (3)$$

其中,n_u 代表周特有收益率 $W_{i,t}$ 大于年平均收益率 W_i 的周数,n_d 代表周特有收益率 $W_{i,t}$ 小于年平均收益率 W_i 的周数。DUVOL 的数值越大,股票周收益率分布的左偏程度越大，崩盘风险越高。

3.2.2 公司实际控制人特征

按照《上市公司收购管理办法》，有下列情形之一的可以构成对一个上市公司的实际控制：在一个上市公司股东名册中持股数量最多；能够行使、控制一个上市公司的表决权超过该公司股东名册中持股数量最多的股东；持有、控制一个上市公司股份、表决权的比例达到或者超过百分之三十；通过行使表决权能够决定一个上市公司董事会半数以上成员当选。

本文依据 CCER 数据库对最终控制人类型的分类，将样本分为国有实际控制人和非国有实际控制人，并设置哑变量 SOE。当最终控制人类型为中央机构、地方机构、行政机关、国有企业等国家实体时，SOE 取值为 1；当最终控制人类型为民营、外资、集体、社会团体、自然人时，SOE 取值为 0。为了检验中央政府和地方政府分别作为实际控制人之间的差异性，本文进一步设置中央实际控制人哑变量 Central 和地方实际控制人哑变量 Local。当实际控制人为中央机构时，Central 取值为 1，否则取值为 0；当实际控制人为地方机构时，Local 取值为 1，否则取值为 0。

此外，本文选取实际控制人的现金流权来检验实际控制人是否通过改变第二类代理问题来影响股价崩盘风险。现金流权即所有权，是指实际控制人通过一致行动、多重塔式持股、交叉持股等方式拥有的上市公司所有权。现金流权（CFR）数据是采用 La Porta 等（1999）的计算方法，将实际控制人与上市公司股权关系链每层持有比例相乘或实际控制人与上市公司每条股权关系链每层持有比例相乘之和。

3.2.3 中介变量

为了检验国有实际控制人影响股价崩盘风险的作用机制，本文选取公司 CEO 决策行为和信息披露质量作为中介变量。CEO 决策行为特征的变量包括年龄（AGE）、任期（TENURE）和期望任期（ETENURE），其中 ETENURE 参照 Antia 等（2010）的方法构建，$ETENURE(i, t) = [TENURE(industry, t) - TENURE(i, t)] + [AGE(industry, t) - AGE(i, t)]$，即同行业 CEO 任期中值与 i 公司 CEO 任期的差值和同行业 CEO 年龄中值与 i 公司 CEO 年龄的差值取和。ETENURE 的取值可正可负，正值表示 CEO 的期望任期高于行业中值因此决策视野长，负值表示 CEO 的期望任期低于行业中值因此决策视野短。此外，参考胡奕明和唐松莲（2007）、白晓宇（2009）的研究，选取深交所信息披露评级结果来衡量信息披露质量 SCORE。信息披露评级结果分为优秀、良好、合格、不合格四类，当评级结果为优秀或良好时，SCORE 取值为 1，当评级结果为合格或不合格时，SCORE 取值为 0。

3.2.4 控制变量

借鉴已有研究，本文将以下影响股价崩盘风险的因素作为控制变量：滞后一期的股价崩盘风险指标 $NCSKEW_{t-1}$ 或 $DUVOL_{t-1}$，股票年度周收益率的标准差 $SIGMA_{t-1}$，股票年度平均周收益率 RET_{t-1}，月平均超额换手率 $DTURN_{t-1}$，公司规模 $SIZE_{t-1}$，杠杆比率 LEV_{t-1}，总资产收益率 ROA_{t-1}，市账比 MB_{t-1}，信息透明度 $ABACC_{t-1}$，第一大股东持股比例 TOP_{t-1} 以及两权分离度 SEP_{t-1}。本文还加入了行业哑变量 IND 和年份哑变量 YEAR，以控制行业和年份的固定效应。变量的定义和度量详见表 1。

表 1		变量的定义与度量
变量	符号	名称及度量标准
因变量	$NCSKEW_t$	负收益偏态系数，计算过程见公式（1），数值越大，崩盘风险越高
	$DUVOL_t$	收益上下波动比率，计算过程见公式（2），数值越大，崩盘风险越高
自变量	SOE_t	实际控制人性质哑变量，国有实际控制人取值为1，否则取值为0
	Central	中央机构哑变量，中央机构实际控制人取值为1，否则取值为0
	Local	地方机构哑变量，地方机构实际控制人取值为1，否则取值为0
	CFR	实际控制人与上市公司每条股权关系链每层持有比例相乘之和
中介变量	AGE	CEO年龄
	TENURE	CEO担任该职位的时间，以年度计算
	ETENURE	$ETENURE(i, t) = [TENURE(industry, t) - TENURE(i, t)] + [AGE(industry, t) - AGE(i, t)]$
	SCORE	深交所信息披露评级结果为优秀或良好时，SCORE取值为1；评级结果为合格或不合格时，SCORE取值为0
控制变量	$NCSKEW_{t-1}$	滞后一期的股价崩盘风险，第 $t-1$ 年的负收益偏态系数
	$DUVOL_{t-1}$	滞后一期的股价崩盘风险，第 $t-1$ 年的收益上下波动比率
	$SIGMA_{t-1}$	股票年度周收益率的波动，第 $t-1$ 年周收益率的标准差
	RET_{t-1}	股票年度平均周收益率，第 $t-1$ 年的平均周收益率
	$DTURN_{t-1}$	第 $t-1$ 年的月平均换手率与第 $t-1$ 年的月平均换手率之差
	$SIZE_{t-1}$	公司规模，第 $t-1$ 年的总资产的自然对数
	LEV_{t-1}	财务杠杆，第 $t-1$ 年的总负债/总资产
	ROA_{t-1}	总资产收益率，第 $t-1$ 年的净利润/总资产
	MB_{t-1}	市账比 =（第 $t-1$ 年末股票价格×流通股数量+每股净资产×非流通股数量）/账面权益价值
	$ABACC_{t-1}$	第 $t-1$ 年可操纵应计利润的绝对值，可操纵利润由修正的Jones模型计算
	TOP_{t-1}	第 $t-1$ 年的第一大股东持股比例
	SEP_{t-1}	第 $t-1$ 年的两权分离度，为实际控制人控制权和所有权的差值

3.3 模型构建

3.3.1 实际控制人与股价崩盘风险

为了研究公司实际控制人的产权性质和现金流权与股价崩盘风险之间的关系，本文构建的多元回归模型如下：

$$\text{CrashRisk}_t = \alpha + \beta_1\,\text{SOE}_{t-1} + \beta_2\,\text{CrashRisk}_{t-1} + \beta_3\,\text{SIGMA}_{t-1} + \beta_4\,\text{RET}_{t-1} + \beta_5\,\text{DTURN}_{t-1} +$$
$$\beta_6\,\text{SIZE}_{t-1} + \beta_7\,\text{LEV}_{t-1} + \beta_8\,\text{ROA}_{t-1} + \beta_9\,\text{MB}_{t-1} + \beta_{10}\,\text{ABACC}_{t-1} + \beta_{11}\,\text{TOP}_{t-1} +$$
$$\beta_{12}\,\text{SEP}_{t-1} + \beta_m\,\text{IND} + \beta_n\,\text{YEAR} + \varepsilon_t \qquad (4)$$

其中，CrashRisk_t 为第 t 期的 NCSKEW 和 DUVOL，SOE_{t-1} 为第 $t-1$ 期的实际控制人产权性质，其余变量均为控制变量。预期 β_1 显著为负。同时，我们将实际控制人的性质进一步区分为中央机构（Central）和地方机构（Local），并将上述回归模型中的 SOE 哑变量替换为 Central 和 Local 这两个哑变量，以检验中央机构和地方机构作为公司实际控制人是否存在差异性以及结果的稳健性。此外，本文还用实际控制人的现金流权 CFR 替换 SOE，并对全样本、国有实际控制人样本、非国有实际控制人样本分别做回归分析。

3.3.2 机制检验

为了检验假设 H3a，使用"八项规定"这一政策性的外生冲击作为一个"准自然实验"。以 2012 年作为事件年度，设置 POST 为哑变量且在 2008—2011 年间取值为 0，在 2012—2018 年间取值为 1。使用模型（5）进行回归，预期 POST 与 SOE 的交乘项系数显著为负。

$$\text{CrashRisk}_t = \alpha + \beta_1\,\text{SOE}_{t-1} + \beta_2\,\text{POST} \times \text{SOE}_{t-1} + \beta_3\,\text{POST} + \sum_k \varphi_k\,\text{CONTROL}_{t-1}^{(k)}$$
$$+ \beta_m\,\text{IND} + \beta_n\,\text{YEAR} + \varepsilon_t \qquad (5)$$

为了检验假设 H3b 和 H3c，使用两步回归法检验 CEO 决策行为及信息披露质量是否具有中介效应。第一步回归使用模型（6）：

$$\text{Mediation}_t = \alpha_t + \beta_1\,\text{SOE}_t + \beta_2\,\text{SIZE}_t + \beta_3\,\text{LEV}_t + \beta_4\,\text{ROA}_t + \beta_5\,\text{MB}_t + \varepsilon_t \qquad (6)$$

其中，中介变量包括 CEO 的 AGE、TENURE、ETENURE 和信息披露质量 SCORE，自变量为实际控制人的产权性质 SOE，同时控制公司规模、负债率、ROA、市账比和可操纵利润 ABACC。预期中介变量与 SOE 显著相关。

第二步回归使用模型（7），将中介变量逐一加入基础回归模型（4）中。预期中介变量与崩盘风险显著相关，且具有中介效应。

$$\text{CrashRisk}_t = \alpha + \beta_1\,\text{SOE}_{t-1} + \gamma\,\text{Mediation}_{t-1} + \beta_2\,\text{CrashRisk}_{t-1} + \beta_3\,\text{SIGMA}_{t-1} + \beta_4\,\text{RET}_{t-1} +$$
$$\beta_5\,\text{DTURN}_{t-1} + \beta_6\,\text{SIZE}_{t-1} + \beta_7\,\text{LEV}_{t-1} + \beta_8\,\text{ROA}_{t-1} + \beta_9\,\text{MB}_{t-1} + \beta_{10}$$
$$\text{ABACC}_{t-1} + \beta_{11}\,\text{TOP}_{t-1} + \beta_m\,\text{IND} + \beta_n\,\text{YEAR} + \varepsilon_t \qquad (7)$$

4. 实证结果与分析

4.1 分年度样本分布

表 2 报告了样本分年度统计情况。首先，样本量逐年增加，反映了 A 股上市公司逐渐增多。其次，测量股价崩盘风险的两个变量均值均为负，不同年份的股价崩盘风险差异较大，2010 年、2015 年、2017 年和 2018 年 4 个年份的股价崩盘风险相对较高。最后，

2007 年股权分置改革后，国有实际控制的企业占比逐年下降，非国有实际控制的企业比重越来越高，因此选取 2009 年为起始研究年份能够更好地反映不同产权性质对股价崩盘风险的影响。

表 2   分年度的样本分布

年份	频数	频率	$NCSKEW_t$	$DUVOL_t$	SOE_{t-1}
2009	1429	6.47%	−0.497	−0.420	0.624
2010	1490	6.75%	−0.077	−0.110	0.596
2011	1784	8.08%	−0.217	−0.195	0.518
2012	2087	9.45%	−0.262	−0.205	0.445
2013	2271	10.28%	−0.376	−0.277	0.419
2014	2276	10.31%	−0.284	−0.211	0.414
2015	2355	10.66%	−0.198	−0.234	0.397
2016	2565	11.62%	−0.432	−0.345	0.355
2017	2671	12.10%	−0.087	−0.064	0.354
2018	3155	14.29%	−0.147	−0.159	0.309
总计	22083	100%	−0.258	−0.222	0.443

4.2 变量描述性统计

本文使用的主要变量描述性统计结果见表 3。股价崩盘风险的两个指标 NCSKEW 和 DUVOL 的均值分别是−0.257、−0.221，跟已有文献许年行等（2012）的−0.248、−0.218 以及王化成等（2015）的−0.265、−0.295 差异不大。NCSKEW 和 DUVOL 的标准差分别为 0.714 和 0.494，说明股价崩盘风险在不同公司间存在较大差异。样本中 44.7% 为国有实际控制人的观测值，中央和地方政府的样本观测值分别占比 4.9% 和 23%。公司实际控制人的现金流权均值为 34.1%。公司 CEO 的平均年龄为 49.0，平均任期为 3.7 年。其他变量的取值均在合理范围之内。

表 3   描述性统计

变量名	样本量	均值	标准差	最小值	中位数	最大值
$NCSKEW_t$	20378	−0.257	0.714	−2.346	−0.229	1.756

变量名	样本量	均值	标准差	最小值	中位数	最大值
$DUVOL_t$	20378	−0.221	0.494	−1.440	−0.224	1.084
SOE_{t-1}	20378	0.447	0.497	0	0	1
$Central_{t-1}$	20378	0.049	0.217	0	0	1
$Local_{t-1}$	20378	0.230	0.421	0	0	1
CFR_{t-1}	19090	0.341	0.168	0	0.327	0.900
AGE_{t-1}	18776	49.039	6.394	24	49	80
$TENURE_{t-1}$	18637	3.653	3.004	0	2.667	21.250
$ETENURE_{t-1}$	18637	−0.741	7.275	−36.750	−0.500	25.750
$SCORE_{t-1}$	12166	0.854	0.354	0	1	1
$SIGMA_{t-1}$	20378	0.050	0.020	0.018	0.046	0.121
RET_{t-1}	20378	−0.001	0.001	−0.007	−0.001	0
$DTURN_{t-1}$	20378	−0.135	0.461	−1.856	−0.085	0.973
$SIZE_{t-1}$	20378	15.560	0.976	13.572	15.494	18.357
LEV_{t-1}	20378	0.451	0.215	0.051	0.447	0.953
ROA_{t-1}	20378	0.047	0.061	−0.181	0.042	0.235
MB_{t-1}	20378	3.938	3.618	0.536	2.887	25.267
$ABACC_{t-1}$	20378	0.094	0.105	0.001	0.063	0.624
TOP_{t-1}	20378	0.356	0.152	0.022	0.337	0.900
SEP_{t-1}	19090	0.053	0.078	0	0	0.283

4.3 样本分组差异检验

表 4 为按照公司实际控制人的产权性质 SOE 分组对主要变量做差异检验的结果。可以看出,非国有实际控制企业的股价崩盘风险显著高于国有实际控制的企业,NCSKEW 和 DUVOL 均值差异分别为 0.160 和 0.111,且在 1% 的水平下显著,中位数差异也在 1% 的水平下显著,说明公司实际控制人的产权性质不同的公司在股价崩盘风险上存在显著差异。

表 4   差异检验

变量	非国有实际控制人 $SOE_t = 0$			国有实际控制人 $SOE_t = 1$			差异检验	
	样本量	均值	中位数	样本量	均值	中位数	t 检验	秩和检验
$NCSKEW_t$	11260	−0.190	−0.165	9118	−0.350	−0.308	0.160 ***	203.275 ***
$DUVOL_t$	11260	−0.170	−0.173	9118	−0.280	−0.286	0.111 ***	169.460 ***
$SIGMA_{t-1}$	11260	0.050	0.048	9118	0.050	0.044	0.006 ***	200.872 ***
RET_{t-1}	11260	0.000	−0.001	9118	0.000	−0.001	−0.000 ***	197.690 ***
$DTURN_{t-1}$	11260	−0.180	−0.116	9118	−0.080	−0.051	−0.095 ***	147.482 ***
$SIZE_{t-1}$	11260	15.460	15.441	9118	15.680	15.560	−0.217 ***	52.847 ***
LEV_{t-1}	11260	0.390	0.379	9118	0.520	0.533	−0.129 ***	1302.812 ***
ROA_{t-1}	11260	0.050	0.049	9118	0.040	0.035	0.014 ***	348.988 ***
MB_{t-1}	11260	4.480	3.393	9118	3.280	2.344	1.199 ***	893.746 ***
$ABACC_{t-1}$	11260	0.100	0.065	9118	0.090	0.059	0.009 ***	25.438 ***
TOP_{t-1}	11260	0.330	0.301	9118	0.390	0.387	−0.067 ***	682.908 ***
SEP_{t-1}	10868	0.060	0.013	8222	0.043	0.000	0.016 ***	1033.994 ***

注：均值差异检验为 t 检验，中位数差异检验为 Wilcoxon 秩和检验。 *** 表示在 1% 的水平下显著。

4.4 相关性分析

在回归之前，本文利用相关性分析判断公司实际控制人的产权性质与股价崩盘之间的相关关系，结果见表 5。股价崩盘风险的两个衡量指标 NCSKEW 和 DUVOL 相关系数约为 0.885，在 1% 的水平下显著，具有较好的一致性。公司实际控制人的产权性质 SOE、中央政府实际控制 Central、地方政府实际控制 Local 与股价崩盘风险 NCSKEW 和 DUVOL 均存在显著的负相关关系，并且实际控制人现金流权与股价崩盘风险显著负相关，说明在不考虑其他因素的影响下，国有实际控制人能够降低股价崩盘风险。此外，中介变量 CEO 年龄、任期及信息披露质量均与 SOE 和股价崩盘风险显著相关，表明可能存在一定的中介效应。

表5

相关性分析

	NCSKEW$_t$	DUVOL$_t$	SOE$_{t-1}$	Central$_{t-1}$	Local$_{t-1}$	CFR$_{t-1}$	AGE$_{t-1}$	TENURE$_{t-1}$	ETENURE$_{t-1}$	SCORE$_{t-1}$
NCSKEW$_t$	1.000									
DUVOL$_t$	0.885***	1.000								
SOE$_{t-1}$	-0.111***	-0.112***	1.000							
Central$_{t-1}$	-0.044***	-0.048***	0.253***	1.000						
Local$_{t-1}$	-0.086***	-0.082***	0.595***	-0.124***	1.000					
CFR$_{t-1}$	-0.028***	-0.030***	0.164***	0.119***	0.112***	1.000				
AGE$_{t-1}$	-0.028***	-0.020***	0.106***	0.068***	0.065***	0.031***	1.000			
TENURE$_{t-1}$	0.004	0.003	-0.114***	-0.044***	-0.048***	-0.056***	0.246***	1.000		
ETENURE$_{t-1}$	0.028***	0.024***	-0.087***	-0.042***	-0.048***	0.013*	-0.910***	-0.485***	1.000	
SCORE$_{t-1}$	-0.025***	-0.012	0.012	-0.001	0.014	0.088***	-0.001	0.068***	-0.002	1.000
SIGMA$_{t-1}$	0.006	-0.012*	-0.150***	-0.043***	-0.103***	-0.022***	-0.071***	-0.028***	0.063***	-0.084***
RET$_{t-1}$	0.006	0.023***	0.139***	0.035***	0.091***	0.015**	0.056***	0.005	-0.054***	0.074***
DTURN$_{t-1}$	-0.037***	-0.045***	0.102***	0.027***	0.052***	-0.072***	0.024***	0.118***	-0.033***	-0.007
SIZE$_{t-1}$	0.029***	0.017**	0.110***	0.152***	0.019***	0.202***	0.132***	0.141***	-0.071***	0.135***
LEV$_{t-1}$	-0.065***	-0.078***	0.298***	0.105***	0.165***	-0.051***	0.012*	-0.078***	-0.011	-0.139***
ROA$_{t-1}$	0.049***	0.053***	-0.117***	-0.037***	-0.056***	0.116***	0.005	0.009	-0.019**	0.252***
MB$_{t-1}$	0.105***	0.095***	-0.165***	-0.046***	-0.123***	-0.069***	-0.038***	-0.010	0.044***	-0.106***
ABACC$_{t-1}$	0.009	0.001	-0.041***	-0.021***	-0.029***	-0.025***	-0.087***	-0.143***	0.058***	-0.072***
TOP$_{t-1}$	-0.062***	-0.060***	0.219***	0.092***	0.124***	0.677***	0.037***	-0.087***	-0.007	0.087***
SEP$_{t-1}$	-0.001	-0.003	-0.103***	-0.094***	-0.151***	-0.384***	-0.008	-0.006	-0.004	0.025***

91

	SIGMA$_{t-1}$	RET$_{t-1}$	DTURN$_{t-1}$	SIZE$_{t-1}$	LEV$_{t-1}$	ROA$_{t-1}$	MB$_{t-1}$	ABACC$_{t-1}$	TOP$_{t-1}$	SEP$_{t-1}$
SIGMA$_{t-1}$	1.000									
RET$_{t-1}$	-0.969***	1.000								
DTURN$_{t-1}$	0.279***	-0.285***	1.000							
SIZE$_{t-1}$	-0.004	-0.034***	0.145***	1.000						
LEV$_{t-1}$	-0.040***	0.038***	0.115***	0.049***	1.000					
ROA$_{t-1}$	-0.064***	0.061***	-0.065***	0.273***	-0.376***	1.000				
MB$_{t-1}$	0.388***	-0.379***	0.068***	0.053***	0.008	0.040***	1.000			
ABACC$_{t-1}$	0.099***	-0.081***	-0.034***	-0.103***	0.076***	0.054***	0.119***	1.000		
TOP$_{t-1}$	-0.066***	0.056***	-0.030***	0.207***	0.065***	0.108***	-0.104***	0.002	1.000	
SEP$_{t-1}$	-0.031***	0.031***	0.036***	0.013*	0.062***	0.029***	-0.026***	0.021***	0.138***	1.000

注：表中报告的是 Pearson 相关系数。***、**、* 分别表示在 1%、5%、10% 的水平下显著。

4.5 回归分析

4.5.1 公司实际控制人产权性质与股价崩盘风险

表6报告了股价崩盘风险对公司实际控制人的产权性质回归的结果。第(1)、(2)列显示,在控制其他相关变量的影响后,股价崩盘风险的两个指标 NCSKEW 和 DUVOL 均与 SOE 存在负相关关系,系数分别为-0.088和-0.058,且在1%的水平下显著。两个回归系数说明,国有控股公司比非国有控股公司的股价崩盘风险分别低8.8%和5.8%,表明国有实际控制人能够降低股价崩盘风险,支持假设 H1。

表6中第(3)、(4)列是股价崩盘风险对中央和地方实际控制人变量回归的结果。NCSKEW 对 Central 和 Local 的回归系数分别为-0.124和-0.081且在1%的水平下显著,DUVOL 对 Central 和 Local 的回归系数分别为-0.083和-0.049且在1%的水平下显著。两组回归系数说明,与非国有控股公司相比,地方控股公司股价崩盘风险分别低8.1%和4.9%,中央控股公司股价崩盘风险分别低12.4%和8.1%。通过 Chow test 检验模型(5)和(6)中 Central 和 Local 回归系数的差异性,发现 F 值分别为2.76和3.67,即模型(5)中两系数差异性边际显著而模型(6)中两系数差异显著。数据结果表明,中央机构和地方机构作为实际控制人均能降低股价崩盘风险,并且中央机构对股价崩盘风险的影响作用更强。

表6   **公司实际控制人的产权性质与股价崩盘风险**

因变量	(1) $NCSKEW_t$	(2) $DUVOL_t$	(3) $NCSKEW_t$	(4) $DUVOL_t$
SOE_{t-1}	-0.088***	-0.058***		
	(-7.110)	(-6.659)		
$CENTRAL_{t-1}$			-0.124***	-0.083***
			(-4.959)	(-4.741)
$LOCAL_{t-1}$			-0.081***	-0.049***
			(-5.847)	(-5.149)
$NCSKEW_{t-1}$	0.062***		0.062***	
	(7.949)		(7.996)	
$DUVOL_{t-1}$		0.050***		0.051***
		(6.436)		(6.547)
$SIGMA_{t-1}$	5.440***	3.709***	5.357***	3.686***
	(4.845)	(4.812)	(4.770)	(4.779)
RET_{t-1}	0.603***	0.477***	0.579***	0.464***
	(3.391)	(3.905)	(3.249)	(3.792)

因变量	(1) NCSKEW$_t$	(2) DUVOL$_t$	(3) NCSKEW$_t$	(4) DUVOL$_t$
DTURN$_{t-1}$	-0.034**	-0.017*	-0.038***	-0.020**
	(-2.490)	(-1.756)	(-2.833)	(-2.102)
SIZE$_{t-1}$	0.042***	0.018***	0.041***	0.017***
	(5.982)	(3.668)	(5.847)	(3.594)
LEV$_{t-1}$	-0.098***	-0.089***	-0.111***	-0.099***
	(-3.225)	(-4.206)	(-3.685)	(-4.689)
ROA$_{t-1}$	0.126	0.112	0.152	0.128*
	(1.231)	(1.545)	(1.479)	(1.763)
MB$_{t-1}$	0.013***	0.008***	0.013***	0.008***
	(7.617)	(6.721)	(7.715)	(6.817)
ABACC$_{t-1}$	0.032	0.017	0.041	0.023
	(0.577)	(0.468)	(0.741)	(0.639)
TOP$_{t-1}$	-0.159***	-0.097***	-0.172***	-0.106***
	(-4.142)	(-3.658)	(-4.491)	(-4.040)
SEP$_{t-1}$	0.030	0.014	0.000	-0.002
	(0.451)	(0.307)	(0.007)	(-0.044)
Constant	-1.067***	-0.646***	-1.065***	-0.338***
	(-9.134)	(-7.950)	(-9.051)	(-3.972)
Year FE	Yes	Yes	Yes	Yes
Industry FE	Yes	Yes	Yes	Yes
Cluster at firm	Yes	Yes	Yes	Yes
N	19090	19089	19082	19081
Adj. R^2	0.065	0.066	0.066	0.066

注：***、**、*分别表示在1%、5%、10%的水平下显著。

在控制变量方面，SIGMA、RET、SIZE、MB与股价崩盘风险正相关，DTURN和LEV与股价崩盘风险负相关，与许年行等（2012）、王化成等（2015）的研究结果基本一致。特别地，第一大股东持股比例TOP与股价崩盘风险显著负相关，进一步验证了王化成等（2015）的研究结论——大股东持股比例能够显著降低股价崩盘风险。

4.5.2 公司实际控制人现金流权与股价崩盘风险

为了验证假设 H2,考察公司实际控制人的股权结构对股价崩盘风险的影响,本文使用现金流权 CFR 作为自变量,股价崩盘风险作为因变量对全样本、国有实际控制人子样本和非国有实际控制人子样本分别回归,结果见表 7。第(1)列和第(2)列为全样本回归结果,无论使用 NCSKEW 还是 DUVOL 作为股价崩盘风险的衡量指标,现金流权的系数均显著为负,说明随着公司实际控制人现金流权的增加,实际控制人与上市公司的利益协同效应更强,更可能提供资金支持、审慎监管,这种治理效应显著降低了股价崩盘风险。另外,回归中加入 CFR 后 SOE 的系数仍然显著为负,表明现金流权与国有控股二者的治理效应并非替代关系。第(3)列和第(4)列为国有实际控制人子样本的回归结果,使用 NCSKEW 和 DOVOL 作为股价崩盘风险衡量指标时,现金流权的系数分别为 -0.151 和 -0.097,均在 1% 的水平下显著,说明实际控制人现金流权每上升 1 标准差单位,则 NCSKEW 和 DUVOL 分别下降 2.5%(=0.168×0.151)和 1.63%(=0.168×0.097)。第(5)列和第(6)列为非国有实际控制人子样本的回归结果,发现使用不同股价崩盘风险衡量指标时,现金流权的系数符号不一致且都不显著。对比国有和非国有实际控制公司子样本的回归结果可以发现,国有实际控制人的现金流权具有治理效应,能够显著降低股价崩盘风险,而非国有实际控制人的这一影响并不显著,验证了假设 H2,也与顾小龙等(2016)的研究结论一致。

表 7   实际控制人现金流权治理效应检验结果

因变量	(1) $NCSKEW_t$	(2) $DUVOL_t$	(3) $NCSKEW_t$	(4) $DUVOL_t$	(5) $NCSKEW_t$	(6) $DUVOL_t$
CFR	-0.085**	-0.066***	-0.151***	-0.097**	-0.035	-0.046
	(-2.303)	(-2.590)	(-2.601)	(-2.451)	(-0.725)	(-1.383)
SOE_{t-1}	-0.094***	-0.061***				
	(-7.648)	(-7.057)				
Controls	Yes	Yes	Yes	Yes	Yes	Yes
Year FE	Yes	Yes	Yes	Yes	Yes	Yes
Industry FE	Yes	Yes	Yes	Yes	Yes	Yes
Cluster at firm	Yes	Yes	Yes	Yes	Yes	Yes
N	19090	19089	8222	8221	10868	10868
Adj. R^2	0.066	0.066	0.067	0.068	0.047	0.048

注: ***、**分别表示在 1%、5% 的水平下显著。

4.5.3 作用机制检验

为检验第一个机制,使用"八项规定"作为直接约束国企高管行为的一个准自然实验,双重差分模型(5)的回归结果在表 8 中报告。结果显示,SOE 的系数显著为负,再次验证国有实际控制的公司股价崩盘风险显著低于非国有实际控制的公司。更重要的是，POST 与 SOE 的交乘项系数显著为负，分别为 -0.046（$t=-2.181$）和 -0.037（$t=-2.534$），说明出台"八项规定"加强对国企高管行为约束之后，国有控股降低股价崩盘风险的作用增强了 4.6% 和 3.7%，验证了假设 H3a。

表8   "八项规定"双重差分检验结果

因变量	（1） $NCSKEW_t$	（2） $DUVOL_t$
SOE_{t-1}	-0.054^{***}	-0.029^{**}
	(-2.904)	(-2.272)
$POST \times SOE_{t-1}$	-0.046^{**}	-0.037^{**}
	(-2.181)	(-2.534)
POST	-0.046	0.031
	(-1.520)	(1.459)
Controls	Yes	Yes
Year FE	Yes	Yes
Industry FE	Yes	Yes
Cluster at firm	Yes	Yes
N	20378	20377
Adj. R^2	0.065	0.066

注：***、**分别表示在 1%、5% 的水平下显著。

为检验第二个机制，分别使用 CEO 年龄、任期和期望任期作为中介变量，两步回归及中介效应检验结果在表9中报告。模型（1）~（3）中 SOE 与 CEO 年龄和任期均显著相关，与非国有控股公司 CEO 相比，国有控股 CEO 年龄更高（平均高 1.5 岁）、任期更短（平均少 0.2 年）、期望任期也更短（平均少 1.3 年），表明国企 CEO 决策视野倾向于短期。模型（4）~（9）中，SOE 与中介变量同时加入对崩盘风险的回归中，发现崩盘风险与 CEO 年龄显著负相关，回归系数分别为 -0.002（$t=-2.394$）和 -0.001（$t=-1.633$），即 CEO 年龄每增加一个标准差，则股价崩盘风险分别下降 1.3%（$=6.394 \times 0.002$）和 0.64%（$=6.394 \times 0.001$）。崩盘风险与 CEO 期望任期显著正相关，回归系数分别为 0.002（$t=2.104$）和 0.001（$t=1.723$），即 CEO 期望任期每增加一个标准差则股价崩盘风险分别下降 1.5%（$=7.275 \times 0.002$）和 0.73%（$=7.275 \times 0.001$）。Sobel-Goodman 检验结果显示，CEO 年龄与任期具有显著中介效应。结果表明，国有实际控制人通过 CEO 决策行为特征影响崩盘风险，支持假设 H3b。

表9　CEO决策行为特征的中介效应检验

因变量	(1) AGE$_{t-1}$	(2) TENURE$_{t-1}$	(3) ETENURE$_{t-1}$	(4) NCSKEW$_t$	(5) NCSKEW$_t$	(6) NCSKEW$_t$	(7) DUVOL$_t$	(8) DUVOL$_t$	(9) DUVOL$_t$
SOE$_{t-1}$	1.469***	-0.176**	-1.267***	-0.085***	-0.088***	-0.086***	-0.054***	-0.057***	-0.055***
	(6.625)	(-2.042)	(-5.022)	(-6.779)	(-7.155)	(-6.928)	(-6.299)	(-6.601)	(-6.392)
AGE$_{t-1}$				-0.002**			-0.001		
				(-2.394)			(-1.633)		
TENURE$_{t-1}$					-0.001			-0.002	
					(-0.712)			(-1.318)	
ETENURE$_{t-1}$						0.002**			0.001*
						(2.104)			(1.723)
Controls	YES	YES	YES	YES	YES	YES	YES	YES	YES
Year FE	YES	YES	YES	YES	YES	YES	YES	YES	YES
Industry FE	YES	YES	YES	YES	YES	YES	YES	YES	YES
Cluster at firm	YES	YES	YES	YES	YES	YES	YES	YES	YES
N	18776	18637	18637	18776	18637	18637	18775	18636	18636
Adj. R^2	0.065	0.213	0.016	0.065	0.065	0.065	0.066	0.065	0.065
F	28.10	97.97	5.104	36.57	35.71	36.05	37.51	36.84	37.02
Sobel-Goodman 检验（Z）				2.694	1.719	2.622	10.804	1.9	2.188
中介效应				0.021	-0.021	0.019	0.013	-0.022	0.016

注： ***、 **、 * 分别表示在1%、 5%、 10%的水平下显著。

为检验第三个机制，使用信息披露质量作为中介变量，两步回归及中介效应检验结果在表 10 中报告。模型(1) 中 SCORE 与 SOE 显著正相关，说明国企信息披露质量显著更高。模型(2)~模型(3) 中，SOE 与 SCORE 同时加入对崩盘风险的回归中，发现两个崩盘风险变量均与 SCORE 显著负相关，回归系数分别为 $-0.055(t=-2.81)$ 和 $-0.026(t=-1.872)$，即公司信息披露质量高，则股价崩盘风险分别下降 5.5% 和 2.6%。Sobel-Goodman 检验结果显示，SCORE 对 SOE 与崩盘风险具有显著中介效应。结果表明，国有实际控制人通过提升信息披露质量降低崩盘风险，支持假设 H3c。

表 10 信息披露质量的中介效应检验

因变量	(1) $SCORE_{t-1}$	(2) $NCSKEW_t$	(3) $DUVOL_t$
SOE_{t-1}	0.036 ***	−0.081 ***	−0.055 ***
	(3.439)	(−4.897)	(−4.745)
$SCORE_{t-1}$		−0.055 ***	−0.026 *
		(−2.810)	(−1.872)
Controls	YES	YES	YES
Year FE	YES	YES	YES
Industry FE	YES	YES	YES
Cluster at firm	YES	YES	YES
N	12166	12166	12165
Adj. R^2	0.108	0.049	0.051
F	18.01	19.91	20.02
Sobel-Goodman 检验(Z)		1.984	1.656
中介效应		0.011	0.007

注：***、* 分别表示在 1%、10% 的水平下显著。

5. 稳健性检验

为了检验结果的稳健性，本文使用增加其他控制变量、工具变量回归、控制公司固定效应及使用产权性质变化的子样本回归等方法来解决内生性问题。

5.1 增加控制变量

参考许年行等(2012)、曹丰等(2015) 的研究，本文在回归分析中加入分析师数量 Analyst(分析师跟踪人数的自然对数) 和机构投资者比例 INST；参考 Xu 等(2014) 的研究，进一步控制了公司治理因素 CEO 与董事长是否两职合一(DUAL) 和独立董事比例(INDPT) 的影响。表 11 报告了回归结果。四个变量分别加入回归以及全部加入回归之后，SOE 的系数依旧为负，且在 1% 的水平下显著。结果说明，本文的结论并不是遗漏了外部因素和公司治理相关变量导致的，证明了研究结论的稳健性。

表11

增加其他控制变量的回归结果

因变量	(1) NCSKEW$_t$	(2) DUVOL$_t$	(3) NCSKEW$_t$	(4) DUVOL$_t$	(5) NCSKEW$_t$	(6) DUVOL$_t$	(7) NCSKEW$_t$	(8) DUVOL$_t$	(9) NCSKEW$_t$	(10) DUVOL$_t$
SOE$_{t-1}$	-0.073***	-0.046***	-0.089***	-0.056***	-0.077***	-0.051***	-0.080***	-0.051***	-0.076***	-0.046***
	(-5.603)	(-5.088)	(-7.376)	(-6.613)	(-6.393)	(-6.117)	(-6.709)	(-6.146)	(-5.569)	(-4.870)
Analyst$_{t-1}$	0.054***	0.041***							0.026***	0.024***
	(6.499)	(7.258)							(2.832)	(3.811)
INST$_{t-1}$			1.648***	1.095***					1.528***	0.994***
			(13.982)	(13.136)					(11.624)	(10.723)
DUAL$_{t-1}$					0.036***	0.019**			0.030**	0.013
					(2.771)	(2.114)			(2.076)	(1.294)
INDPT$_{t-1}$							-0.023***	-0.016***	-0.013	-0.010
							(-2.658)	(-2.707)	(-1.387)	(-1.535)
Controls	Yes	Yes	Yes	Yes	Yes	Yes	Yes	Yes	Yes	Yes
Year FE	Yes	Yes	Yes	Yes	Yes	Yes	Yes	Yes	Yes	Yes
Industry FE	Yes	Yes	Yes	Yes	Yes	Yes	Yes	Yes	Yes	Yes
Cluster at firm	Yes	Yes	Yes	Yes	Yes	Yes	Yes	Yes	Yes	Yes
N	15816	15815	17457	17456	20099	20098	20303	20302	14103	14102
Adj. R^2	0.073	0.073	0.080	0.078	0.065	0.065	0.065	0.065	0.086	0.084

注：***、**、* 分别表示在1%、5%、10%的水平下显著。

99

5.2　工具变量回归

本文还采用相同年度同行业国有实际控制企业的数量比例和上市公司成立年限这两个工具变量来解决内生性问题。这两个工具变量满足相关性和外生性的要求。从相关性来看，同行业的公司具有类似的行业特征、面临相似的外部环境，因此它们的实际控制人性质之间具有一定的相关性；从前文分年度样本分布的统计结果可以看出，国有实际控制的企业占比逐年下降，表明公司的成立年限与实际控制人性质之间存在一定的相关性。从外生性来看，目前尚无相关证据表明同行业其他公司的实际控制人性质和上市公司成立年限会对该公司的股价崩盘风险产生显著影响，因此符合外生性要求。表 12 报告了工具变量回归结果。使用工具变量法时，SOE 与股价崩盘风险依旧显著负相关，即国有实际控制的公司股价崩盘风险显著低于非国有实际控制的公司。

表 12　　　　　　　　　　　　　工具变量回归结果

因变量	(1) $NCSKEW_t$	(2) $DUVOL_t$
SOE_{t-1}	-0.224^{***}	-0.182^{***}
	(-6.115)	(-7.077)
Controls	Yes	Yes
Year FE	Yes	Yes
Industry FE	Yes	Yes
Cluster at firm	Yes	Yes
N	20297	20296
Adj. R^2	0.058	0.054

注：***表示在 1%的水平下显著。

5.3　控制公司固定效应

为了控制不可观测的公司特征可能对回归结果产生的影响，本文在基准回归中控制公司固定效应，回归结果见表 13。因变量 NCSKEW 对 SOE 的回归系数为 -0.064（$t=-1.636$），即边际显著为负。因变量 DUVOL 对 SOE 的回归系数为 -0.057（$t=-2.103$），即在 5%水平下显著。结果说明，控制公司固定效应后，国有实际控制的公司股价崩盘风险仍然低于非国有实际控制的公司，研究结论稳健。

表 13	控制公司固定效应的回归结果	
因变量	(1) NCSKEW_t	(2) DUVOL_t
SOE_{t-1}	−0.064	−0.057**
	(−1.636)	(−2.103)
Controls	Yes	Yes
Year FE	Yes	Yes
N	19089	19089
Adj. R^2	0.065	0.066

注：**表示在5%的水平下显著。

5.4 子样本回归结果

由于样本中大部分公司实际控制人的产权性质在样本期间没有发生变化，因此基准回归结果尚不能充分反映国有实际控制人对股价崩盘风险的动态影响。如果国有实际控制人的影响作用显著存在，那么公司实际控制人从非国有变为国有或者从国有变为非国有，则国有实际控制下的公司股价崩盘风险均更低。为了验证这一可能性，我们从总样本中剔除产权性质不发生变化的公司，仅使用产权性质发生变化的公司子样本做回归分析。回归结果见表14。股价崩盘风险的两个变量对 SOE 的回归系数均在10%水平下显著为负，进一步说明国有实际控制人的影响作用显著。

表 14	产权性质变化的子样本回归结果	
因变量	(1) NCSKEW_t	(2) DUVOL_t
SOE_{t-1}	−0.083*	−0.050*
	(−1.72)	(−1.68)
Controls	Yes	Yes
Year FE	Yes	Yes
N	1178	1178
Adj. R^2	0.073	0.079

注：*表示在10%的水平下显著。

6. 结论

本文选取 2009—2018 年 A 股上市公司作为样本，研究实际控制人特征对股价崩盘风险的影响及作用机制。结果发现，国有控制公司股价崩盘风险显著低于非国有控制的公司，并且使用工具变量法、增加控制变量方法、控制公司固定效应及子样本回归等方法解决内生性问题后结果依旧稳健。结果还发现，国有实际控制人的现金流权能够显著降低股价崩盘风险，而非国有实际控制人的现金流权不能显著降低崩盘风险。作用机制分析和检验发现，国有实际控制人通过约束高管行为、影响 CEO 决策行为特征及信息披露质量三种机制降低股价崩盘风险。结论表明，国有控股公司并非只表现出内部人控制、高政府干预、普遍效率低下等负面特征，还具有天然的制度优势、良好的治理效应和控制风险能力。

◎ 参考文献

[1] 白晓宇. 上市公司信息披露政策对分析师预测的多重影响研究[J]. 金融研究, 2009(4).

[2] 薄仙慧, 吴联生. 国有控股与机构投资者的治理效应：盈余管理视角[J]. 经济研究, 2009(44).

[3] 曹丰, 鲁冰, 李争光. 机构投资者降低了股价崩盘风险吗？[J]. 会计研究, 2015(11).

[4] 陈克兢. 媒体监督、法治水平与上市公司盈余管理[J]. 管理评论, 2017(29).

[5] 高雷, 何少华, 黄志忠. 公司治理与掏空[J]. 经济学(季刊), 2006(3).

[6] 高燕. 所有权结构、终极控制人与盈余管理[J]. 审计研究, 2008(6).

[7] 顾小龙, 李天钰, 辛宇. 现金股利、控制权结构与股价崩溃风险[J]. 金融研究, 2015(7).

[8] 顾小龙, 辛宇. 实际控制人的股权特征与股价崩溃风险[J]. 当代财经, 2016(1).

[9] 胡奕明, 唐松莲. 审计、信息透明度与银行贷款利率[J]. 审计研究, 2007(6).

[10] 李寿喜. 产权、代理成本和代理效率[J]. 经济研究, 2007(1).

[11] 李小荣, 刘行. CEO vs CFO：性别与股价崩盘风险[J]. 世界经济, 2012(35).

[12] 李增泉, 王志伟, 孙铮. "掏空"与所有权安排——来自我国上市公司大股东资金占用的经验证据[J]. 会计研究, 2004(12).

[13] 梁权熙, 曾海舰. 独立董事制度改革、独立董事的独立性与股价崩盘风险[J]. 管理世界, 2016(3).

[14] 刘和旺, 郑世林, 王宇锋. 所有制类型、技术创新与企业绩效[J]. 中国软科学, 2015(3).

[15] 刘继红. 国有股权、盈余管理与审计意见[J]. 审计研究, 2009(2).

[16] 潘红波, 余明桂. 支持之手、掠夺之手与异地并购[J]. 经济研究, 2011(46).

[17] 孙文刚，郭文贞. 基于产权性质的内部控制缺陷与内部控制审计定价关系的研究[J]. 山东财经大学学报，2018(30).

[18] 唐松，孙铮. 政治关联、高管薪酬与企业未来经营绩效[J]. 管理世界，2014(5).

[19] 田昆儒，孙瑜. 非效率投资、审计监督与股价崩盘风险[J]. 审计与经济研究，2015(30).

[20] 王化成，曹丰，叶康涛. 监督还是掏空：大股东持股比例与股价崩盘风险[J]. 管理世界，2015(2).

[21] 王立章，王咏梅，王志诚. 控制权、现金流权与股价同步性[J]. 金融研究，2016(5).

[22] 谢德仁，郑登津，崔宸瑜. 控股股东股权质押是潜在的"地雷"吗？——基于股价崩盘风险视角的研究[J]. 管理世界，2016(5).

[23] 许年行，江轩宇，伊志宏，徐信忠. 分析师利益冲突、乐观偏差与股价崩盘风险[J]. 经济研究，2012(47).

[24] 许言，邓玉婷，陈钦源，许年行. 高管任期与公司坏消息的隐藏[J]. 金融研究，2017(12).

[25] 徐向艺，宋理升. 上市公司实际控制人与信息披露透明度研究[J]. 经济管理，2009(31).

[26] 杨瑞龙，王元，聂辉华. "准官员"的晋升机制：来自中国央企的证据[J]. 管理世界，2013(3).

[27] 袁振超，王生年. 终极控制权、现金流权与盈余质量——来自我国 A 股上市公司的实证研究[J]. 广西财经学院学报，2010(23).

[28] 甄红线，张先治，迟国泰. 制度环境、终极控制权对公司绩效的影响——基于代理成本的中介效应检验[J]. 金融研究，2015(12).

[29] 朱茶芬，李志文. 国家控股对会计稳健性的影响研究[J]. 会计研究，2008(5).

[30] 左晶晶，唐跃军，季志成. 政府干预、市场化改革与公司研发创新[J]. 研究与发展管理，2016(28).

[31] Antia, M., Pantzalis, C., Park, J. C. CEO decision horizon and firm performance: An empirical investigation[J]. *Journal of Corporate Finance*, 2010 (16).

[32] Borisova, G., Fotak, V., Holland, K., Megginson, W. Government ownership and the cost of debt: Evidence from government investments in publicly traded firms[J]. *Journal of Financial Economics*, 2015 (118).

[33] Chen, J., Hong, H., Stein, J. C. Forecasting crashes: Trading volume, past returns, and conditional skewness in stock prices[J]. *Journal of Financial Economics*, 2001 (61).

[34] Dimson, E. Risk measurement when shares are subject to infrequent trading[J]. *Journal of Financial Economics*, 1979 (7).

[35] Grossman, S. J., Hart, O. D. Takeover bids, the free-rider problem, and the theory of the corporation[J]. *Bell Journal of Economics*, 1980 (11).

[36] Hong, H., Stein, J. C. Differences of opinion, short-sales constraints, and market crashes

[J]. *Review of Financial Studies*, 2003 (16).

[37] Hutton, A. P., Marcus, A. J., Tehranian, H. Opaque financial reports, R^2, and crash risk [J]. *Journal of Financial Economics*, 2009 (94).

[38] Jin, L., Myers, S. C. R^2 around the world: New theory and new tests [J]. *Journal of Financial Economics*, 2004 (79).

[39] Kothari, S. P., Shu, S., Wysocki, P. D. Do managers withhold bad news? [J]. *Journal of Accounting Research*, 2009 (47).

[40] La Porta, R., Lopez-de-Silanes, F., Shleifer, A. Corporate ownership around the world [J]. *Journal of Finance*, 1999 (54).

[41] Morck, R., Shleifer, A., Vishny, R. W. Management ownership and market valuation: An empirical analysis [J]. *Journal of Financial Economics*, 1988 (20).

[42] Shleifer, A., Vishny, R, W. Large shareholders and corporate control [J]. *Journal of Political Economy*, 1986 (94).

[43] Shleifer, A., Vishny, R, W. A survey of corporate governance [J]. *Journal of Finance*, 1997 (5).

[44] Xu, N., Li, X., Yuan, Q., Excess perks and stock price crash risk: Evidence from China [J]. *Journal of Corporate Finance*, 2014 (25).

Ultimate Controlling Shareholders' Nature and Stock Price Crash Risk

Sun Lingxia[1]   Qi Xianling[2]

(1 International School of Business & Finance, Sun Yat-sen University, Zhuhai, 519082;
2 School of Finance, Nankai University, Tianjin, 300350)

Abstract: Using the sample of A-share companies over the period of 2009-2018, this paper examines the impact of ultimate controlling ownership, including the type of ownership and its cash flow rights, on stock price crash risk. We find that stock price crash risk is significantly lower in state-controlled companies than in non-state-controlled companies. In addition, cash flow rights of ultimate controlling shareholders can significantly reduce crash risk of state-controlled companies, suggesting some governance effect of the state controlling ownership. Further analyses on the three mechanisms show that the state controlling ownership impacts managerial behavior, decision characteristics, and the quality of information disclosure, which effectively lower crash risk. This paper extends researches on the impacting factors of stock price crash risk and provides evidence for the important role of state-controlled shareholders in controlling stock price risk.

Key words: Ultimate controlling shareholders; Stock price crash risk; Cash flow rights; Managerial behavior

专业主编：潘红波

品牌标识字体特征组合对品牌态度的影响研究[*]

李　珊[1]　曾　媛[2]　周寿江[3]

(1, 2, 3　四川大学商学院　成都　610064)

【摘　要】品牌文字标识的形状、颜色和粗细等单一视觉特征会影响品牌感知，但鲜有研究探讨品牌标识字体特征组合的作用。本文基于加工流畅性理论，通过两个实验探讨了品牌标识字体特征组合对消费者品牌态度的影响。研究结果表明，品牌文字标识正斜体与大小写之间存在显著的交互作用，即当品牌文字标识采用正体（斜体）时，消费者对大写（小写）的视觉注意需求会更少，品牌态度更加积极。此外，本文还验证了视觉注意在这一过程中所起的中介作用。

【关键词】品牌标识　正斜体　大小写　视觉注意　品牌态度

中图分类号：C93　　　文献标志码：A

1. 引言

作为消费者与企业或品牌接触的初始信息，品牌文字标识广泛出现在产品本身及包装、广告和宣传册中，并成为与消费者沟通的一种方式（Cian et al., 2014）。研究表明，品牌文字标识的颜色、字体、形状等多方面的视觉特征都会影响消费者的品牌感知（Xu et al., 2017；Labrecque & Milne, 2012）。消费者在接触品牌文字标识时，往往面临着多种视觉信息的加工整合（Rompay & Pruyn, 2011）。然而，不同视觉元素很可能因其本身特有的心理表征，从而向消费者传递出相同或相异的感知。那么，当消费者在加工包含多种视觉特征的信息时，不同视觉特征间的契合或冲突会不会影响消费者对品牌的感知，进而影响消费者反应？

对于此问题，现有研究尚未给出明确的答案。以往研究往往围绕品牌文字标识的颜色（Labrecque & Milne, 2012）、语义（Cavanagh & Forestell, 2013；孙瑾和张红霞, 2011）、语音（魏华, 等, 2016；Lowrey & Shrum, 2007）、字体（魏华, 等, 2018；许销冰, 等,

＊ 基金项目：国家自然科学基金"触屏购买广告应该如何设计？——来自眼动的研究"（项目批准号：71702119）；中国博士后科学基金面上项目（项目批准号：2018M640027）；四川大学中央高校基本科研业务费（项目批准号：LH2018010）。

通讯作者：周寿江，E-mail：zhoushoujiang@foxmail.com。

2016)、动态性(Cian et al., 2014)、完整性(Hagtvedt, 2013)等单一特征来探讨消费者的品牌感知,鲜有研究探讨品牌文字标识多个因素间的共同作用。其中,正斜体和大小写作为品牌文字标识的两大视觉要素(魏华, 等, 2018;许销冰, 等, 2016),在品牌标识的创建或重塑中占据重要地位。虽然魏华等(2018)和 Xu 等(2017)分别从品牌文字标识的正斜体、大小写出发,探究了不同视觉特征的文字标识如何影响消费者的品牌感知。但在实践应用中,品牌往往同时寄希望于两者以对消费者施加影响。当企业以确定的正斜体形式呈现时,改变标识的大小写特征会不会影响消费者原有的品牌感知?换言之,品牌文字标识在采用不同特征组合时,字体特征间的契合(冲突)将如何影响消费者的品牌态度?

现有关于信息加工流畅性的研究为我们提供了一定的参考。加工流畅性是指人们在处理信息时容易或困难的主观感受,感知流畅性愈强,愈会表现出积极的态度(Schwarz, 2004;Janiszewski & Meyvis, 2001)。因此,本文猜想,当字体特征以契合(不契合)的形式呈现时,可能会影响消费者的感知流畅性,进而对品牌态度产生影响。

此外,品牌文字标识常通过视觉注意来对消费者的品牌感知和态度产生影响(Doyle & Bottomley, 2011;Lee & Ahn, 2012),但鲜有研究将其引入品牌文字标识视觉特征组合的应用中。且以往关于品牌文字标识视觉特征的研究大多采用主观报告的方式(魏华, 等, 2018;许销冰, 等, 2016),难免会因被试的主观意志而导致结果偏差。为此,本文将基于信息加工流畅性理论,采用更为客观的眼动追踪技术来探究不同字体特征组合下的视觉注意机制,以及视觉注意与消费者品牌态度之间的联系。研究结论丰富了品牌文字标识视觉特征的研究成果,为后续品牌文字标识视觉注意的研究提供了理论和方法借鉴,并为企业科学制定品牌文字标识提供建议和参考。

2. 文献综述与假设

2.1 品牌文字标识视觉特征对消费者品牌态度的影响

视觉是人们获取信息的主要感官。消费者在接触品牌文字标识时,首先注意到的往往也是文字标识的视觉特征,如形状、粗细、颜色、字体等。人们对信息的获取和处理,常通过"自下而上"(Bottom-up Processing)的路径来完成,即人们对事物的加工处理直接依赖于感觉器官所获取的外部信息。因此,品牌文字标识的视觉特征作为消费者的首要接触点,在"自下而上"加工模式的作用下,会直接影响消费者对品牌的信息获取,进而影响对品牌文字标识的加工和认知。

品牌文字标识的视觉特征会影响消费者的感知(Doyle & Bottomley, 2011;Foroudi et al., 2014;Xu et al., 2017),且在溢出效应的作用下会进一步影响消费者对企业或品牌的认知和态度,这已得到众多研究的支持(许销冰, 等, 2016;魏华, 等, 2018)。例如,魏华等(2018)基于具身认知理论,发现倾斜的品牌文字标识能激发消费者的速度感知,进而使其感觉品牌更高效、更具创新性;而端正的品牌文字标识能激发消费者的稳定感知,从而使消费者感觉品牌更可靠和安全。对于现代品牌,消费者更加偏好倾斜的品牌文字标识；而对于传统品牌，消费者对端正品牌文字标识的态度更加积极。许销冰等（2016）研究表明，大写的品牌文字标识传递出"强势"的感知，从而使消费者感觉该品牌更加权威；而小写的品牌文字标识则传递出"活力"的感知，从而使其感觉该品牌更加友好。类似研究很多，不一一枚举，但综上可知，品牌文字标识的视觉特征确实会对消费者的认知和反应产生重要影响。

2.2 信息加工流畅性

信息加工流畅性理论认为，人们对事物的评价是基于其处理相关信息时轻松或困难的主观感受而做出的，感知流畅性越强，那么对事务的处理速度越快，加工强度也越深，越会对事物表现出积极的态度（Shen et al., 2010; Schwarz, 2004; Janiszewski & Meyvis, 2001; Hoegg, 2013）。

流畅性与人们的处理速度和脑力消耗有关，其会正向影响消费者对目标的偏好（Winkielman et al., 2003）。首先，信息加工流畅性会影响消费者的主观情绪。Stoel 等（2010）的研究表明，不同复杂程度的购物网站会影响消费者的情感反应，并发现消费者的愉悦程度与其在进行信息加工处理时的流畅度直接相关。其次，信息加工流畅性也会对消费者的品牌态度和产品偏好产生影响。例如，Janiszewski（1993）与 Hansen 等（2009）的研究表明，重复接触商标、品牌包装等与物品相关的信息会增强信息加工处理的流畅性，进而使消费者产生更加积极的态度或产品评价。Hoegg（2013）发现，广告中图像的水平位置与时间的空间表征之间的匹配性会影响消费者信息加工的流畅性，进而对产品态度产生影响。具体而言，对于拥有从左到右阅读习惯的消费者而言，左边的心理表征表示过去，右边表示未来，当与过去相关的产品图片出现在广告的左边，而与未来相关的产品图片出现在广告的右侧时，会提高消费者信息加工处理的流畅性，进而得到更高的产品评价。而对于拥有从右至左阅读习惯的消费者则与之相反。

2.3 品牌文字标识大小写与正斜体

品牌能通过文字标识的视觉特征向消费者传递出有关信息，并以结点的形式存储于消费者大脑中，随后与消费者在品牌接触中所产生的认知信息进行联结，形成品牌联想。品牌联想是消费者作出购买决策和保持品牌忠诚的基础，通过对品牌联想的主观认知整合，消费者可形成独特的品牌形象认知（吴新辉，等，2009）。从正斜体的视觉特征来看，正体字传递出一种规范、严谨、稳重的形象，这是由其书写、字形上的规范所带来的。相反，斜体则因其字体的非规范性传递出一种张扬、创新、动态的特性。魏华等（2018）发现，端正的文字标识使消费者感知到品牌更加安全、可靠与稳定，而倾斜的文字标识则传递出高速、创新与高效的品牌感知。对于现代品牌，消费者对倾斜的文字标识展现出更加积极的态度，传统品牌则与之相反。

同理，品牌文字标识大小写特征也会影响消费者的品牌感知。小写单词因字母高度和宽度的不同（如"cat""pig""dog"）而呈现不规则的形状，大写则不然，其形成的单词是规范的矩形（如"CAT""PIG""DOG"）。许销冰等（2016）研究表明，与小写品牌商标相比，大写的品牌文字标识使消费者感觉该品牌更加强势、更具权威性；而小写品牌标识则使消费者感知更加友好、更具活力。对于消费者感知权威特征的产品更适合采用大写品牌文字标识，而感知友好的产品更倾向于使用小写文字标识。

承前所述，正体与大写因在视觉特征上的规范性，会向消费者传递出相似的感知，即更加权威、稳重和可靠；而斜体与小写的不规则性则向消费者传递出活力、动态、创新的特质(Xu et al.，2017；许销冰，等，2016；魏华，等，2018)。消费者在接触到"正体-大写""斜体-小写"的品牌文字标识时，可能会因字体视觉特征间的匹配性，提高信息加工处理的流畅性，从而产生积极的品牌态度。反之，当接触到"正体-小写""斜体-大写"的品牌文字标识时，可能会因字体视觉特征的差异性而导致困难的信息加工过程，进而产生消极的品牌态度。具体而言，当品牌采用正体文字标识时，大写标识能进一步强化稳重、权威的品牌特性；若采用小写标识，视觉特征间的差异性甚至相悖性(正体-权威，小写-活力)可能会导致消费者的品牌联想冲突，降低信息加工处理的流畅性，进而模糊品牌形象感知。同样地，当品牌文字标识为斜体时，采用大写的文字标识会使得消费者产生不匹配的品牌感知(斜体-活力，大写-强势)，进而影响信息加工和品牌态度；而小写的文字标识因其视觉特征的相似性，传递出活力、动态、创新等契合的品牌特质，提升信息加工的流畅性，进而产生更加积极的品牌态度。综上，本文推断，品牌文字标识正斜体与大小写在消费者的品牌态度上存在交互作用，并提出假设 H1 及相应子假设：

H1：品牌文字标识的正斜与大小写特征在消费者的品牌态度上存在显著的交互作用。

H1a：对于正体品牌文字标识而言，消费者更加偏好大写的品牌文字标识。

H1b：对于斜体品牌文字标识而言，消费者更加偏好小写的品牌文字标识。

2.4 视觉注意的中介作用

在品牌形象构建的过程中，消费者不能仅仅依靠想象力，而是需要获得更多与品牌或产品相关的信息来形成独特的品牌印象(李宝珠和魏少木，2018)。就品牌文字标识而言，消费者形成品牌态度的前提是视觉注意，消费者只有先获取刺激信息形成注意，经过信息加工处理才能感知品牌形象或形成品牌态度(Lee & Ahn，2012)。例如，Boerman 等(2015)通过眼动实验发现，电视广告中品牌位置会对消费者的品牌记忆和品牌态度产生影响，这是以视觉注意作为中介来达成的。Goodrich(2011)也通过视觉注意探究了在线广告的属性特征如何影响消费者的购买意向与品牌态度。

从认知心理学的研究来看，注意是指消费者对特定任务或物体分配认知能力的过程(Lee & Faber，2007)。通过对视觉注意的分析，既可了解消费者产品认知的内在机制，又能反映消费者对刺激物的信息获取以及信息加工的强度(李宝珠和魏少木，2018)。例如，贾佳等(2016)通过眼动实验表明，消费者对复杂文本碳标签(指以数值形式告知消费者该产品在全生命周期所释放的温室气体(主要指 CO_2)信息的一种标签)的注视时长、注视次数远高于简单标签，但对简单标签的态度却更加积极。究其缘由在于消费者在加工复杂文本标签时，对认知努力的需求更高，这降低了信息加工流畅性，因而所需的视觉注意更多，态度也更加消极。

同理，不同视觉特征的品牌文字标识对消费者视觉注意的需求可能也存在差异。当品牌文字标识以"正体-大写""斜体-小写"的组合形式呈现时，因字体特征的相似性而使得消费者产生契合的品牌感知，降低了对认知努力的需求。根据有限注意力模型，人的视觉注意具有选择性和有限性（Kahneman，1973）。在信息的加工处理中，消费者趋向于将主要的注意力资源分配至与自身相关、主要的任务上，而与自身无关、次要的信息则只能依靠剩余的视觉注意进行加工处理（郭伏等，2017）。对于品牌文字标识而言，其往往由一个或者几个词组组成（Schmitt et al.，1994），这在一定程度上限制了文字标识在语音、语义上所包含的信息，因而消费者在品牌文字标识上的视觉停留时间非常短。而在短暂的时间内，具有相似感知的文字标识使得消费者更易于对其进行加工处理，这降低了受众的认知负载，即对视觉注意的需求，增强了信息加工流畅性；反之，当品牌文字标识以"正体-小写""斜体-大写"的不契合形式呈现时，字体视觉特征传递出相异的特征，增加了消费者对认知能力的需求，即提升了对视觉注意的需求，信息加工的流畅性降低。综上，本文推断，不同组合特征的品牌文字标识在视觉注意上同样存在显著的交互作用，并提出假设H2及相应子假设：

H2：品牌文字标识的正斜与大小写特征在消费者的视觉注意上存在显著的交互作用。

H2a：当品牌文字标识采用正体时，消费者对于大写标识的视觉注意需求更少。

H2b：当品牌文字标识采用斜体时，消费者对于小写标识的视觉注意需求更少。

承前所述，人们对事物的评价是以其处理相关信息时的主观感受为前提而形成的，感知流畅性越强、处理速度越快，愈加表现出积极的态度。品牌文字标识正斜体与大小写的契合程度，会影响消费者的视觉注意分配，进而对消费者的品牌态度产生影响。具体而言，当品牌采用"正体-大写""斜体-小写"的文字标识时，因字体视觉特征的相似性传递出契合的品牌感知，降低了对认知能力的需求，消费者的感知流畅性和信息处理速度提高，进而展现出更加积极的品牌态度；反之，当品牌文字标识采用"正体-小写""斜体-大写"的不契合组合形式时，字体视觉特征的相异性会模糊消费者的品牌形象感知，提升对认知能力的需求，降低了感知流畅性和信息处理的速度，进而会产生消极的品牌态度。综上，本文提出假设H3：

H3：视觉注意在品牌文字标识正斜体、大小写对消费者品牌态度的交互作用中发挥中介作用。

3. 研究一：品牌文字标识正斜体与大小写的交互作用

研究一的目的在于检验假设H1及相应子假设，即品牌文字标识正斜体与大小写之间存在交互作用。对于正体品牌文字标识而言，使用大写字体的品牌效果要优于小写字体；而斜体则相反，此时品牌使用小写字体的效果要优于大写字体。

3.1 预实验

预实验旨在确定正式实验刺激物。首先，通过整理以往品牌文字标识大小写、正斜体对消费者感知的研究中所使用的刺激物（许销冰等，2016；Xu et al.，2017），本实验得到10个品牌名称，形成候选品牌集。借助专业调研平台——问卷星，80名被试（最大年龄为48岁，最小年龄为18岁）分别进入"正体-大写"（$N = 20$，$M_{age} = 26.10$，SD = 7.01；

$N_{女} = 13$，65%）、"正体–小写"（$N = 20$，$M_{age} = 26.75$，SD = 6.13；$N_{女} = 9$，45%）、"斜体–大写"（$N = 20$，$M_{age} = 34.15$，SD = 10.80；$N_{女} = 11$，55%）、"斜体–小写"（$N = 20$，$M_{age} = 28.60$，SD = 7.01；$N_{女} = 13$，65%）条件组，并对候选刺激物的熟悉度、视觉复杂度、语义等方面进行评价。依据 Turky 事后检验的结果，研究一最终选用"HASE"作为正式实验刺激物，且四组被试在熟悉度、视觉复杂度、语义、易记程度、作为品牌名称的合适度这几方面均无显著差异（$p > 0.05$）。由此，刺激物设计成功，可进入正式实验。

3.2　实验设计与过程

实验采用 2（正斜体：正体 vs. 斜体）× 2（大小写：大写 vs. 小写）被试间设计。借助问卷星平台，共招募 150 名被试参与实验（最大年龄为 55 岁，最小年龄为 16 岁），并将其随机分配至"正体–大写"（$N = 40$；$M_{age} = 28.08$，SD = 7.74；$N_{女} = 27$，67.5%）、"正体–小写"（$N = 40$；$M_{age} = 28.60$，SD = 6.11；$N_{女} = 17$，42.5%）、"斜体–大写"（$N = 35$；$M_{age} = 31.51$，SD = 10.18；$N_{女} = 20$，57.14%）、"斜体–小写"（$N = 35$；$M_{age} = 31.18$，SD = 9.79；$N_{女} = 21$，60%）条件组。

为了检验被试对非本民族品牌是否存在主观偏见，进而对实验结果的有效性造成影响，在被试阅读完引言后，首先要求其完成民族主义倾向的 4 题项测定。随后观察嵌入问卷中的品牌文字标识图片，并完成熟悉度、视觉复杂度、语义、品牌态度等测项的作答，最后填写性别、年龄等基本个人信息。整个问卷耗时 3～4 分钟，问卷填写完毕，每名被试将随机获得 1～3 元不等的现金报酬。

问卷采用 7 级 Likert 量表（1 = 完全不同意，7 = 完全同意）。其中，熟悉度、视觉复杂度、语义、易记程度、作为品牌名称的合适度等变量的测量均采用成熟量表，民族主义倾向采用 Batra 等（2000）开发的量表测量，品牌态度使用 6 个题项测量（当看到该品牌名字时，我的感受是：喜欢的；正面的；好的；合心意的；愉悦的；能接受的（Schmitt et al.，1994）），多个题项取其均值作为变量值。

3.3　实验结果

Turky 事后检验表明，四组被试在熟悉度、视觉复杂度、语义等方面均无显著差异（$p's > 0.05$），再次表明刺激物设计成功。同样，四组被试的民族主义倾向也不存在显著差异（$p's > 0.05$）。考虑到本研究采用网络问卷进行，可能存在共同方法偏差问题（周浩和龙立荣，2004），因此需对其进行检验。因子分析结果显示，未旋转的第一公因子值为 36.44%（低于 40%），表明共同方法偏差情况不会对研究结论造成影响。

使用 GLM 模型进一步检验品牌文字标识正斜体与大小写的交互作用。结果表明，二者交互项显著（$F(1, 146) = 13.86$，$p < 0.01$，$\eta_p^2 = 0.09$）。简单效应（Simple Effect）检验进一步发现：当品牌文字标识以正体的形式呈现时，被试给予大写名称更高的态度评价（$M_{大写} = 4.95$，SD = 0.26；$M_{小写} = 3.78$，SD = 0.26；$F(1, 146) = 10.22$，$p < 0.01$）；品牌以斜体的形式呈现时则相反，被试对小写名称的态度评价显著高于大写名称（$M_{大写} = 3.79$，SD = 0.28；$M_{小写} = 4.60$，SD = 0.28；$F(1, 146) = 4.44$，$p < 0.05$）（见图 1）。综上可得，品牌标识的正斜体与大小写间确实存在交互作用。由此，假设 H1 得证。

110

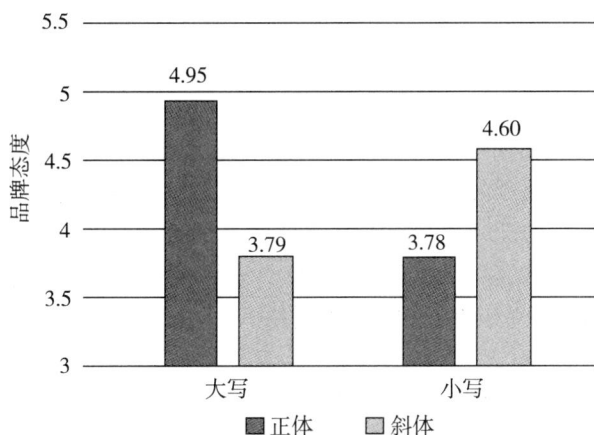

图 1 文字标识为正(斜)体时，被试对大(小)写的品牌态度

3.4 讨论

品牌文字标识正斜体与大小写之间存在显著的交互作用(假设 H1)。具体而言，当品牌名称文字标识以正体形式呈现时，使用大写字体能获得更高的品牌态度评价；当品牌名称文字标识以斜体形式呈现时，品牌使用小写字体的效果显著优于大写字体。

研究一通过网络问卷实验，采用一般性的样本证实了假设 H1，确保了研究结论的实践意义。但考虑到一般性的样本很可能会因个体的经验、知识等对结论造成影响，因此在研究二中，我们采用了更加单一、均质的被试群体——大学生，并使用不同的虚拟刺激物来重复验证实验一的结论，以保证实验结果的干净。此外，研究一虽探究了品牌文字标识正斜体与大小写的交互作用，证明两者之间存在匹配效应，但没有深入研究这一效应的作用机制。为此，研究二还将进一步从生理层面考察视觉注意的中介作用。

4. 研究二：视觉注意的中介作用

4.1 预实验

根据以往研究整理得到 5 个候选品牌刺激物。专业平面设计师分别设计了四种组合的实验刺激物，尺寸均为 120.9 × 29.7mm，字体采用"Times New Roman"，字号为 44 号，标识以黑底白字呈现(Xu et al.，2017；Geraci et al.，2008)。借助问卷星平台，共招募 71 名大学生进入预实验(最大年龄 22 岁，最小年龄 18 岁，$M_{age} = 19.38$，SD = 1.03；$N_{女} = 57$，80%)，依次浏览"正体-大写""正体-小写""斜体-大写""斜体-小写"的品牌文字标识，并完成熟悉度、复杂度、语义等测项的评价。其中，视觉复杂度、易记程度、作为品牌名称的合适度、语义、熟悉度、民族主义倾向与品牌态度的测量和研究一保持一致。

根据 Turky 事后检验的结果，最终选择"BOGO"这一品牌名称。不同特征的品牌文字

标识在熟悉度、语义、视觉复杂度、易记程度、合适度这几方面均无显著差异(p's >
0. 05)。由此,研究二正式实验刺激物得以确定。

4.2　实验设计与方法

　　实验采用 2(正斜体:正体 vs. 斜体)× 2(大小写:大写 vs. 小写)被试内设计。共设
置 6 张图片刺激物,除 4 张目标刺激物外,另设 2 张 filler(无关刺激物)。目标刺激物固
定在第 2~5 张位置出现,filler 置于首尾以排除首因和近因效应(刘世雄,等,2017)。参
照李宝珠和魏少木(2018)的无重复拉丁方设计,采用随机数生成器来形成目标刺激物的
排列顺序。此外,filler 的复杂度、语义、熟悉度等特征均与目的刺激物保持一致,且无
其他干扰装饰物。

　　共招募 75 名在校大学生参与实验,其中 9 人未通过校准检验(12%),6 人数据存在
缺失(8%),最终得到 60 份有效数据(最大年龄为 22 岁,最小年龄为 17 岁,M_{age} = 19. 33,
SD = 1. 02;$N_女$ = 46,76. 67%)。被试视力或矫正视力均达 1. 0 或以上,无散光现象,在
此之前均未参加过本研究的其他相关实验。

　　实验在某高校的 Mobile Consumer Data Science 实验室进行,具备良好的光照条件和隔
音效果。实验前,两名研究人员依次向被试介绍实验流程和要求,未提前告知实验目的,
以免形成实验预判。此外,为防止无关人员对被试注意的干扰,被试依次单独进行实验。
实验前,每名被试均阅读《眼动实验知情同意书》并签字。

　　被试进入眼动实验室后,调整合适的坐姿并保持头部固定,浏览屏幕上的指导语
"您将浏览一系列图片,请您以正常速度认真浏览每一张图片,按空格键进行图片切
换"后,研究人员再次确认被试是否正确地理解实验流程。随后:对被试进行九点校
准,校准误差值控制在 0. 10 以下;浏览 5 张图片后对被试进行单点校准,校准合格后
开始正式眼动实验。眼动实验结束后,由研究人员指导被试进入外部隔音间进行问卷
的填写。问卷流程、题项设计与实验一保持一致,故不再赘述。整个实验耗时 10~15
分钟,结束后每名被试可获得 15 元现金酬劳,未通过眼动校准的被试也可获得 10 元的
感谢酬劳。

　　视觉注意通过眼动设备进行追踪测量,采用此前研究中广泛使用的注视时长(Dwell
Time)和注视次数(Fixation Count)两个指标(Lee & Ahn,2012;Wedel & Pieters,2000;施
卓敏和郑婉怡,2014)。例如,施卓敏和郑婉怡(2014)在探究广告位置和认知风格对广告
效果的影响研究中,发现注视时长和注视次数在此过程中起部分中介作用。此外,蒋波
和章菁华(2011)在对 1980—2009 年中国国内眼动研究的文献进行计量分析时发现,注视
时长和注视次数是使用频次最高的指标。因此,本文选用注视时长和注视次数这两个指标
考察视觉注意的中介作用。其中,注视时长是消费者注视点停留在兴趣区的总时间;注视
次数是在兴趣区的停留次数。注视时间和注视次数代表了对该区域信息加工的时间,消费
者对刺激物的注视时间越长或注视次数越多,可能表明该区域内包含的信息量更大或消费
者对该区域更感兴趣(程利,等,2007;王求真,等,2014)。

4.3 实验仪器

实验采用加拿大 SR Research 公司研发的 Eye Link 1000Plus 桌面式眼动仪完成。该设备由眼动仪、被试机与主试机三部分组成。其中，被试机用于实验编程、展示提示语和实验刺激物，液晶显示屏为 21 英寸，分辨率为 1024×768 像素，采样率为 1000Hz；主试机用于追踪被试的眼动纪录，刷新频率为 140 Hz。实验过程中，被试双眼平行注视屏幕，但只记录右眼的眼动轨迹，被试双眼与眼动仪距离约为 55cm，与被试机水平距离约为 75cm。

4.4 实验结果

方差分析结果表明，四个品牌文字标识在熟悉度、语义、复杂度、民族主义倾向等方面均无显著差异(p's > 0.05)。需要注意的是，虽然样本中女性人数占比较高，但方差分析结果表明，不同性别的被试对四种特征的品牌文字标识的注视时间、注视次数和品牌态度不存在显著差异(p's >0.05)。综上可认为，控制变量不会对研究结论造成干扰，因此后续不再对其进行分析。此外，因子分析的结果表明，未旋转的第一公因子值为 28.14%（低于 40%），同样表明共同方法偏差情况不会对研究结论造成影响。

4.4.1 品牌态度

MANOVA 检验结果表明，品牌文字标识的正斜体与大小写之间的交互作用显著($F(1, 60) = 38.10$, $p < 0.01$, $\eta_p^2 = 0.39$)。简单效应检验进一步发现：当品牌标识以正体的形式呈现时，被试给予了大写名称更高的态度评价($M_{大写} = 4.83$, SD = 0.85；$M_{小写} = 4.30$, SD = 0.95；$F(1, 60) = 29.23$, $p < 0.01$)；品牌以斜体的形式呈现时则相反，被试对小写名称的态度显著高于大写名称($M_{大写} = 4.41$, SD = 0.80；$M_{小写} = 4.83$, SD = 0.98；$F(1, 60) = 21.34$, $p < 0.01$)（见图2）。由此，假设 H1 再次得到印证。

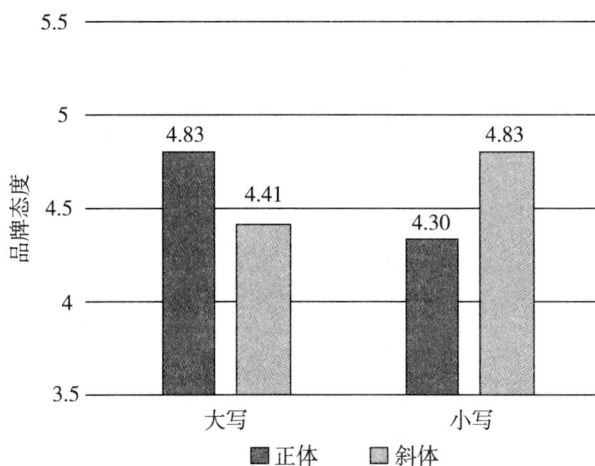

图 2　文字标识为正（斜）体时，被试对大（小）写的品牌态度

4.4.2 视觉注意

根据 MANOVA 模型检验结果，品牌文字标识正斜体和大小写在视觉注意上的交互效应显著（$F(1，60) = 175.12$，$p < 0.01$，$\eta_p^2 = 0.75$）。进一步进行简单效应分析可知：当品牌文字标识采用正体时，被试对大写标识的注视时长更短（$M_{大写} = 1841.37$，$SD = 557.74$；$M_{小写} = 2185.23$，$SD = 622.91$；$F(1，60) = 250.11$，$p < 0.01$）、注视次数更少（$M_{大写} = 5.98$，$SD = 3.51$；$M_{小写} = 8.35$，$SD = 4.75$；$F(1，60) = 29.23$，$p < 0.01$）；反之，当品牌文字标识采用斜体时，被试在小写标识上的注视时长更短（$M_{大写} = 2400.20$，$SD = 532.13$；$M_{小写} = 2081.43$，$SD = 674.06$；$F(1，60) = 143.67$，$p < 0.01$）、注视次数更少（$M_{大写} = 9.97$，$SD = 3.94$；$M_{小写} = 8.01$，$SD = 4.51$；$F(1，60) = 108.01$，$p < 0.01$）（分别见图 3 和图 4）。由此，假设 H2 及其子假设得到了支持。

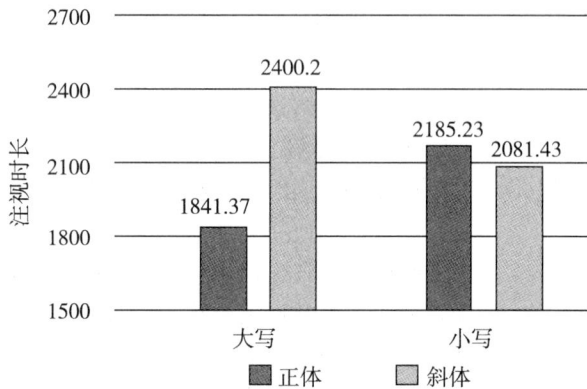

图 3 文字标识为正（斜）体时，消费者对大（小）写的注视时长

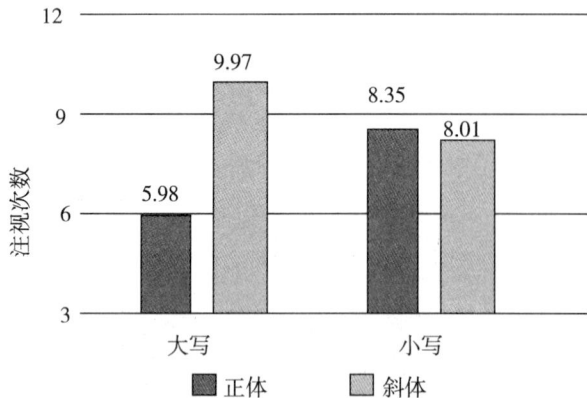

图 4 文字标识为正（斜）体时，消费者对大（小）写的注视次数

4.4.3 视觉注意的中介作用

参照以往学者提出的中介效应分析程序，采用 Bootstrap 方法对视觉注意（以注视时间、注视次数两个指标来测量）进行中介效应检验（Zhao et al.，2010；Preacher & Hayes，

2004；Hayes，2013）。在 SPSS 的 PROCESS 插件中选择 Model 4，样本量设置为 5000，置信区间设为 95%。结果表明：对于正体品牌文字标识而言，注视时长的中介效应显著（LLCI = -0.8448，ULCI = -0.1755），且中介效应大小为 -0.5247。在控制了中介变量后，大小写特征对消费者品牌态度的影响不显著（$p = 0.758$），且区间（LLCI = -0.0247，ULCI = 0.0181）包含 0。同样，注视次数的中介效应也显著（LLCI = -0.8714，ULCI = -0.2297），且中介效应大小为 -0.5528。在控制了中介变量后，大小写特征对消费者品牌态度的影响不再显著（$p = 0.331$），且区间（LLCI = -0.0254，ULCI = 0.0749）包含 0。

当品牌文字标识为斜体时，中介效应检验结果也表明：注视时长的中介效应显著（LLCI = 0.1502，ULCI = 0.7374），中介效应大小为 0.4467。在控制了中介变量后，大小写特征对消费者品牌态度的影响不再显著（$p = 0.642$），区间（LLCI = -0.1271，ULCI = 0.0787）包含 0；注视次数的中介作用显著（LLCI = 0.0841，ULCI = 0.7361），中介效应大小为 0.3955。在控制了中介变量后，大小写特征对消费者品牌态度的影响不再显著（$p = 0.125$），区间（LLCI = -0.0076，ULCI = 0.0617）包含 0。综上可知，注视时长、注视次数在品牌文字标识对消费者品牌态度的影响中发挥中介作用，且为唯一的中介。

4.5 讨论

研究二采用不同的虚拟刺激物，再次验证了品牌文字标识正斜体与大小写对消费者品牌态度的交互作用，保证了实验结果的稳健性，更进一步揭示了这一过程的潜在机理。当品牌文字标识为正体（斜体）时，采用大写（小写）能传递出相似的品牌感知，这能减少受众对认知能力的需求，并增强信息加工处理的流畅性。这种感知流畅性最终能影响消费者对品牌的态度，且信息加工越流畅，消费者品牌态度越积极。

此外，当消费者处理品牌标识这类短小、简洁的信息时，其信息加工越流畅，加工的效率也就越高。体现在生理层面为，因品牌标识所含的总信息量有限，信息加工越流畅的消费者，需要更少的视觉注意即可获得全部品牌标识信息。因此，消费者对品牌信息的加工越流畅，所需的视觉注意也就越少。研究二的结论，与消费者品牌态度取决于人们在做出判断时所感知的主观难易程度的结论相一致。

5. 结论与讨论

5.1 研究结论

大小写和正斜体是品牌文字标识中常见的设计元素。本文借助眼动技术，基于信息加工流畅性理论，考察了品牌文字标识正斜体和大小写对消费者品牌态度的交互影响（假设 H1）。在此基础上，本文引入视觉注意这一生理层面的证据，发现不同字体特征组合的品牌标识在视觉注意上存在显著差异（假设 H2），并探讨了视觉注意在品牌文字标识视觉特征对消费者品牌态度评价过程中的中介作用（假设 H3）。

研究一结果表明，品牌文字标识正斜体与大小写之间存在显著的交互作用。具体而言，当品牌文字标识为正体时，被试对大写的态度更加积极；当品牌文字标识为斜体时，被试则更加青睐小写。借助眼动技术，研究二再次验证了正斜体与大小写之间的交互效应，并证实了不同组合特征的品牌文字标识在视觉注意上同样存在交互作用。当文字标识字体组合特征为"正体-大写""斜体-小写"时，消费者的视觉注意需求远低于"正体-小写""斜体-大写"。换言之，对于正体品牌文字标识而言，消费者在大写标识上的注视时长、注视次数远低于小写；对于斜体品牌文字标识而言，消费者在小写标识上的注视时长、注视次数更低。此外，研究二进一步检验了视觉注意在品牌文字标识视觉特征组合对消费者品牌态度评价过程中的中介作用。研究结果表明，当品牌文字标识采用"正体-大写""斜体-小写"的组合形式时，字体视觉特征间的契合使得被试更为轻易地对视觉信息进行加工，这显著降低了受众的认知负载，即对视觉注意的需求，增加了信息处理流畅性，最终获得更为积极的品牌态度。反之，当品牌以"正体-小写""斜体-大写"的组合形式呈现时，文字标识视觉特征所传递出的信息存在较大差异甚至相悖（斜体—动态；大写—强势），增加了受众的认知负荷，降低了消费者的信息处理流畅性，进而引致较低的品牌态度。

5.2　理论贡献

首先，本文首次考察了品牌文字标识的正斜与大小写特征间的交互效应，丰富了品牌文字标识视觉特征的研究成果。在这一领域中，以往的研究仅从颜色（Labrecque & Milne，2012）、字体（Xu et al.，2017；魏华，等，2018；许销冰，等，2016）、粗细（Grohmann et al.，2015）、动态性（Cian et al.，2014）等单一维度出发来探讨其对消费者品牌感知的影响。例如，许销冰等（2016）发现，商标名称的大小写会影响消费者的品牌感知，大写商标名称的品牌更具权威，而小写商标名称的品牌则传递出更友好的特质。但鲜有文献深入探讨了品牌文字标识不同视觉特征间的相互作用，本文从文字标识的正斜、大小写特征出发，考察了不同视觉特征组合对消费者品牌态度的影响及作用机制，拓展了品牌文字标识视觉特征的研究思路，为后续多方面视觉特征的结合研究提供了初步参考。

其次，本文基于眼动技术，从生理层面考察了视觉注意在品牌标识视觉特征影响消费者品牌态度过程中的中介作用，拓展了研究结论的解释力。就品牌文字标识而言，消费者形成品牌态度的前提是获取视觉注意。但以往研究大多从消费者的主观感知层面来探讨品牌文字标识视觉特征对消费者的影响（许销冰，等，2016；魏华，等，2018）。例如，魏华等（2018）研究发现端正和倾斜的文字标识会激发消费者相异的品牌感知，但这是基于问卷测验得出的结论，很可能因被试的主观性而有所偏差。本文将眼动追踪技术引入品牌态度的研究中，基于被试生理层面的变化探讨了视觉注意的中介作用，增强了研究结论的解释力，为后续品牌文字标识视觉注意的研究提供了方法参考。此外，以往关于消费者视觉注意的研究，大多从单一视觉特征出发进行探讨（贾佳，等，2016；程利，等，2007）。如贾佳等（2016）分别从碳标签的颜色、形状和文本等构成要素出发，探究了不同视觉复杂性如何影响消费者的视觉注意。本文着手于品牌文字标识的视觉特征组合，探讨发现消费者对不同视觉特征组合在视觉注意上存在显著差异，即当品牌文字标识采用正体（斜体）和大写（小写）的视觉特征组合时，能降低受众的认知负载，进而减少对视觉注意的需求。

最后，本文丰富了信息加工流畅性理论的研究，推进了其在品牌标识视觉领域的应用。既有研究表明，加工流畅性受到许多因素的影响，如感知启动、重复接触或对称性等（Winkielman et al.，2003；Reber et al.，2004）。本文从品牌文字标识的视觉特征出发，发现不同视觉特征间的契合性能增强信息加工处理的流畅性，进而对消费者的品牌态度产生影响。这一结论与 Rompay 和 Pruyn（2011）关于产品视觉特征一致性的研究结论相契合，即产品形状与字体象征意义（奢华或随意）间的一致性，会正向影响品牌可信度和价格预期。

5.3　营销启示

本文通过两个研究表明，不同视觉特征组合的品牌文字标识会对消费者的品牌态度产生影响，这为企业科学有效地制定品牌文字标识提供了借鉴。对于管理者而言，当品牌想给消费者传递一种稳定、可靠的信息时，若同时采用"正体–大写"能够显著加强消费者的品牌感知，提升信息处理流畅性，由此获得比采用"小写"更加积极的品牌态度；而当管理者采用"斜体"的品牌文字标识来传递出高效、创新等特征时，若采用相似感知的"小写"也会加强消费者的品牌感知，提升品牌态度。因此，管理者在确定了品牌所要传递的特性后，采用恰当的品牌文字标识将会更有效地获得预期效果。

此外，在消费者视觉注意日益匮乏的时代，如何让其在更短的时间内获取品牌信息也变得日益重要。例如，许多企业正尝试将品牌名称以缩写、省略等更加简洁的形式进行呈现，以便于消费者更高效地处理信息。同样，对于管理者而言，若能将品牌文字标识的视觉特征以一种匹配的形式呈现时，消费者对文字标识所含信息的加工处理速度会越快，因而能更高效地感知品牌传递的个性与形象，品牌态度也更加积极。

5.4　研究局限与未来研究方向

首先，本文虽已证实了品牌文字标识正斜体与大小写在消费者品牌态度上存在显著的交互作用，但已有研究表明，品牌文字标识多方面的视觉特征均会影响消费者的品牌感知（Cian et al.，2014；Xu et al.，2017）。因此，除了品牌文字标识的正斜、大小写特征外，其他视觉特征如粗细、字体、颜色等之间是否存在类似作用，本文并未探究，这可作为未来研究的参考方向。其次，本文各研究中所采用的虚拟品牌标识都相对较短，这是为了排除品牌标识视觉复杂度对结论的可能干扰。尽管 Chan（1990）研究发现，大部分品牌均是以 2~4 音节的形式出现，但在实际情形中，许多外国企业的品牌名称比较复杂，如BALENCIAGA，ESTEE LAUDER 等。通常而言，大写字母往往比小写字母更加难以识别，这可能会降低消费者信息加工处理的流畅性，进而对品牌态度产生影响。因此，未来可拓宽品牌文字标识复杂度与大小写对品牌态度的研究。此外，被试在眼动实验中被要求认真观看刺激物，而在实际情况中，消费者与品牌文字标识接触时更多是处于不经意或无意识的状态，这可能会导致提问效应。未来研究可考虑采用头戴式眼动装置，以一种更加真实自然的方式来考察不同组合特征的品牌文字标识对品牌态度的影响。最后，随着本土品牌的国际化和外来品牌抢占中国市场，越来越多的品牌采用中英文双语标识，已有关于品牌文字标识的研究能否拓宽至双语文字标识领域，也是值得深入研究的重要方向。

◎ 参考文献

[1] 程利，杨治良，王新法．不同呈现方式的网页广告的眼动研究[J]．心理科学，2007，30(3)．

[2] 郭伏，叶国全，李明明等．植入式广告显著度对广告效果影响的眼动研究——以电影植入式广告为例[J]．营销科学学报，2017(4)．

[3] 贾佳，蒋玉石，盛平．碳标签的视觉复杂性对消费者加工流畅性及吸引力的影响研究[J]．营销科学学报，2016，12(3)．

[4] 蒋波，章菁华．1980—2009年国内眼动研究的文献计量分析[J]．心理科学，2011(1)．

[5] 李宝珠，魏少木．广告诉求形式对产品反馈的影响作用：基于眼动的证据[J]．心理学报，2018(1)．

[6] 刘世雄，毕晓培，贺凯彬．网络语言文案对广告注意和感知的影响[J]．心理学报，2017，49(12)．

[7] 施卓敏，郑婉怡．探秘不同认知风格的个体关注广告的差异——广告位置和认知风格对广告效果影响的眼动研究[J]．营销科学学报，2014，10(3)．

[8] 孙瑾，张红霞．服务品牌名字的暗示性对消费者决策的影响——基于服务业的新视角[J]．管理科学，2011，24(5)．

[9] 王求真，姚倩，叶盈．网络团购情景下价格折扣与购买人数对消费者冲动购买意愿的影响机制研究[J]．管理工程学报，2014，28(4)．

[10] 魏华，汪涛，冯文婷等．文字品牌标识正斜对消费者知觉和态度的影响[J]．管理评论，2018(2)．

[11] 魏华，汪涛，周宗奎等．叠音品牌名称对消费者知觉和偏好的影响[J]．心理学报，2016，48(11)．

[12] 吴新辉，袁登华．消费者品牌联想的建立与测量[J]．心理科学进展，2009，17(2)．

[13] 许销冰，陈荣，刘文静．商标的大小写设计对消费者品牌感知的影响[J]．营销科学学报，2016，12(2)．

[14] 周浩，龙立荣．共同方法偏差的统计检验与控制方法[J]．心理科学进展，2004，12(6)．

[15] Batra, R., Ramaswamy, V., Alden, D. L., et al. Effects of brand local and nonlocal origin on consumer attitudes in developing countries[J]. *Journal of Consumer Psychology*, 2000, 9(2).

[16] Boerman, S. C., Reijmersdal, E. A. V., Neijens, P. C. Using eye tracking to understand the effects of brand placement disclosure types in television programs[J]. *Journal of Advertising*, 2015, 44(3).

[17] Cavanagh, K. V., Forestell, C. A. The effect of brand names on flavor perception and consumption in restrained and unrestrained eaters[J]. *Food Quality & Preference*, 2013, 28(2).

[18]　Chan, A. K. K. Localization in international branding [J]. *International Journal of Advertising*, 1990(1).

[19]　Cian, L., Krishna, A., Elder, R. This logo moves me: Dynamic imagery from static images [J]. *Social Science Electronic*, 2014.

[20]　Doyle, J. R., Bottomley, P. A. Mixed messages in brand names: Separating the impacts of letter shape from sound symbolism[J]. *Psychology & Marketing*, 2011, 28(7).

[21]　Foroudi Pantea, Melewar T. C., Gupta S. Linking corporate logo, corporate image, and reputation: An examination of consumer perceptions in the financial setting? [J]. *Journal of Business Research*, 2014, 67(11).

[22]　Geraci, C., Gozzi, M., Papagno, C., et al. How grammar can cope with limited short-term memory: Simultaneity and seriality in sign languages[J]. *Cognition*, 2008, 106(2).

[23]　Goodrich, K. Anarchy of Effects? Exploring attention to online advertising and multiple outcomes[J]. *Psychology & Marketing*, 2011, 28(4).

[24]　Grohmann, B., Herrmann, A., Lieven, T., et al. The effect of brand design on brand gender perceptions and brand preference[J]. *European Journal of Marketing*, 2015, 49(1/ 2).

[25]　Hagtvedt, H. The impact of incomplete typeface logos on perceptions of the firm[J]. *Journal of Marketing*, 2013, 75(4).

[26]　Hansen, J., Wanke, M. Liking what's familiar: The importance of unconscious familiarity in the mere-exposure effect[J]. *Social Cognition*, 2009, 27(2).

[27]　Hayes, A. Introduction to mediation, moderation, and conditional process analysis[J]. *Journal of Educational Measurement*, 2013, 51(3).

[28]　Henderson, P. W., Giese, J. L., Cote, J. A. Impression management using typeface design [J]. *Journal of Marketing*, 2004, 68(4).

[29]　Hoegg, C. J. The future looks "right": effects of the horizontal location of advertising images on product attitude[J]. *Journal of Consumer Research*, 2013, 40(2).

[30]　Janiszewski, C. Preattentive mere exposure effects. [J]. *Journal of Consumer Research*, 1993, 20(3).

[31]　Janiszewski, C., Meyvis, T. Effects of brand logo complexity, repetition, and spacing on processing fluency and judgment[J]. *Journal of Consumer Research*, 2001, 28(1).

[32]　Kahneman, D. Attention and effort[J]. *Englewood Cliffs: Prentice-Hall*, 1973.

[33]　Labrecque, L. I., Milne, G. R. Exciting red and competent blue: The importance of color in marketing[J]. *Journal of the Academy of Marketing Science*, 2012, 40(7).

[34]　Lee, J. W., Ahn, J. H. Attention to banner Ads and their effectiveness: An eye-tracking approach[J]. *International Journal of Electronic Commerce*, 2012, 17(1).

[35]　Lee, M., Faber, R. J. Effects of Product placement in pn-line games on brand memory: A perspective of the limited-capacity model of attention[J]. *Journal of Advertising*, 2007, 36 (4).

[36] Lowrey, T. M., Shrum, L. J. Phonetic symbolism and brand name preference[J]. *Journal of Consumer Research*, 2007, 34(3).

[37] Preacher, K. J., Hayes, A. F. SPSS and SAS procedures for estimating indirect effects in simple mediation models[J]. *Behavior Research Methods Instruments & Computers*, 2004.

[38] Reber, R., Schwarz, N., Winkielman, P. Processing fluency and aesthetic pleasure: Is beauty in the perceiver's processing experience? [J]. *Personality & Social Psychology Review*, 2004, 8(4).

[39] Rompay, V., Thomas, J. L., Pruyn, A. T. H. When visual product features speak the same language: Effects of shape-typeface congruence on brand perception and price expectations [J]. *Journal of Product Innovation Management*, 2011, 28(4).

[40] Schmitt, B. H., Pan, Y., Tavassoli, N. T. Language and consumer memory: The impact of linguistic differences between Chinese and English [J]. *Journal of Consumer Research*, 1994, 21(3).

[41] Schwarz, N. Metacognitive experiences in consumer judgment and decision making[J]. *Journal of Consumer Psychology*, 2004, 14(4).

[42] Shen, H., Jiang, Y., Adaval, R. Contrast and assimilation effects of processing fluency [J]. *Journal of Consumer Research*, 2010, 36(5).

[43] Stoel, L., Im, H., Lennon, S. J. The perceptual fluency effect on pleasurable online shopping experience[J]. *Journal of Research in Interactive Marketing*, 2010, 4(4).

[44] Wedel, M., Pieters, R. Eye fixations on advertisements and memory for brands: A model and findings[J]. *Marketing Science*, 2000, 19(4).

[45] Winkielman, P., Schwarz, N., Fazendeiro, T. A., et al. The hedonic marking of processing fluency: Implications for evaluative judgment[M]//Musch, K. C. Klauer. The psychology of evaluation: Affection processes in cognition and emotion. Mahwah: Lawrence Earlbaum Associates, 2003.

[46] Xu, X., Chen, R., Liu, M. W. The effects of uppercase and lowercase wordmarks on brand perceptions[J]. *Marketing Letters*, 2017, 28.

[47] Zhao, X., Lynch, J., Chen, Q. Reconsidering baron and kenny: Myths and truths about mediation analysis[J]. *Journal of Consumer Research*, 2010, 37(2).

The Impact of Brand Logo Font Feature Combination on Brand Attitude

Li Shan[1]   Zeng Yuan[2]   Zhou Shoujiang[3]

(1, 2, 3 Business School of Sichuan University, Chengdu, 610064)

Abstract: Consumer perception can be affected by single visual features of brand logo, such as shape, color and thickness. Barely any studies have examined the functions of font feature combination of brand logo. Based upon information processing fluency theory, this study explores the influence of font feature combination of brand logo on consumers' brand attitude with two experiments. Results show that there is a significant interaction between the case feature and the slant feature. When using upright (tilted) lettering logo, consumers have less demand of visual attention on uppercase (lowercase), thus represent more positive attitudes. In addition, the effect of font feature combination on consumers' attitude is mediated by visual attention.

Key words: Brand Logo; Upright & Tilted Lettering; Uppercase & Lowercase; Visual Attention; Brand Attitude

专业主编：曾伏娥

基于社交媒体的食品企业品牌认知度挖掘[*]
——社交感知得分算法与应用

刘灵芝[1]　夏强强[2]　肖邦明[3]

（1，2，3　华中农业大学 经济管理学院/湖北农村发展研究中心　武汉　430070）

【摘　要】品牌认知是品牌资产的重要组成部分，但推断品牌认知度的传统方法需要大量手工注释和上下文定制，成本高昂且结果容易过时。研究采用一种全自动、实时性、动态化的全新算法对 128 个食品品牌账户、424 个属性示例账户，共 5500 多万条粉丝数据进行分析，旨在通过企业的社交网络关系推断品牌认知度。研究通过文本分析和因子分析，对食品企业的品牌认知进行识别和细分，使用社交感知得分算法计算出各属性评级，实证检验了各属性评级对产品销量的影响，并将算法的自动评级结果和调研数据进行比较，检验算法的稳健性。结果表明：食品企业的关键认知属性包括营养健康属性、休闲时尚属性、口感属性和绿色安全属性；各感知属性评级均会对产品销量产生正向影响；社交感知得分评级结果与线下调研结果具有显著的相关性，算法具有较强的稳健性。

【关键词】品牌认知度　社交网络挖掘　社交感知得分　感知地图　大数据

中图分类号：F713.50　　文献标识码：A

1. 引言

食品的购买行为可被视为复杂的、高参与度的购买行为（Dawson，2013），而品牌有助于将产品与同类别中的竞争品区分开来（Srinivasan& Till，2002）。在复杂的竞争环境中，形成良好的品牌形象，是食品企业增加销量，提高竞争力的重要战略举措。在这种新形势下，食品企业正在寻求改善其品牌形象的战略方法。品牌认知是品牌形象建设的基础，因为企业依赖消费者对品牌的看法来为营销战略提供信息，了解竞争对手的相对定位（Johnson & Huson，1996；Long et al.，2019）。

如何推断品牌认知度一直是困扰学者和管理人员的重要问题，以往的方法往往是依靠线下调查或其他感知映射手段（Xie et al.，2019），数据收集成本高昂且容易过时。使用非

* 基金项目：国家现代农业产业技术体系专项资金资助项目（CARS-42-28）。

通讯作者：刘灵芝，E-mail：liulingzhi@ mail. hzau. edu. cn。

结构化数据的文本分析技术，需要花费巨额的经费训练神经网络，进行机器学习，而且非结构化文本中的噪声、模糊性以及网络语言快速发展的特质也给文本分析技术带来了巨大挑战(Drury & Roche，2019)。营销管理人员迫切需要一种品牌认知度的测算方法，为理解消费者-品牌关系提供真实、可靠，有前景的数据来源(Culotta & Cutler，2016)。

近年来，营销人员和消费者使用社交媒体的数量激增(Liu & Bakici，2019)，更多的消费者网络足迹为品牌认知挖掘的大数据方法提供了基础材料。在这种背景下，Culotta和Cutler(2016)开发的社交感知得分(social perception score，SPS)提供了一种自动化的大数据流程算法，流程中只需要输入关键字，即可以映射到该关键字的属性上，生成近乎实时的品牌认知评级估计值。

研究使用社交感知得分(SPS)算法，先是通过词频统计，识别出食品消费者关注的18关键属性指标，通过因子分析从中提取出代表消费者对食品企业认知维度的4个关键属性(营养健康、时尚休闲、口感和绿色安全属性)。然后，将评级结果与企业的产品销量进行了多元回归分析，证明了该算法在食品销量预测方面的可行性。最后，研究对社交感知得分算法进行了稳健性检验，通过将SPS属性评级结果和调查数据进行相关性分析，评级结果对示例账户数量和粉丝数量的敏感度测试，发现算法在评估食品行业品牌认知度的过程中具有良好的稳健性。证明了社交感知得分(SPS)算法是食品企业进行品牌认知度测量、产品销量预测的良好工具，为食品企业理解品牌的相对定位，进行社交媒体营销活动提供了理论基础和数据来源。

2. 文献综述

2.1 食品企业品牌建设与社交媒体营销

随着人们生活水平的提高，食品消费观念的转型升级，食品的附加属性和服务的重要性日益凸显，国内食品行业的营销模式正在逐步排除无品牌食品(奚国泉和李岳云，2001)。加之近年来食品安全事故频发，如何增加企业的品牌资产，进行品牌建设从而取得消费者信任，增加产品销量，成为食品企业管理者和业界专家们普遍关心的话题。学者们也做了一些相应的研究。

夏晓平和李秉龙(2011)以羊肉产品为例，通过问卷调查的方法探讨了品牌信任对于消费者的食品消费行为的影响，结果表明随着消费者品牌信任的增加，消费者购买产品的倾向也会显著提高。Banerji等人(2016)以印度的高铁珍珠粟(HIPM)为例，评估了消费者对不同品牌验证的珍珠粟的偏好和信任程度，结果表明消费者更倾向于品牌机构提供的珍珠粟产品。Hobbs和Goddard(2015)的研究表明食品企业的品牌推广活动在提高消费者信任，增加产品销量方面具有积极作用。

以上这些研究都表明，食品企业进行品牌建设和营销推广活动对于增加品牌资产和产品销量方面的重要作用，这主要是因为在食品消费的过程中往往会出现信息不对称的现象，消费者对于食品品质的鉴别很大程度上受到经验的限制。因此，品牌就成了食品消费者可以依赖的重要标识。增强食品企业的品牌和声誉，对促进食品质量信号的有效传递具有重要意义(王秀清和孙云峰,2002)。对于一些知名品牌,它们象征着可以满足消费者对高品质、高质量的追求,因此在吸引消费者和增加销量方面具有独特的优势。

然而,这些研究尚未考虑到互联网和社交媒体在食品企业品牌建设中的重要作用。随着互联网的普及和 Web2.0 时代的到来,食品企业面临着来自社交媒体的多方面机遇与挑战。首先,社交媒体平台的发展为品牌相关的营销活动带来了新的机遇(Plumeyer et al.,2017),社交媒体是食品企业进行品牌宣传的理想工具,它的作用主要体现在以下方面:企业使用社交媒体进行宣传活动,为顾客提供信息和服务;顾客可以通过撰写有关他们消费体验的在线口碑与其他消费者进行互动,对企业进行反馈;社交媒体还是食品企业进行危机管理和风险控制的良好媒介(Hsu & Lawrence,2016)。同时,企业的曝光率对消费者的品牌态度和消费选择也会产生重要影响,有关品牌负面新闻的曝光率会对消费者的购买意向产生严重的负面影响(Aaker,1999),当有关食品企业的负面口碑(例如,食品安全事件的相关口碑)在社交媒体上传播时,对企业将造成严重的负面影响。如何处理好消费者-品牌社交网络关系,做好品牌社交媒体营销,进行社交媒体风险管理成为食品企业不得不面对的重要课题(Stevens et al.,2018;Choudhary et al.,2019)。

在社交媒体加速增长和扩散的推动下,全球消费品牌正在将其广告预算越来越多地转向在线媒体(Chan et al.,2018),近年来,越来越多的食品企业也开始使用社交媒体。在中国,微博平台因具有双向互动、意见反馈和受众广泛等特点受到众多企业青睐,截至2017 年,已有超过 1400 万家品牌入驻微博,微博平台的每月活跃用户达到 3.4 亿(张伟等,2018;Liu & Hu,2019),这也是本次研究通过微博平台进行的主要原因。

基于以上分析,研究认为食品行业的品牌建设对于食品企业增加品牌资产,提高产品销量,增加企业价值等具有十分重要的意义。但是,目前有关食品行业社交媒体品牌建设的研究还十分匮乏。因此,研究从食品行业的品牌建设、社交媒体营销的角度出发,对食品行业的品牌认知度进行细致分析,旨在挖掘食品品牌的相对定位,丰富和发展该领域的相关研究,并为食品企业品牌和社交媒体建设提供建议。

2.2 品牌认知与社交媒体挖掘

有关品牌认知的研究一直是学术和实践领域的重要话题,Lee 和 Watkins(2016)的研究发现消费者在观看了 YouTuBe 网站上的视频之后,对于品牌奢侈属性的认知会显著提高;Salciuviene 等人(2010)的研究证明,当企业用外语来命名品牌时,消费者对品牌的时尚属性认知会显著提高;Favier 等人(2019)探讨了包装的简易或复杂对于香槟品牌的消费者品牌认知度的影响;这些研究专注于探究造成不同消费者品牌认知度的前因,为品牌认知的相关研究做出了巨大贡献,但是目前专注于推进获取消费者品牌认知度方法的研究还十分匮乏。

Fader 和 Winer(2012)开发的基于用户生成内容(UGC)进行社交媒体数据挖掘的方法——文本分析技术,是研究品牌认知的常用方法。另外一种流行的技术是 Sonnier 等人(2011)开发的情绪分析技术,即量化消费者在线表达的有关品牌的总体正面和负面情绪。这两种技术都是基于对用户生成内容(UGC)等非结构化文本数据进行的,在品牌建设和网络数据挖掘领域应用十分广泛,Timoshenko 和 Hauser (2019)使用文本分析技术从用户生成内容中挖掘出消费者需求，Bach 等人（2019）将文本分析技术应用于金融领域的大数据分析。

在数据洪流（data deluge）面前，文本分析技术的重要性不言而喻。然而，近年来却有研究表明：只有 50% 的社交媒体用户主动发布内容（Toubia & Stephen，2013），大多数的帖子来自少数精英用户，而沉默的大多数却会对品牌形象产生重大影响（Wu et al.，2011）。所以，从效果层面来看，这些基于用户生成内容（UGC）的数据，不具有广泛的代表性；从技术层面来看，处理这些数据需要更多的外部数据和上下文定制，需要大量的手工操作和经费支撑，另外，网络语言快速发展的特质也给文本分析技术带来了巨大的挑战。文本分析技术的这些局限成为研究人员探索新信息源的动因。

已有研究表明品牌社交媒体的粉丝构成能够反映出并影响到品牌形象（Kuksov et al.，2013）。结合这种观点 Culotta 和 Cutler（2016）基于 Twitter 社交媒体平台，对来自多个行业的 200 多个品牌进行研究，测量了它们的绿色、奢侈和营养属性的感知评级，并将评级结果与调查数据进行对比，验证了算法的稳健性。近两年来，社交感知得分（SPS）算法受到品牌建设和网络营销领域研究人员的广泛关注，Gitto 和 Mancusoc（2019）使用 SPS 算法对 118 个机场品牌的 Twitter 账户进行聚类分析，识别了机场在客户感知中的处境和相对定位。Blasi 等人（2020）使用 SPS 算法挖掘了奢侈品行业的绿色和时尚感知属性的评分，并证实了奢侈品的绿色属性和时尚属性具有相互融合的趋势。该方法经过了理论和实证的检验，被认为是一种可靠高效的品牌认知评级方法。

但是，目前国内外使用社交感知得分（SPS）算法的研究尚未涉及食品行业和微博平台。而且，以往的研究是对研究者感兴趣的产品属性进行测量，往往忽略了哪些属性是消费者真正关心的。综上所述，鉴于食品企业品牌建设的重要性，社交媒体在品牌建设中的重要作用，感知映射和非结构化文本数据推断品牌认知度的局限性，以及 SPS 方法的优越性，研究借鉴 Culotta 和 Cutler(2016) 开发的社交感知得分（SPS）算法，将其推广到食品行业和微博平台，通过对 128 个食品企业官方微博账户和 424 个属性示例账户进行社交网络挖掘，使用文本分析和因子分析识别和细分消费者关心的食品品牌的关键属性，探讨了属性评级在产品销量预测方面的作用，并使用线下数据对评级结果进行了稳健性检验。

3. 研究方法和数据来源

3.1 社交感知得分方法论

社交感知得分（social perception score，SPS）评级高低主要依赖于品牌账户与示例账户的相似程度，分数越高表示品牌与示例账户的相似性越高，品牌与属性之间存在越强烈的感知关系。换言之，算法的核心假设为：品牌的社交感知得分越高，消费者就越强烈地将品牌与该属性联系起来。该方法的思路可以表示为图 1：

社交感知得分算法可以分为四步：（1）输入：B——品牌账户（如@ ZHY 官方微博）和 Q——属性查询句柄（如"时尚"）；（2）收集示例账户：使用微博检索功能，检索出示例账户 E_i 的列表，这些示例账户反映了特定的感知属性；（3）收集粉丝：收集品牌官方微博

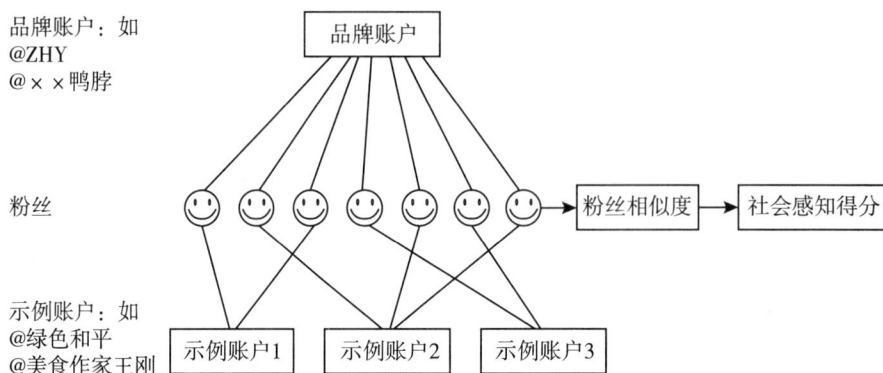

品牌账户：如
@ZHY
@××鸭脖

粉丝

示例账户：如
@绿色和平
@美食作家王刚

图 1　社交感知得分方法概观

的粉丝集合 F_B，收集示例账户的粉丝集合 F_E；（4）计算粉丝相似度：计算品牌粉丝集合 F_B 和示例账户粉丝集合 F_E 之间的相似度，返回品牌特定属性社交感知得分——SPS（B，E）。

基于相关实证研究和理论基础，社交感知得分算法采用了 Jaccard 指数来计算品牌账户和示例账户的相似性，Jaccard 指数被证实可以很好地表示集合相似性。将 F_B 定义为食品品牌（B）的粉丝集合，F_E 定义为示例账户（E）的粉丝集合。这里的 Jaccard 指数是指同时关注品牌账户（B_i）和示例账户（E_i）的粉丝数量，与仅关注品牌账户（B_i）或示例账户（E_i）的粉丝数量的比率，见式（1）。

$$J(F_B,\ F_E) = \frac{|\ F_B \cap F_E\ |}{|\ F_B \cup F_E\ |} \tag{1}$$

Culotta 和 Cutler（2016）提出与大众样本相比，小众样本更能反映两个集合的相似性（例如：时尚属性的一个示例账户@ angelababy 拥有 1 亿粉丝，相比之下，另一个示例账户@ 时尚小公举，只拥有 405 万的粉丝，同时关注@时尚小公举和品牌 B 的用户比同时关注@ angelababy 和品牌 B 的用户，提供了更强的相似性证据）。结合这种观点，研究将粉丝量较小的示例账户称为"利基示例账户"，反之称为"流行示例账户"，然后对示例账户进行了加权处理，使相似性与粉丝数量成反比，算法见式（2）：

$$\text{SPS}(A_i,\ E) = \sqrt{\frac{\sum_{E_i \in E} \dfrac{1}{|\ F_{Ei}\ |} J(F_B,\ F_E)}{\sum_{E_i \in E} \dfrac{1}{F_{Ei}}}} \tag{2}$$

3.2　数据来源

3.2.1　自变量

研究实证部分的核心内容是检验品牌认知度对产品销量的影响。自变量为 128 家企业的 18 个属性指标中提取的 4 个关键属性的评级结果。自变量的计算需要进行品牌账户选择，示例属性选择和示例账户选择以及粉丝采集等操作，具体步骤如下所述：

(1)品牌账户选择。2015 年第十二届全国人民代表大会常委会第十四次会议修订的《中华人民共和国食品安全法》中阐述"食品"的含义为：食品，指各种供人食用或者饮用的成品和原料以及按照传统既是食品又是中药材的物品，但是不包括以治疗为目的的物品。这也为研究选取食品企业样本提供了依据，参考 CNPP 品牌数据库统计的食品品牌，研究从国内外证券交易所"食品饮料"板块上市的企业中选取开设有微博账号的上市企业 128 家。在选择品牌账户(B_i)的过程中，研究通过手动验证匹配结果，摒弃微博活动不活跃的品牌账户(不活跃被定义为：少于 1000 个粉丝和 20 条推文的品牌官方微博)。如果一个品牌设置有多个账户，研究会选择品牌的官方微博账户；如果在多个账户中没有定义哪一个为官方账户，则选择粉丝量最多的账户来代表品牌的官方账户。

(2)示例属性选择。研究使用 Pyhon3.7selenium 模拟爬虫技术，从微博中采集有关"食品"这一关键词的在线口碑 8000 多条，然后使用 Pyhon3.7jieba 等中文文本分词库进行文本清洗、分词处理和词频统计，从中提取了消费者最关注的有关食品的 18 个属性指标，并通过 SPS 算法计算出了这些指标的属性评级，然后进行了因子分析，提取 4 个属性因子作为反映食品行业品牌认知度的关键属性，因子分析结果见 4.1 节。

(3)示例账户选择。研究使用的方法是输入表示属性的查询词(例如："环境""环保""绿色""生态"等)，微博查询将返回查询列表，方法程序会遍历前 50 个列表，保留至少出现在两个关键词查询列表中的账户作为示例账户。

(4)粉丝采集。在选择品牌账户(B_i)和示例账户(E_i)的粉丝时，为了减少误差，研究限定收集 2019 年 1 月 1 日的微博数据，研究使用的所有品牌账户(B_i)和示例账户(E_i)的粉丝都更新到当天。研究使用 Python 的 requests，person，json 库编写了一套自动化的模拟爬虫脚本，对 128 品牌账户和 424 个示例账户的粉丝进行采集，共采集了 5521 万条粉丝 ID(对于每个示例账户，我们最多收集 10 万个微博粉丝 ID)，具体粉丝分布情况如表 1 所示。

表1 各类账户的基本信息

账户类型	样本数	粉丝数
品牌账户	128	38263109
营养健康类属性	104	3678215
时尚休闲类属性	72	2197638
口感类属性	104	5630189
绿色安全类属性	144	5443728
总计	552	55212879

(5)社交感知得分计算。在确定了要测量的有关食品的 18 个属性指标之后，研究利用社交感知得分算法(SPS)对各属性指标的得分进行了测算，算法详情见式(1)，式(2)。如 4.1 节所示，研究对这 18 个属性指标进行了因子分析，从中提取出了 4 种关键属性，

并将这四种关键属性的评级结果作为研究的自变量对产品销量进行了回归分析。

3.2.2 其他变量

（1）因变量和控制变量。因变量为产品销量，通过采集上市公司披露的 2018 年度的财务数据获得，为了剔除企业规模对于销量的影响，研究使用的产品销量指标是主营业务收入和总资产的比值。研究采用了微博的明星代言、微博账户等级作为控制变量。微博的明星代言是通过查看各个品牌的官方微博是否存在明星代言的元素，如果存在明星代言记做"1"，没有则记做"0"；账户等级是指品牌官方微博的账户等级。

（2）调查数据。为了验证社交感知得分（SPS）算法的稳健性，研究人员在北京、上海、广州等地通过线下问卷的方式对消费者进行了 620 份问卷调查，其中有效问卷 578 份，回收率达到 93.2%。在进行基本的个人情况调查之后，研究人员不会直接询问受访者是否在微博上关注品牌，受访者会被问及是否可以识别出品牌，并对他们能够识别出的品牌进行打分，每个属性的分数从 1 分到 5 分不等，分数越高表示品牌与感知属性的一致性程度越高，每个参与者能够识别的品牌从 28 个到 55 个不等。品牌识别率从××可乐、YL 等品牌的 100%，到 ZZD、YLT 等不足 10%，总体平均识别率为 82%。研究将线下调查中受访者对每个品牌的每个属性评分取平均值，表示该品牌该属性的线下调查得分，最后保留了 128 个食品品牌样本，问卷调查的描述性统计特征如表 2 所示。

表 2 问卷调查变量的描述性统计特征

变量	均值	标准差
性别	1.58	0.49
年龄	2.75	1.06
受教育程度	3.62	0.98
家庭月收入	2.63	1.25
家庭人数	3.94	1.26
家中是否有老人	1.38	0.49
家中是否有婴儿	1.64	0.48

注：性别：男 = 1，女 = 2；年龄：1 到表示"00 后"到"40 后"；受教育程度：1 到 5 分别表示"小学及以下"到"研究生及以上（含在读）"；家庭月收入：1 到 5 分别表示"3000 元及以下"到"12000 以上"；家中是否有老人（婴儿）：1 表示"有"，0 表示"没有"。

4. 实证分析

4.1 因子分析

研究为了确定能够反映食品企业品牌认知的关键属性，更好地起到产品销量预测效果，采集了微博上有关"食品"这个话题的 8000 多条在线口碑，对在线口碑文本进行清洗之后进行了分词处理和词频统计，得到了出现频率最高的 18 个属性指标，然后计算了 128 家食品企业的 18 个属性指标的 SPS 评级结果。为了从这些属性中提取共性因子，简化数据，研究对各属性进行综合评价和理论概括，并使用 IBM SPSS Statistics 25 统计软件对这 18 个属性进行了因子分析。

在对数据进行了无量纲化处理之后，对各指标进行了 KMO 分析，KMO 值=0.85 大于 0.5，说明数据适合进行因子分析。由表 3 可知，对数据进行归一化处理之后，提取方差贡献率在 90% 以上的因子，旋转后的特征根均大于 1，累积方差贡献率达到了 89.12%，因此可以通过提取前 4 个因子来代替原来的 18 个指标。

表 3　　　　　　　　　　　　　　特征根与方差贡献率

成分	初始特征值			提取载荷平方和			旋转载荷平方和		
	特征根	方差百分比	累积%	特征根	方差百分比	累积%	特征根	方差百分比	累积%
1	9.90	54.98	54.98	9.90	54.98	54.98	5.70	31.64	31.64
2	3.09	17.15	72.13	3.09	17.15	72.13	4.40	24.47	56.11
3	2.02	11.25	83.37	2.02	11.25	83.37	3.25	18.07	74.18
4	1.04	5.75	89.12	1.04	5.75	89.12	2.69	14.94	89.12

提取方法：主成分分析法

为了使指标能够更好地解释因子，研究又做了旋转因子载荷分析，如表 4 所示，指标 X1~X9 很大程度上体现成分 1，反映了消费者对于食品的营养绿色属性的偏爱，因此研究将"营养健康属性"作为一个关键属性；指标 X10~X13 反映了消费者对于食品的休闲时尚属性的追求，因此研究的第二个属性为"时尚休闲属性"；指标 X14~X15 体现了成分 3，反映了消费者对食品口感的追求，因此"口感属性"成为本次研究的第三个关键属性；X16~X18 在很大程度上体现了成分 4，反映了消费者对于食品的安全绿色属性的追求，因此本次研究要测量的食品行业的第四个关键属性为"绿色安全属性"。最后，研究根据每个因子的方差贡献率计算出了每个属性因子的综合得分。

表 4　　　　　　　　　　　　　　旋转后的因子载荷矩阵

指标	成分			
	1	2	3	4
X1：健康	0.881	−0.254	0.176	0.097
X2：营养	0.854	0.344	0.248	−0.082
X3：养生	0.750	0.427	0.351	0.048
X4：减肥	0.744	0.445	0.179	−0.334

指标	成分			
	1	2	3	4
X5：健身	0.732	0.629	−0.016	−0.177
X6：医疗	0.716	0.302	0.483	−0.249
X7：运动	0.662	0.157	0.642	0.116
X8：快乐	0.652	0.200	0.486	0.228
X9：保健	0.645	0.496	0.479	0.108
X10：精致	−0.031	0.923	0.238	0.129
X11：奢侈	−0.214	−0.827	0.164	0.427
X12：时尚	0.523	0.796	0.131	0.113
X13：休闲	0.433	0.713	0.462	−0.002
X14：美食	0.270	−0.053	0.896	0.208
X15：吃货	−0.361	−0.384	−0.681	0.083
X16：安全	−0.115	−0.121	−0.266	0.909
X17：环保	0.016	−0.080	0.276	0.873
X18：生活	0.142	0.442	0.406	0.734

综合以上因子分析结果和前人研究，本次研究将食品行业的关键属性锁定为：营养健康属性，时尚休闲属性，口感属性和绿色安全属性。这为接下来计算各品牌属性感知得分评级和用这些关键属性的品牌认知度去预测产品销量打下了基础。

4.2 属性评级结果与产品销量

研究对通过因子分析得到的每个因子的方差贡献率进行计算得到了每个属性的 SPS 属性评级。为了探究这些关键属性对于产品销量的影响，研究按照如下模型对数据进行了多元回归分析：

$$\text{Sale}_i = \alpha_0 + \beta_1 \text{NH}_i + \beta_2 \text{FC}_i + \beta_3 \text{TA}_i + \beta_4 \text{GS}_i + \varphi_1 \sum \text{control} + \mu_i$$

其中 Sale_i 表示第 i 家食品企业的 2018 年度的主营业务收入和总资产的比值；NH_i，FC_i，TA_i，GS_i，分别表示第 i 家企业的营养健康属性评级，时尚休闲属性评级，口感属性评级以及绿色属性评级；$\varphi_1 \sum \text{control}$ 是控制变量，主要包括官方微博的明星代言和账户等级两个指标，回归结果如表 5 所示。

表 5 　　　　　　　　　　　　　　　　　多元回归结果

变　　量	相关系数	显著性
截距项		0.000
营养健康属性评级	0.972 ***	0.000
时尚休闲属性评级	0.173 **	0.006
口感属性评级	0.437 **	0.001
绿色安全属性评级	0.930 ***	0.000
账户等级	−0.017	0.781
明星代言	0.071	0.249

注：*，**，***分别表示在 0.05，0.01，0.001 的水平上显著；$R^2 = 0.572$，$\Delta R^2 = 0.550$。

由表 5 的多元回归结果可知，在控制了账户等级、明星代言和企业规模之后，营养健康属性和绿色安全属性评级与产品销量的回归系数分别为 0.972 和 0.930，在 0.001 水平上显著；时尚休闲属性评级和口感属性与产品销量的回归系数分别为 0.173 和 0.437，在 0.01 的水平上显著。总体而言，$\Delta R^2 = 0.550$ 说明整体模型较高的解释力度，4 个属性指标与产品销量的回归系数都为正数且具有显著性，说明营养健康、时尚休闲、口感和绿色安全的属性评级均会对产品销量产生显著的正向影响。相比之下，营养健康属性和绿色安全属性的系数值要明显高于口感属性和绿色安全属性的系数值，对产品销量的影响较大。

5. 稳健性检验

5.1　SPS 评级结果对示例账户数量的敏感性

研究考虑到示例账户（E_i）的样本量对 SPS 评分准确性的影响，一般认为示例账户的样本量越大，SPS 评分的准确性越高，越不容易受到样本选择的影响。为此研究选择示例账户样本的随机子集，使用不同比例的子集样本数量得到社交感知得分与调查结果进行 Pearson 相关性分析，得到各属性的 SPS 结果与调查结果的平均相关系数如表 6 所示。

表 6 　　　　　　不同示例属性样本量下 SPS 结果和调查结果的 Pearson 相关分析

	10%	20%	30%	40%	50%	60%	70%	80%	90%	100%
sur-sps 营养健康	0.11	0.42	0.63	0.58	0.73	0.73	0.68	0.67	0.66	0.71
示例样本数	10	21	31	42	52	62	73	83	94	104
sur-sps 时尚休闲	0.35	0.23	0.46	0.51	0.69	0.71	0.69	0.65	0.63	0.62
示例样本数	7	14	22	29	36	43	50	58	65	72
sur-sps 口感属性	0.81	0.58	0.67	0.78	0.86	0.83	0.81	0.82	0.84	0.84

	10%	20%	30%	40%	50%	60%	70%	80%	90%	100%
示例样本数	10	21	31	42	52	62	73	83	94	104
sur-sps 绿色安全	0.43	0.42	0.53	0.62	0.59	0.60	0.61	0.62	0.61	0.63
示例样本数	14	29	43	58	72	86	101	115	130	144
平均相关系数	0.43	0.41	0.57	0.62	0.72	0.72	0.70	0.69	0.69	0.70

从表 6 中可以看出，随着示例账户样本量的增加，SPS 值和调查结果的相关系数趋于增加，SPS 值的质量趋于增加，然而在属性示例账户到达 50%~60%（平均每个属性 53~64 个示例账户）相关性达到最高，额外的样本量并没有使相关系数显著变高。当样本量在 10 个左右的时候相关性可能非常高，但结果并不稳定，各属性间存在较大的差异。总的而言，随着属性示例账户的样本量扩大，SPS 评分的质量在不断变高，在到达一定的数量之后，额外的样本量并不必要。

本次研究使用了 424 个（100%）示例账户，营养健康、时尚休闲、口感和绿色安全的线上线下属性评级结果的相关系数分别为 0.71，0.62，0.84，0.63，平均相关系数为 0.70，都在 0.5 以上，因此可以认为线上线下的评级结果具有显著的正相关关系。

5.2　SPS 评级结果对粉丝数量的敏感性

在本节中，研究继续探讨 SPS 评分质量如何随着示例账户粉丝量的变化而变化。研究认为"利基示例账户"比"流行示例账户"提供更强的相似性证据。为了验证这种假设，本节将按照粉丝数量来过滤样本，根据粉丝数量将样本分为｛0~10K，10K~25K，25K~40K，40K~50K｝四组，然后按照分组，计算出每个属性使用不同组别示例账户的 SPS 评分（例如：从绿色安全属性示例账户中挑选出粉丝量在 0~10K 的账户，分别计算出每个品牌的 SPS 评分），将其与调查结果进行相关性分析，结果如表 7 所示。

表 7　　　　不同示例账户粉丝量的 SPS 评分和调查结果的 Pearson 相关性分析

	0~10K	10K~25K	25K~40K	40K~50K
sur-sps 营养健康	0.62	0.81	0.71	0.74
sur-sps 时尚休闲	0.46	0.69	0.76	0.73
sur-sps 口感属性	0.65	0.78	0.67	0.67
sur-sps 绿色安全	0.51	0.67	0.72	0.71
平均相关系数	0.56	0.74	0.72	0.71

从表 7 中不难看出，示例账户粉丝量越多对 SPS 评分的预测能力未必越强，这也与 Culotta 和 Cutler（2016）的结论一致。示例账户粉丝量有一个"甜蜜点"，在这一点上示例账户有足够的粉丝量来计算可靠的品牌属性评级。正如表 7 所示，当粉丝量在 10K~25K 时

达到这个"甜蜜点"，相关系数最高(0.74)，在这个区间内的示例账户最具有预测力，这也证明了算法使用示例账户粉丝数的倒数作为权重计算社交感知得分(SPS)更加准确。

6. 结论和启示

6.1 研究结论

本次研究采用了一种从社交媒体中挖掘食品品牌认知度的全新算法，这种全自动、动态化的算法提供了比传统的感知映射方法更加高效、实时、低成本的替代方案。食品企业可以更加高效地明确自己和竞争对手在消费者心目中的相对定位，为营销策略的制定和产品销量的预测提供依据。

文本分析和因子分析的结果表明：消费者关注的有关食品的 4 个关键属性，包括营养健康属性、休闲时尚属性、口感属性和绿色安全属性，这些关键属性构成食品企业品牌认知度的各个维度。事实上，这些属性的选择也能从以往的研究和理论中找到依据。何德华等(2014)的研究表明，消费者对食品质量和安全状况的预期会对其购买意愿产生显著的影响，食品的营养、健康属性作为食品的重要质量指标，会对食品的销量产生重要的影响。Woo 和 Kim(2019)多维建构应用四种绿色感知价值(GPV)形式，结果表明绿色感知价值(GPV)对食品消费者的购买意愿和购买态度产生积极影响，随着绿色消费观念深入人心，人们在消费的过程中或许会考虑食品的绿色属性。同时，Woo 和 Kim(2019)还通过计算机辅助的个人访谈探讨了与食品安全相关的感知风险、责任和控制。结果表明，消费者(尤其是高年龄段消费者)对食品安全风险的厌恶、责任感和控制食品安全风险的意愿对他们进行食品购买行为和意愿的影响十分显著。刘灵芝等人(2018)使用文本分析技术探究了熟食产品在线口碑的数量和极性，证明熟食产品的口感属性对产品销量产生显著的正向影响。孙邦平(2005)所做的调查表明食品消费的方向是休闲化、时尚化，"休闲的就是时尚的"已经成为消费者的共识。

品牌认知度与产品销量的回归结果表明：社交感知得分结果对产品销量具有一定的预测作用。4 个关键属性对产品销量的重要影响说明了，食品企业在追求提高食品口感进行休闲化、时尚化包装的同时，也应该注重食品安全、健康、绿色等方面的投资。食品企业应该重视社会责任建设，加强食品安全监管，减少食品浪费，注重实用环保材料，以此提高消费者对企业相关属性的认知，增加企业价值。

社交感知得分算法的稳健性检验结果表明：社交感知得分的评级结果和线下调查结果具有显著的相关性，评级结果没有受到属性示例账户的数量，属性示例账户粉丝量的显著影响，该算法在评估食品行业的品牌认知度方面具有良好的稳健性。在 Web2.0 和社交媒体快速发展的今天，网络上有大量的消费者足迹，如何利用好这些消费者足迹，绘制消费者群体的用户画像，对于食品企业的营销策略制定和产品销量提升至关重要，社交感知得分算法的诞生为企业和研究者进一步利用和挖掘用户足迹提供了良好的算法工具。

6.2　研究意义

研究的理论意义在于：首先，本次研究丰富了食品行业消费者品牌认知度的相关文献，迄今为止，食品行业品牌认知度的研究主要通过问卷调查和文本分析的方法，相比之下，本次研究不仅考虑了食品行业的特殊属性，还为食品品牌的品牌认知测量提供了一种高效可靠的替代方案。其次，以往研究在使用社交感知算法时，往往是对研究者感兴趣的产品属性直接进行预测，本次研究在继承 SPS 算法的基础上，将文本分析技术和社交网络技术相结合，从在线口碑中提取消费者感兴趣的食品属性指标，然后进行因子分析，使属性指标来源更具有代表性。最后，以往社交感知得分算法主要立足于国外社交媒体平台（如 Twitter，Facebook），现存的食品企业社交媒体营销的文献匮乏，而在微博平台快速发展，食品购买行为品牌化的今天，研究将社交感知得分算法推广到食品行业和微博平台，为进一步丰富品牌认知度挖掘和食品行业网络营销的相关研究做出了贡献。

研究的实践意义在于：区别于现存的感知映射方法，社交感知得分算法是基于结构化数据的社交网络分析方法，它为食品企业的品牌认知度测量提供了一种全新思路和信息源。无论是学者还是市场营销经理只需要在 Python 程序脚本中输入自己想要测量的品牌微博账户 ID 和感知属性句柄，就可以得到对应的属性评级结果，所以 SPS 算法是传统启发式算法的良好替代方案，是食品企业预测品牌认知度的有效手段。其次，研究结果为食品企业确定自身产品和竞争对手的相对定位，制定适合自身定位的营销策略提供依据。最后，研究建议食品企业在注重食品的口感、时尚化、休闲化包装的同时，更应该在食品安全、可持续发展方面进行投资，提高消费者对相关属性的认知，从而增加企业的品牌资产和企业价值。

6.3　研究局限与展望

本次研究还存在如下局限，希望在未来能够进一步地完善这些不足之处。首先，社交感知得分算法本身存在一些限制，比如：只能对开设有社交媒体账号的品牌进行研究；有些关键词属性无法使用该算法进行估计。其次，搜集品牌账户和示例账户的过程中，微博平台粉丝真伪的鉴别十分困难，不排除一些账户存在虚假粉丝的现象，如何对这些粉丝进行真伪鉴别还需要进一步的研究，但在大规模数据的分析下，这些问题对 SPS 最终结果的影响并不明显。最后，本次研究选择的样本是来自食品行业的上市企业，并从多个维度测量其品牌认知度，由于涉及的食品种类繁多，受访者无法从一个维度对品牌认知度进行综合评价，导致各属性评级在总体品牌认知度中的权重无法确定，所以研究在 4.2 节研究检验了 SPS 属性评级与产品销量的关系，回归系数的大小在一定程度上也可以体现出各属性在消费者心目中的权重。事实上，社交感知得分算法的初衷就在于从不同维度、不同属性上找到企业自身和竞争对手的相对定位。

为了克服算法本身的局限性，研究使用文本分析和社交网络分析相结合的手段，以提高预测的准确性和可靠性。相比较于先前的研究，本次研究在关键属性的选择上使用文本分析和因子分析的方法，提高了属性选择的可靠性和代表性。本次研究只是为社交感知得分算法打开了食品行业和微博平台的大门，今后的研究可以围绕更多的产品属性展开，结合具体产品的特性，进行具体分析，依据不同的产品类型识别消费者所关心的产品属性；同时还可以将这种方法推广到更多的社交网络平台，在其他领域有更多的突破。

◎ 参考文献

[1] 何德华，韩晓宇，李优柱. 生鲜农产品电子商务消费者购买意愿研究[J]. 西北农林科技大学学报，2014，14(4).

[2] 刘灵芝，胡天娇，肖邦明. 熟食品消费的网络评论对线上销量的影响研究——以水禽熟食产品为例[J]. 中国农业大学学报，2018，23(05).

[3] 孙邦平. 食品产业新方向——食品时尚化[J]. 中外食品，2005(12).

[4] 王秀清，孙云峰. 我国食品市场上的质量信号问题[J]. 中国农村经济，2002(5).

[5] 奚国泉，李岳云. 中国农产品品牌战略研究[J]. 中国农村经济，2001(9).

[6] 夏晓平，李秉龙. 品牌信任对消费者食品消费行为的影响分析——以羊肉产品为例[J]. 中国农村观察，2011(4).

[7] 张伟，李晓丹，郭立宏. 不同微博营销渠道对产品销量的影响研究：品牌自有媒体 VS 第三方媒体的路径对比[J]. 南开管理评论，2018，21(2).

[8] Aaker, J. L. The malleable self：The role of self-expression in persuasion[J]. *Journal of Marketing Research*，1999，36(1).

[9] Bach, M. P., Krstić, Ž., Seljan, S., Turulja, L. Text mining for big data analysis in financial sector：A literature review[J]. *Sustainability*，2019，11 (5).

[10] Banerji, A., Birol, E., Karandikar, B., et al. Information, branding, certification, and consumer willingness to pay for high-iron pearl millet：Evidence from experimental auctions in Maharashtra, India[J]. *Food Policy*，2016，62.

[11] Blasi, S., Brigato, L., Sedita, S. R. Eco-friendliness and fashion perceptual attributes of fashion brands：An analysis of consumers' perceptions based on twitter data mining[J]. *Journal of Cleaner Production*，2020；244.

[12] Chan, T. H., Chen, R. P., Tse, H. C. How consumers in China perceive brands in online and offline encounters a framework for brand perception [J]. *Journal of Advertising Research*，2018，58(1).

[13] Choudhary, S., Nayak, R., Kumari, S., et al. Analysing acculturation to sustainable food consumption behaviour in the social media through the lens of information diffusion[J]. *Technological Forecasting & Social Change*，2019(145).

[14] Culotta, A., Cutler, C. Mining brand perceptions from twitter social networks[J]. *Market Science*，2016，35 (3).

[15] Dawson, J. Retailer activity in shaping food choice[J]. *Food Quality and Preference*，2013，28(1).

[16] Drury, B., Roche, M. A survey of the applications of text mining for agriculture [J]. *Computers and Electronics in Agriculture*，2019，163.

[17] Fader, P. S., Winer, R. S. Introduction to the special issue on the emergence and impact of user-generated content[J]. *Market Science*, 2012, 31(3).

[18] Favier, M., Celhay, F., Pantin-Sohier, G. Isless more or a bore? Package design simplicity and brand perception: An application to champagne[J]. *Journal of Retailing and Consumer Services*, 2019(46).

[19] Gitto, S., Mancusoc, P. Brand perceptions of airports using social networks[J]. *Journal of Air Transport Management*, 2019(75).

[20] Hobbs, J. E., Goddard, E. Consumers and trust. [J]. *Food policy*, 2015(52).

[21] Hsu, L., Lawrence, B. The role of social media and brand equity during a product recall crisis: A shareholder value perspective[J]. *International Journal of Research in Marketing*, 2016, 33(1).

[22] Johnson, M. D., Hudson, E. J. On the perceived usefulness of scaling techniques in market analysis[J]. *Psych. Marketing*, 1996, 13(7).

[23] Kuksov, D., Shachar, R., Wang, K. Advertising and consumers' communications[J]. *Marketing Science*, 2013, 32(2).

[24] Lee, J. E., Watkins, B. YouTube vloggers influence on consumer luxury brand perceptions and intentions[J]. *Journal of Business Research*, 2016, 69(12).

[25] Liu, X. J., Hu, W. Attention and sentiment of Chinese public toward green buildings based on Sina Weibo[J]. *Sustainable Cities and Society*, 2019(44).

[26] Liu, Y., Bakici, T. Enterprise social media usage: The motives and the moderating role of public social media experience. [J]. *Computers in Human Behavior*, 2019(101).

[27] Long, Z., Axsen, J., Miller, I., et al. What does Tesla mean to car buyers? Exploring the role of automotive brand in perceptions of battery electric vehicles [J]. *Transportation Research Part A*, 2019(129).

[28] Plumeyer, A., Kottemann, P., Böger, D., et al. Measuring brand image: A systematic review, practical guidance, and future research directions [J]. *Review of Managerial Science*, 2017.

[29] Salciuviene, L., Ghauri, P. N., Streder, R. S., et al. Do brand names in a foreign language lead to different brand perceptions? [J]. *Journal of Marketing Management*, 2010, 26(11-12).

[30] Sonnier, G. P., McAlister, L., Rutz, O. J. A dynamic model of the effect of online communications on firm sales[J]. *Market Science*, 2011, 30(4).

[31] Srinivasan, S. S., Till, B. D. Evaluation of search, experience and credence attributes: role of brand name and product trial[J]. *Journal of Product & Brand Management*, 2002(7).

[32] Stevens, T. M., Aarts, N., Termeer, C. J. A. M., et al. Social media hypes about agro-food issues: Activism, scandals and conflicts[J]. *Food Policy*, 2018(79).

[33] Timoshenko, A., Hauser, J. R. Identifying customer needs from user-generated content identifying customer needs from user-generated content[J]. *Market Science*, 2019, 38(1).

[34] Toubia, O., Stephen, A. T. Intrinsic vs. image-related utility in social media: Why do people contribute content to Twitter? [J]. *Market Science*, 2013, 32(3).

[35] Woo, E., Kim, Y. J. Consumer attitudes and buying behavior for green food products from the aspect of green[J]. *British Food Journal*, 2019, 121(2).

[36] Wu, S., Hofman, J. M., Mason, W. A., et al. Who says what to whom on twitter[C]. Proceedings of the 20th International Conference on World Wide Web, 2011.

[37] Xie, X., Fu, Y., Jin, H., et al. A novel text mining approach for scholar information extraction from web content in Chinese[J]. *Future Generation Computer Systems*, 2019.

Brand Recognition of Food Companies Based on Social Media
—Social Perception Scoring Algorithm and Application

Liu Lingzhi[1]   Xia Qiangqiang[2]   Xiao Bangming[3]

(1, 2, 3 Huazhong Agricultural University, School of Economics and Management/Hubei Rural Development Research Center, Wuhan 430070, China)

Abstract: Brand recognition is an important part of brand equity. Through factor analysis, the research breaks down the brand awareness of food companies into perceived attributes such as nutrition health, fashion leisure, taste and green safety, and analyzes the advantages and disadvantages of the brand. Traditional methods of inferring brand awareness require a lot of manual annotation and contextual customization, which are costly and the results are easily outdated. This paper adopts a fully automatic, real-time, dynamic new algorithm to analyze 128 food brand accounts, 424 property sample accounts, and more than 55 million fan data, and infer brand recognition through brand social network relationships. The empirical test examines the impact of each attribute score on product sales, and compares the automatic rating results of the algorithm with the survey data to verify the reliability of the algorithm. The results show that each perceived attribute rating will have a positive impact on product sales; the algorithm provides a reliable and efficient method for inferring the brand awareness of food companies and predicting sales of food companies for consumer-brand socialization. Further research on network relations laid the foundation.

Key words: Brand recognition; Social network mining; Social perception score; Perceived map; Big data

专业主编：曾伏娥

消费者安全认证农产品购买意愿研究[*]

——基于拓展的计划行为理论模型

王建华[1]　高子秋[2]　陈　璐[3]

（1，2　江南大学商学院　无锡　214122；3　东北农业大学文法学院　哈尔滨　150030）

【摘　要】本文基于江苏省和安徽省两省的844个调查对象的调查数据，以安全认证猪肉为例，结合态度-行为-情境理论和感知价值理论形成计划行为理论的拓展模型，利用结构方程模型深度挖掘不同影响因素对消费者的安全认证猪肉消费行为意愿的作用机制，尤其是利用多组间分析检验了情境因素在消费者安全认证猪肉购买行为意愿形成过程中的调节作用。分析结果显示消费者的行为态度、主观规范、知觉行为控制以及感知价值对于行为意愿呈现正向影响，感知价值对于行为态度以及主观规范也存在显著的正向影响。在多群组分析中指出，购买便利性、可获得性以及价格三个外部情境因素对于消费者购买安全认证猪肉的调节作用非常显著，且调节的影响程度不同。

【关键词】消费决策行为　安全认证　产地信息　计划行为理论

中图分类号：F322　　文献标识码：A

1. 引言

猪肉是我国民众消费最多的肉类商品，消费量占肉类消费总量的60%。但近年来，"注水肉""毒火腿""瘦肉精""病死猪"等猪肉安全风险事件不断考验着消费者的承受能力和对猪肉安全的信心（汪爱娥，2016）。在食品市场中还存在着严重的信息不对称问题，质量高、安全性强的食品逐渐被质量差的不安全食品以"劣币驱逐良币"的形式逐出了市场（丁亦岑等，2012）。第三方认证则基于向消费者传递商品的属性信息缓解信息不对称

---

* 基金项目：国家自然科学基金面上项目"农业生产者安全生产政策的实验评估及其组合设计：以病死猪无害化处理为例"（项目批准号：71673115）；国家重点研发计划重点专项"食品安全风险分级评价与智能化监督关键技术研究"（项目批准号：2018YFC1603300）；国家重点研发计划重点专项课题"互联网食品销售违法违规行为监督技术研究与系统开发"（项目批准号：2018YFC1603303）。感谢匿名评审专家的修改意见，当然文责自负。

通讯作者：王建华，E-mail：wiwth_99@163.com。

的现象，进而消除因"劣币驱逐良币"所带来的市场失灵（Giannakas，2010）。鉴于此，在出售农产品之前加贴安全认证标志成为向消费者传递安全信息、证明农产品质量安全的有效手段和政府提高农产品质量水平的政策工具（Janssen M et al.，2012；尹世久，2015）。同时因为安全认证猪肉包含了不同层次的安全信息属性，生产成本的提高进而导致安全认证猪肉的需求不足。另外伴随着猪瘟事件的发生，国内猪肉供给紧缩，猪肉价格上抬，消费者对猪肉的需求下滑。除了价格因素，还有其他许多非消费者个体因素的外部环境因素也在对消费者的购买意愿造成影响。消费者的需求决定了安全认证农产品的供给和市场上农产品安全水平的提升，因此为了实现农产品市场上的供求平衡，需要了解影响消费者需求和影响安全认证猪肉购买意愿的各种因素（葛佳烨，2018）。从实践层面上来看，对消费者安全认证猪肉消费意愿影响因素的探究，可以为政府规范农产品安全生产、深化安全认证监督、引导消费者消费和改善市场环境提供政策建议，同时也对企业制定营销策略有重要的指导作用。

从理论层面上来看，目前关于消费者安全认证猪肉购买决策的研究大多是从消费者的心理特征或者是从影响消费者购买决策的外部因素割裂展开，很少有文章同时结合了消费者的心理感知因素与外部影响因素。计划行为理论被心理学家广泛地应用于行为意向预测的研究，且主要集中于消费者心理因素对于购买意愿影响的研究。本研究以计划行为理论为基础，探析了消费者对于安全认证猪肉持有什么样的态度，社会群体会对购买者产生什么样的影响，消费者的自我效能是否发挥作用。但是事实上消费者在做出购买决策时，除了经历了自身内部复杂的心理活动之外，还受到外部情境因素的干扰。例如在猪瘟事件爆发的今天，消费者明显会受到猪肉价格上调的影响。另外市场上安全认证猪肉存在着难以鉴定的困境，消费者面临着安全认证猪肉购买不便以及难以获得的问题。这些外部的环境问题对于消费者的购买意愿的影响不容忽视。所以本研究引入情境因素，探析其对于消费者的购买意愿的影响机制如何。

2. 文献回顾与假设提出

2.1 计划行为理论元素组成及基本假设

计划行为理论起始于多属性态度理论，多属性态度理论认为行为意向是由行为态度决定的，而对于结果的预知和评估又决定着行为态度（Fishbein，1963）。在该理论的基础上，Fishbein 和 Ajzen 共同提出了理性行为理论，该理论中又增加了一个新的概念，即主观规范，理性行为理论认为行为态度与主观规范共同影响着人的行为意向，而行为意向是人们做出最后行为的诱因与直接因素。不久之后，人们发现理性行为理论有着解释不通的缺陷，那就是理性行为理论认为人的行为完全受意志的影响，但是有些行为是不可控的，因此为了扩大理性行为理论的应用范围，Ajzen 再次添加了另一影响因素，即知觉行为控制，自此初步形成了计划行为理论。目前计划行为理论被广泛地应用于预测行为的研究领域，同样在消费者的行为研究领域，大量基于该理论的研究成果不断涌现。计划行为理论在预测消费者行为意愿方面有着较好的信度与效度。计划行为理论的内涵中提到行为态度、主观规范和知觉行为控制是影响行为意向的三大维度，现已有研究分析且证实，消费者的态度、主观规范和知觉行为控制对于最终的消费行为有着直接的影响（Manstead，2000；Han，2003；Chen，2007）。

行为态度从定义上来说是个体所持有的稳定的心理倾向，包含着个体的主观评价和以此产生的行为。奥尔波特早在 1862 年便提出有关行为态度的相关概念并且认为态度是一种先有主见，即心理准备。学者发现意识与实际购买之间存在积极的联系，消费者的态度能够预测消费者的消费意愿从而影响其消费行为（Chen，2007）。Fishbein（1963）的多属性态度理论研究了关于人类行为决策的影响机制，其中就提及行为的态度决定行为的意向，预期的行为结果又影响行为态度。故根据行为态度的定义并结合前人的研究提出以下假设：

H1：消费者对于安全认证猪肉的行为态度与行为意愿之间存在正向影响的关系。

当面对的产品信息较为匮乏时，消费者通常会通过向参考群体成员采取观察或者交流的形式获取相关的购买经验或者建议，进而形成对应的购买意愿（陈凯，赵占波，2014）。Voon J P（2011）等发现受马来西亚高权力距离文化和高度密集主义影响，马来西亚的消费者倾向于遵循重要的人的消费选择。王建华（2016）在对农村居民食品安全消费的行为传导及其路径选择的研究中发现主观规范能不同程度地影响农村居民安全农产品消费行为。Golnas Rezai（2013）在研究中发现消费者的各种参考和环保主义者的号召、广告、朋友、社会等隶属于主观规范的元素都影响着消费者行为意愿。马小辉（2012）整合了风险认知因素及计划行为理论对武汉市消费者安全食品购买意向进行了研究，研究结果显示来自身边重要的人、媒体信息等主观规范是消费者安全食品购买意向的最主要影响因素。本文根据主观规范的定义并结合相关研究提出以下假设：

H2：消费者对于安全认证猪肉的主观规范与行为意愿之间存在正向影响的关系。

Ajzen（1985）在计划行为理论中提出消费者的决策主要受到意愿的影响，但是同时也会受到能力、资源、机会等引发的感知行为控制的约束（杨婷，2009；高键，魏胜，2018）。理性行为理论认为个体受到意志的影响，但是在现实生活中，多数行为会受到非意志因素的控制。感知行为控制是指消费者在购买某一产品之前感受到的容易或者困难的程度，感知行为控制可分为自我效能（内部控制）和感知控制（外部控制）两个维度，在一些研究中感知行为控制也被解释为由自我控制能力和感知便利条件构成（Naman S，Shankar P et al，2018；Hsiao K L，2018）。自我效能是对自己能力的信心，消费者对于自己采取一项行为掌握的信息越充分，其感知到的风险越小，其购买意愿也就越强烈。感知控制是消费者对于外部条件控制程度的判断，外部条件包括时间、金钱等，消费者感知到的对外部条件的控制越强，其购买意愿也就越强（杨煜，2019）。本文结合知觉行为控制的定义和相关文献提出以下假设：

H3：消费者对于安全认证猪肉的知觉行为控制与行为意愿之间存在正向影响的关系。

2.2 感知价值对购买意愿的影响

消费者的感知价值这一概念最早是由 Kotler 和 Levy（1969）在研究消费者满意度时提出的，他们认为消费者的满意度在很大程度上决定了感知价值。越来越多的学者从不同的视角解读感知价值的内涵并定义概念。最有代表性的就是 Zeithaml（1988）提出的权衡说认为，消费者在做出购买决策时，会权衡感知收益和感知损失的大小，消费者的感知价值就是相对于付出的成本能感知到的获取产品或服务后的收益。Woodruff 和 Gardial（1996）认为感知价值就是消费者对于产品或服务的期望属性与损失属性之间的权衡。Monroe 和 Krishnan（1998）在研究中提到消费者的购买决策取决于他从想要购买的产品或者服务中获得的利益与为此产品所要付出的代价之比。Anderson（1992）等人认为消费者的感知价值是一种感知效用，是消费者的一种主观感知，体现在社会效益、服务、经济以及技术等方面。在价值驱动影响消费者决策行为的相关研究当中，感知价值是直接影响最终的消费意愿还是通过影响消费者的行为态度、主观规范进而影响消费意愿尚未有定论。Yadav 和 Pathak（2017）在研究中发现感知价值对消费者购买绿色产品的意愿有显著的正向影响，表明了感知价值也是影响行为意愿的一大重要因素。更有研究表明，与满意度或质量相比，感知价值可以更好地预测消费者的购买意愿（Welsch H et al，2009；Cronin J J et al，2000）。感知价值由感知利益和感知代价组成，消费者在对感知利益和感知代价的不断权衡之中做出购买决策（李欣，2010）。当感知利益大于感知代价时，消费者的感知价值越大，其购买意愿也就越强烈。故本文由文献及推理得出假设：

H4：消费者对于安全认证猪肉的感知价值与行为意愿之间存在着正向影响的关系。

2.3 感知价值对行为态度和主观规范的影响

感知价值被认为会影响消费者的行为态度，当消费者认为其购买安全认证农产品的行为更有价值时，他们会产生更加积极的行为态度（葛佳烨，2018）。Freedman 认为，态度是个体对某一事物、观点的心理倾向，是情感、认知和行为的综合体。态度-行为-情境理论指出消费者的行为态度会受到特定情境的影响，感知价值是购买过程中对于产品利弊的权衡，在真实的购买过程中，消费者会受到情境因素的影响而对产品产生相应的感知价值，进而影响行为态度。Sheth（1991）指出五个顾客感知价值维度能影响消费者的行为态度，Sweeney 和 Soutar（2001）构建了顾客感知价值四维度模型，证实质量价值、情感价值、社会价值、价格价值会影响消费者对耐用品的行为态度。薛永基（2016）在计划行为的拓展模型研究中发现消费者感知绿色食品的价值对其购买态度有正向影响，并且根据研究的结论提出了影响绿色食品消费意向的"三因素模型"。

同时也有研究指出，在群体的人际交往当中，社会的压力和影响与消费者的感知价值之间存在一定的相关关系（薛永基等，2016；Jackson A L et al，1993）。消费者的感知价值主要体现在效用价值和享乐价值两个方面，相应的，信息交换与人际互动是消费者在购买决策时的两大主要行为，消费者的主要感知价值体现在获取信息、节省搜索时间和精力、避免错误的决策、解决实际问题和达成目标。当人们无法通过个人观察来获知产品或者品牌特性时，一般倾向于从他人的使用经验等来获取自己认为有效的信息（王全胜，李静静，2010）。并且信息的发送方和接受方都能够获得价值，接收方能够获得他人的观点和经验信息从而做出有效的决策，而信息的发送方在说服别人的同时也坚定了对自己决策的信心。故本文根据推理提出以下假设：

H5：消费者对于安全认证猪肉的感知价值与行为态度之间存在着正向影响的关系。

H6：消费者对于安全认证猪肉的感知价值与主观规范之间存在着正向影响的关系。

2.4 不同情境因素对于购买意愿的影响

消费者的购买决策不仅受到内在心理因素的影响，同时也会受到外在环境因素的干扰。

20世纪60年代以后，情境因素被引入到了消费者行为学的研究领域当中，最早对于情境的定义是由Kakkar和Lutz于1975年提出的"主观认知观点"，他们认为"情境"是在特定的时间和空间范围内，影响个体自身心理过程和外在行为表现的全部因素，它们与个体和客观物体二者无关，同年，Belk（1975）提出"客观存在观点"，他认为"情境"是指在特定的时间和空间范围内对个体当前行为存在可证明的系统性影响的可观察性因素，这些因素跟个体及外界刺激物无关，且个体的属性不会随着情境的变化而变化。但是前面的两种观念都没有对个体、标的物、情境这三者之间是否存在相互影响的关系进行过考察。直到1987年Assael建立了情境模型，总结了两者的观点，该模型认为消费者、产品以及情境之间存在相互影响且导致了最终的购买行为，有利的外部情境因素能够促进消费者购买行为的形成（卢素兰，2017）。

消费者的购买决策过程是一个复杂的动态的交互过程，它会随着消费者所处情境的变化而变化。在情境因素影响消费者决策行为的相关研究中，若情境因素是积极的或者是中立的，那么消费者的态度与行为的一致性则会更高。Belk认为情境因素由五个变量或因素构成，分别是物质环境、社会环境、时间、任务和先行状态。态度-行为-情境理论的提出者Stern把情境因素划分成商品成本、商品技术水平、法律政策、激励措施等因素。李华敏（2010）在影响消费者行为的情境因素分析当中得出结论并将情境因素主要分为六个部分：心理因子、环境因子、营销因子、时间因子、物质因子和互动因子，它们共同影响消费者的行为决策。在理论的基础之上，学者们也从不同的角度对情境因素的调节作用展开了分析，Zhu等（2013）研究发现采购的便利性能够促进消费者绿色食品购买行为的形成。Welsch（2009）从购买成本角度并结合德国本土的调研数据证实了价格因素对于购买行为的影响。同时购买意愿也受到产品的可获得性的影响，刘宇伟（2008）指出在相同的条件下，如果消费者感知到的购买障碍度越高，产品的可获得性降低，那么消费者采取购买行为的可能性就会随之降低，反之亦然。根据前人对于情境因素的分类以及相关文献支撑，本文提出以下假设：

H7a：安全认证猪肉的价格会影响消费者的购买意愿。

H7b：安全认证猪肉的购买便利性会影响消费者的购买意愿。

H7c：安全认证猪肉的可获得性会影响消费者的购买意愿。

3. 研究设计

3.1 理论模型构建

计划行为理论被心理学家广泛地应用于行为意向预测的研究，计划行为理论指出消费者的行为态度、主观规范以及感知行为控制会对消费者的购买意愿产生直接的影响。计划行为理论拥有普适性的特点，多年来许多研究学者也通过增加变量来提高该模型的解释能力。当前不少研究将计划行为理论应用于安全认证农产品消费领域，但是大部分都集中于人口统计学特征，较少涉及消费心理的考察。本研究的目标之一即立足于消费者的心理因素的考察，在计划行为理论的基础上，加入感知价值变量的 TPB 扩展模型预测消费者安全认证农产品购买意向方面的能力。有学者提出可以用感知价值替代态度（Kim，2007；黄斐，2013），但是根据态度-行为-情境理论（ABC），这里的"态度"不仅仅是指计划行为理论当中的"行为态度"，它还包含了消费者的个人信念、规范、价值观及其个人行为产生的内部特征。计划行为理论中的态度从定义上来说是个体所持有的稳定的心理倾向，是一种先有主见，不太容易受到情境因素的干扰。而感知价值是消费者对产品的某些属性以及性能在具体的情境中能够帮助达到其目标或意图的感知偏好与评价，消费者对价值的判断容易受到情境的影响，这个观念强调了决策过程对于消费者感知价值的影响。德鲁克在1954 年提出"顾客消费的不是产品本身，而是价值"，且 Park J 认为感知价值是影响消费者购买意愿的主要因素，另外感知价值对于行为态度以及主观规范分别有着影响。所以不管是从弥补"行为态度"因素是单一基于消费者的原始心理倾向的角度，还是从感知价值在构成消费者购买意愿的重要性角度，本研究认为有必要将感知价值囊括进来，构建基于感知价值的计划行为理论的扩展模型。

另外在安全认证农产品消费行为领域，较多学者认为购买安全农产品的态度对于行为有着显著的影响，但是态度因素只能很大程度上预测安全认证农产品的购买意愿，对于态度和行为意愿之间的一致性学者们提出了质疑（邓新明，2014；陈凯，2014）。心理学、行为学、营销学的学者在深入研究的基础上发现，消费者伴随着外部营销的刺激，会经历一系列的心理活动，从而对备选产品进行评估并最终做出选择，消费者经历的这一系列心理过程便被称为"消费者行为黑箱"。刘金平（2008）和孙洪杰（2010）在研究中指出，情境效应是对消费者的感知和认知的环节产生了影响，消费者的心理因素会与情境因素共同作用对意愿产生影响。所以本研究将态度-行为-情境理论与计划行为理论相结合，利用计划行为理论中的"行为态度""主观规范""知觉行为控制"三个隶属于感知心理维度的变量指代"态度"因素。根据情境理论维度的划分，本研究选取了购买安全认证猪肉的"价格""便利性""可获得性"作为"情境"变量，最终用安全认证猪肉的行为意愿作为"行为"变量构成了本次的研究理论框架。

3.2 变量设置

结合前文的理论模型和理论假设，本文将影响消费者购买安全认证猪肉的因素分为 4 个主要潜变量（主要包括感知价值、行为态度、主观规范以及知觉行为控制）、16 个观测变量及 3 个调节变量（情境因素），各量表的题项设置及参考来源详见表 1。

表1 量表的题项设置及参考来源

变量	测量题项	文献来源
感知价值(PV)	我认为安全认证猪肉的口感更好(PV1) 我认为安全认证猪肉的营养成分更高(PV2) 我认为安全认证猪肉具有较高的可信度(PV3) 我认为购买安全认证猪肉是有意义的(PV4)	薛永基、葛佳烨
行为态度(AT)	我认为购买安全认证猪肉的行为是明智的(AT1) 我认为购买安全认证猪肉对农业可持续发展是有益的(AT2) 我认为购买安全认证猪肉对环境保护是有益的(AT3) 我认为食用安全认证猪肉对自己和家人的健康是有益的(AT4) 我支持购买安全认证猪肉(AT5)	Bagozzi、Sweeney
主观规范(SN)	家人、亲戚和朋友对我购买安全认证猪肉的影响很大 (SN1) 同事、上司对我购买安全认证猪肉的影响很大(SN2) 其他消费者对我购买安全认证猪肉的影响很大 (SN3) 政府的宣传与号召对我购买安全认证猪肉影响很大(SN4)	马小辉、 Golnaz Rezai et al
知觉行为控制 (PBC)	我有足够的经验保证所购买到的猪肉的安全性(PBC1) 我日后选择购买安全认证猪肉是完全可能的(PBC2) 我能从很大程度上控制自己的安全认证农产品的购买行为 (PBC3)	Golnaz Rezai、罗丞
调节变量	对我来说，购买安全认证猪肉的渠道很便利(便利性) 对我来说，购买安全认证猪肉的成本并没有显著增加(价格) 我完全有条件购买安全认证猪肉(可获得性)	Welsch H、Stern
行为意向(BI)	我考虑购买安全认证猪肉(BI1) 我愿意为安全认证猪肉支付更高的溢价(BI2) 您是否有选择购买安全认证猪肉的想法(BI3)	马小辉、Ajzen

4. 实验参与者数据来源及样本特征分析

4.1 数据来源

本研究数据源于江南大学食品安全研究基地在2017年7月至9月期间分别于江苏省和安徽省两地的问卷调查。根据国家统计局公布的数据，2015年江苏省和安徽省猪肉的产量分别为225.84万吨和259.11万吨，两省均为全国排名前十的猪肉产量大省，江苏省与安徽省同位于中国的华东地区，但是由于两地的经济水平差异较大且人民的生活习惯也存有较大差异，故选取这两省来对消费者关于安全认证农产品的行为选择问题进行研究可以更加客观地得出实验结果，同时也可以反映中国华东地区的基本水平。本次调查选取苏南(苏州市、无锡市、常州市)、苏中(南通市、扬州市、泰州市)、苏北(淮安市、宿迁市、徐州市)和皖南(宣城市)、皖中(合肥市)、皖北(蚌埠市)等华东地区的部分代表性城市为调查地点。在正式调查之前，安排专业的调研专家对调查员进行调研前的培训以确保调研数据的可靠性和准确性，调查经由受过专业培训的调查员在各地选取大型农贸市场、大型超市以及农产品专营店，通过随机抽样、面谈等形式进行。被访对象主要针对购买过猪肉的消费者，每个被调查者的访谈时间为20~30分钟。此次调查共发放问卷984份，剔除无效问卷总共回收问卷844份，其中从江苏省回收有效问卷为475份，从安徽省回收有效问卷为369份，问卷有效率为85.77%。

4.2 样本特征分析

表2 消费者社会人口学特征描述统计

社会人口特征	频率	百分比	累计百分比	社会人口特征	频率	百分比	累计百分比
性别				家庭人口			
女	473	56	56	1 人	6	0.7	0.7
男	371	44	100	2 人	70	8.3	9
年龄				3 人	387	45.9	54.9
30 岁以下	255	30.2	30.2	4 人	173	20.5	75.4
30~39 岁	151	17.9	48.1	5 人及以上	208	24.6	100
40~49 岁	223	26.4	74.5	家庭年收入			
50~59 岁	134	15.9	90.4	5 万元及以下	106	12.6	12.6
60 岁以上	81	9.6	100	5 万~8 万元	183	21.7	34.2
婚姻状况				8 万~10 万元	230	27.3	61.5
未婚	222	26.3	26.3	10 万元以上	325	38.5	100
已婚	622	73.7	100	是否有 18 岁以下的小孩			
受教育程度				否	431	51.1	51.1
初中或初中以下	237	28.1	28.1	是	413	48.9	100
高中(包括中等职业)	208	24.6	52.7	是否是家庭日常食品的主要购买者			
大专	113	13.4	66.1	否	390	46.2	46.2
本科	240	28.4	94.5	是	454	53.8	100
研究生以上	46	5.5	100				

本次调查的数据经过统计与梳理，结果总结为消费者的社会人口学特征描述统计，具体如表2所示。本次调查的总人数是844人，其中女性473人，占比56%，男性371人，占比44%，总体上来说，女性的人数多于男性的人数，但是这两者并没有太大的差异性。在年龄方面，接受调查最多的年龄阶段集中于30岁以下，比例达到了30.2%，其次集中

于 40~49 岁这一年龄段，比例达到了 26.4%。在本次的调研中，年轻阶段占比比较大，占总人口数的 48.1%，主要集中于在校的学生群体。另外 40~49 岁的年龄段在本次调查中占有较高比例。在受访对象中，本科文凭的受访者人数最多，共 240 人接受了本次调查，本科生对于安全食品理念的接触相较于其他文凭较低的人群会更多，其次他们对于食品安全的关注度也比较高，对于安全食品理念的接受度也较高，所以比较乐于接受调查。三口之家的比例为 45.9%，接近调查对象人数的一半之多，这也符合中国目前的基本国情。随着我国经济实力的发展，人民的生活水平日益提升，87.4% 的受访者的年收入都达到 5 万元以上，这也与我们选择的调查区域有着密不可分的关系。

5. 消费者对安全认证猪肉决策性购买行为的分析

5.1 分析方法选取

本研究采用的分析方法是结构方程模型（Structural Equation Model，SEM），又被称为潜变量模型，在一个模型中既可能包含可以观测到的观察变量也可能包含无法直接观测到的潜在变量。结构方程模型可以代替因子分析、通径分析、多重回归以及协方差分析等方法，且结构方程模型的形成需经过建立、估计和检验因果关系模型几个步骤，从而通过清晰的单项指标分析数据显示单项指标对于总体的作用以及单项指标相互之间的影响大小。结构方程模型分为测量模型和结构模型两种：

测量模型（Measurement Model）同时也叫验证性因子分析模型，主要是测量观测变量与潜变量之间的关系，测量模型一般是由两个方程组成，分别是

$$x = \Lambda x \xi + \delta \tag{1}$$

$$y = \Lambda y \eta + \varepsilon \tag{2}$$

η 为 $n×1$ 阶的内生的潜在变量，y 为 $q×1$ 阶的内生的观测变量；ξ 为 $m×1$ 阶的外生的潜在变量，x 为 $P×1$ 阶的外生观测变量向量，Λx 为 $p×m$ 阶的矩阵，是外生观测变量 x 在外生潜变量 ξ 上的因子载荷矩阵，Λy 为 $q×n$ 阶矩阵，是内生观测变量 y 在内生潜变量 η 上的因子载荷矩阵；δ 为 $p×1$ 阶测量误差向量，ε 为 $q×1$ 阶测量误差向量。

结构模式（Structural Equation Model）又称为潜变量因果关系模型，主要表示潜变量之间的关系，主要涉及的就是潜在外生变量与潜在内生变量之间的因果关系，模型具体表现为：

$$\eta = B\eta + \Gamma \xi + \zeta \tag{3}$$

B 是内生潜变量 η 的系数矩阵，Γ 是外生潜变量 ξ 的系数矩阵，也是外生潜变量对相应内生潜变量的通径系数矩阵，ζ 为残差向量。

5.2 标准化路径结果分析

5.2.1 参数检验及拟合分析

本研究以 AMOS22.0 为工具，将调查所获得的 844 份问卷数据与安全认证猪肉购买意愿的模型进行结构方程模型的拟合，结构方程模型整体适配度的评价指标体系如表 3

所示。

在绝对适配度拟合效果的结果(结果参考表3)中显示卡方自由度之比为 2.832<3，GFI 大于 0.9，RMR 和 RMSEA 小于 0.05；在增值适配度拟合效果的结果中显示 NFI、IFI、TLI 和 CFI 大于 0.90。因此，综合以上各类评价指标的结果可以得出，本研究的调查数据与模型拟合度较好，可以继续进行下面的路径分析。

表3 结构方程模型整体参数检验及拟合结果

指数类别	指数名称	实际拟合值	与评价标准相比	结果
绝对适配度指标	χ^2/df	2.832	<3	理想
	GFI	0.952	>0.90	理想
	RMR	0.031	<0.05	理想
	RMSEA	0.046	<0.05	理想
增值适配度指数	NFI	0.918	>0.90	理想
	IFI	0.939	>0.90	理想
	TLI	0.910	>0.90	理想
	CFI	0.938	>0.90	理想

5.2.2 信度与效度检验

探索性因子分析是用于检验变量间简单相关系数和偏相关系数的大小，可判断原始变量是否适合进行因子分析。本研究运用 SPSS19.0 对提取的观测变量进行探索性因子分析，采用最大方差法的正交旋转法，共提取了5个因子。如表4所示，探索性因子的检验结果显示各变量的 KMO 值均在 0.5 以上，且巴特利特球形检验结果显著，达到了 1‰ 的显著性水平。累计方差贡献率均达到了 50% 的基本要求。上述检验结果说明问卷设计具有较好的结构效度，各维度与总量表的相关性具有统计学意义。本文使用 Cronbach's α 系数法衡量问卷量表中各项目之间的内部一致性，从表4中可知各变量的科伦巴赫系数均在 0.65 以上，认为信度水平可以接受。

表4 信度检验与效度检验结果

潜变量	KMO 值	Bartlett 球形度检验	Cronbach's α	累计贡献率
感知价值(PV)	0.672	652.451	0.67	52.01%
行为态度(AT)	0.810	1885.874	0.852	63.32%
主观规范(SN)	0.705	567.408	0.695	52.32%
知觉行为控制(PBC)	0.671	541.038	0.728	65.05%
行为意向(BI)	0.645	966.845	0.657	71.66%

5.2.3 标准化路径结果分析

依据本文所采用的相关理论构建的结构方程模型如图 1 所示，结构方程模型的路径回归系数如表 5 所示。

表 5   **结构方程模型的路径系数**

模型路径	标准化路径系数	标准误差	临界比	显著性	接受/拒绝假设
行为态度 <--- 感知价值	0.564	0.048	12.345	***	接受
主观规范 <--- 感知价值	0.309	0.053	6.396	***	接受
行为意愿 <---行为态度	0.216	0.014	4.102	***	接受
行为意愿 <---主观规范	0.019	0.01	2.093	***	接受
行为意愿 <--- 知觉行为控制	0.237	0.012	5.589	***	接受
行为意愿 <--- 感知价值	0.073	0.016	3.298	**	接受

注：** 表示 $p<0.01$，*** 表示 $p<0.001$。

表 5 的分析结果显示，消费者对于安全认证猪肉的感知价值与行为态度之间的标准化路径系数为 0.564，这也表明，消费者对安全认证猪肉的感知价值正向影响其购买安全认证猪肉的行为态度且影响程度较大，消费者的感知价值越高，其对购买安全认证猪肉的行为态度越积极。感知价值与主观规范之间的标准化路径系数为 0.309，表明消费者在吸取周围重要群体的建议时也会受到本身对于安全认证猪肉感知的影响。消费者购买安全认证猪肉的行为态度与行为意向的标准化路径系数为 0.216，研究也表明，消费者购买安全认证猪肉的态度越积极，消费者购买安全认证猪肉的行为意向越积极。消费者购买安全认证猪肉的主观规范与行为意愿的标准化路径系数为 0.019，这也表示消费者在购买安全认证猪肉时会受到周围重要群体的影响。消费者购买安全认证猪肉的知觉行为控制与行为意愿的标准化路径系数为 0.237，研究结果表明当消费者感知到自己拥有足够的经验能够保证自己购买到的猪肉的安全性、日后购买安全认证猪肉的可能性越高以及自身的控制程度越强，则其采取安全认证猪肉购买行为的意愿也就越强烈。消费者的感知价值与行为意愿之间的标准化路径系数为 0.073，研究结果表明，消费者对安全认证猪肉的感知价值显著正向影响消费者的购买意愿，感知价值越高，消费者的购买意愿也就越高，但是其影响程度较小，这可能与安全认证猪肉价格偏高，获得渠道较少的缘故有关。

由图 1 的分析结果可以观测到所有观察变量与潜变量之间的路径系数都是在 1‰的显著性水平上通过检验。在感知价值潜变量的影响因素方面，消费者认为安全认证猪肉的营养成分更高这一观测变量对于感知价值的影响程度最大，标准化路径系数检测显示为 0.767，对于感知价值影响程度最低的观测变量是消费者认为购买安全认证猪肉是一件有意义的事，标准化路径系数检测显示为 0.287，结论可解释为从消费者的角度来说，功能因素相较于情感因素能够更加直观地感受出来。

在对于行为态度潜变量的影响因素当中，消费者认为购买安全认证猪肉的行为是明智

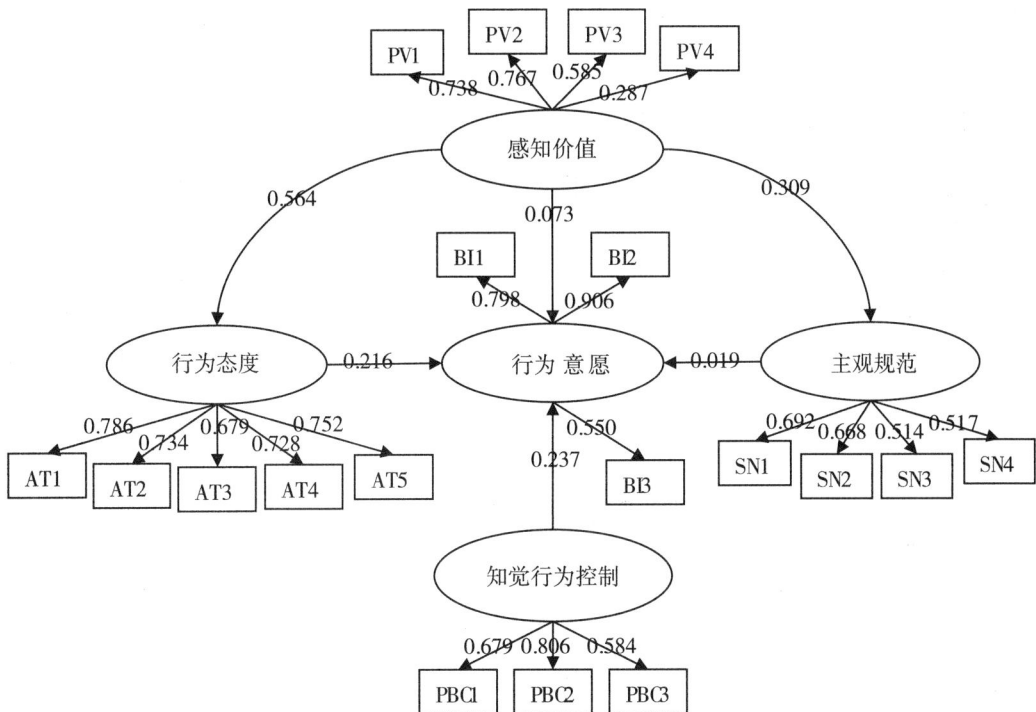

图1 结构方程模型路径系数图

的这一观测变量的影响程度最大，标准化路径系数显示为0.786；其次影响程度较大的观测变量显示为消费者认为自己支持购买安全认证猪肉，标准化路径系数显示为0.752；消费者认为购买安全认证猪肉对农业可持续发展有益以及消费者认为食用安全认证猪肉对自己和家人的健康有益的观测变量与行为态度之间的影响路径差异不大，分别显示为0.734和0.728；影响行为态度潜变量程度最低的观测变量为消费者认为购买安全认证猪肉对环境保护是有益的，标准化路径系数为0.679，结果分析可解释为当前消费者对于环境保护的意识存在，但是就安全认证猪肉对于环境保护的影响的认知还是存在局限性的，消费者对于这方面的环境保护意识还有待提升。

在影响主观规范潜变量的观测变量中，家人、亲戚和朋友对于消费者购买安全认证猪肉的影响力最大，标准化路径系数检测为0.692；其次程度较大的是同事、上司对消费者购买安全认证猪肉的影响，标准化路径系数检测为0.668；其他消费者以及政府的宣传号召对于消费者购买安全认证猪肉的影响力较前面两项较低，标准化路径系数检测为0.514和0.517，这也表明政府目前在宣传模式上有一定的局限性，可以在一定程度上加大对于消费者购买安全认证猪肉的宣传号召或者转变宣传号召的方式。

在影响消费者知觉行为控制这一潜变量的相应观测变量当中，影响程度最大的观测变量为消费者认为自己日后选择购买安全认证猪肉是完全有可能的，标准化路径系数检测为0.806；其次影响程度较大的观测变量是消费者认为自己有足够的经验可以保证所购买到的猪肉的安全性，其标准化路径系数检测为 0.679；影响程度最低的观测变量是消费者认为自己能从很大程度上控制自己的安全认证农产品的购买行为，其标准化路径系数检测为 0.584。

5.3 基于情境因素下的多群组分析

在结构方程模型当中，关于调节作用的检验方法有限，目前较为快捷方便的方法有由学者温忠麟提出的基于 LMS 方法的调节效应分析，但是只适用于用 Mplus 软件进行分析，在 Amos 软件中通常采用多群组分析的方法，多群组分析是利用不同样本组进行路径回归之后对比分析结果是否存在差异，是调节效应分析的方法之一。为探讨不同情境因素对于消费者购买安全认证猪肉行为的影响，本文对样本进行多群组分析，多群组分析的结果具体见表 6。

表 6 基于情境因素下的多群组分析

模型路径	购买便利性		可获得性		价格	
	高	低	高	低	高	低
行为态度 <---感知价值	0.669***	0.661***	0.759***	0.7***	0.748***	0.597***
主观规范 <---感知价值	0.189***	0.273***	0.398***	0.257***	0.319***	0.266***
行为意愿 <---行为态度	0.121***	0.328***	0.11***	0.07**	0.073**	0.151***
行为意愿 <---主观规范	−0.091**	−0.17**	−0.14**	−0.032**	−0.014**	−0.011**
行为意愿 <---知觉行为控制	0.127***	0.119***	0.065**	0.033**	0.059**	−0.023**
行为意愿 <---感知价值	0.034**	0.02**	−0.012**	0.025**	0.011**	0.009*

注：* 表示 $p<0.05$，**表示 $p<0.01$，***表示 $p<0.001$；本模型控制了性别、年龄、学历、家庭年收入、家中是否有 18 岁以下小孩等变量的影响。

结果显示，在购买便利性的情境因素的影响下，认为购买便利性高的消费者的感知价值对于行为态度、主观规范以及行为意愿的影响程度更为显著的，结果可解释为对于购买便利性高的消费者来说，安全认证猪肉购买频率较高，故对于安全认证猪肉的一些内部属性的感知会高于那些购买便利的消费者们。同时因为缺乏对安全认证猪肉的接触，所以会更倾向于接受外在重要群体的看法或者给予的建议。另外，行为态度、主观规范以及知觉行为控制对行为态度的影响都是显著的，且对认为购买安全认证猪肉便利性低的消费者的影响比认为购买便利性高的消费者的影响大。

在安全认证猪肉的可获得性情境下，感知价值对于行为态度、主观规范以及行为意愿的路径影响都是显著的。在感知价值对行为意愿的影响路径中，对可获得性低的消费者的影响比可获得性高的消费者的影响程度大，这可以解释为可获得性低的消费者平时与猪肉的接触比较少，所以一旦消费了安全认证猪肉，对于猪肉的一些内部属性的感知程度是大于可获得性高的消费者的。另外，行为态度、主观规范和知觉行为控制对于行为意愿的路径影响都是显著的，对可获得性程度高的消费者的影响程度大于可获得性低的消费者。

在安全认证猪肉价格感知的情境因素的影响下，感知价值对于行为态度、主观规范以及行为意愿的路径影响都是显著的，且对认为购买安全认证猪肉价格高的消费者比认为购买价格低的消费者的影响显著。结果可解释为价格越高，消费者对产品质量的期待感也就越高，所以对安全认证猪肉的感知价值也就越高，消费者从而拥有积极的消费态度。另外，行为态度、主观规范和知觉行为控制对于行为意愿的路径影响都是显著的，在主观规范和知觉行为控制对行为意愿的影响方面，对购买安全认证猪肉价格高的影响程度更加显著，在行为态度对行为意愿的影响方面，安全认证猪肉价格低的情境下影响更加显著，结果可解释为大家还是偏好价格较低的产品，产品的价格能够有效地调节消费者的行为态度进而影响最终的行为意愿。

6. 结语

本文运用结构方程模型对消费者安全认证猪肉购买意愿的关键影响因素做了深层次探析。结果显示，当消费者对待安全认证猪肉的态度越积极，外部群体对于消费者的影响程度越大，消费者感受到购买难度不是那么大以及消费者对安全认证猪肉的价值感知越多，消费者购买安全认证猪肉的意愿也就越大。同时在结构方程的路径检验分析中也发现，在消费者购买安全认证猪肉的行为决策中，当消费者感知到安全认证猪肉的营养成分高时，消费者更愿意购买安全认证猪肉。在影响消费者购买决策的外部团体中，家人亲戚朋友对于消费者的影响程度是最大的。在多群组分析中可以发现，购买便利性、可获得性以及价格三个外部情境因素对于消费者购买安全认证猪肉的调节作用是非常显著的，且在不同的因素影响消费者购买安全认证猪肉的过程中，三个调节因素的影响程度不同。

本文的研究对于推进安全认证猪肉的结构性改革有着重要的参考性建议，对企业发展和政府指导有着一定的启示作用。

从企业供给角度来看，生产者可拓宽安全认证猪肉的购买渠道，以提高购买便利性及产品的可获得性。并且鉴于价格对于消费者的影响之大，生产者应结合产品成本和盈利空间进行合理定价。从政府以及媒体角度来看，政府要加强对消费者的培训以及关于安全认证知识的宣传，以提高消费者对于农产品的安全认知。这主要体现在引导消费者维护个人权益，增强法律意识，提高对于安全认知猪肉的了解程度和加强对猪肉安全问题的关注程度。新闻媒体要多传递有利于消费者进行判断以及决策的有效信息，且要发挥监督作用，勇于披露不法商家的违规违法行为，以规范农产品行业的正规生产操作。

◎ 参考文献

[1] 陈凯，赵占波. 绿色消费态度-行为差距的二阶段分析及研究展望[J]. 经济与管理，2015，29(1).

[2] 丁亦岑，武兴华. 食品安全问题的柠檬市场现象及风险控制路径[J]. 学术交流，2012(4).

[3] 李华敏，崔瑜琴. 影响消费者行为的情境因素分析[J]. 西安邮电大学学报，2010，

15(2).

[4] 刘敬严. 顾客感知价值决定要因与关系质量的影响研究[J]. 软科学, 2008, 22(5).

[5] 卢素兰, 刘伟平. 消费者绿色农产品自述偏好与实际选择偏差研究——基于情境变量调节效应的实证分析[J]. 河南师范大学学报(哲学社会科学版), 2017, 44(06).

[6] 罗丞. 消费者对安全食品支付意愿的影响因素分析——基于计划行为理论框架[J]. 中国农村观察, 2010(6).

[7] 马小辉. 基于计划行为理论对消费者安全食品购买意向的研究[D]. 武汉: 华中农业大学硕士学位论文, 2012.

[8] 王全胜, 李静静. 虚拟社区对消费者购物行为影响的实证研究——易感性的调节作用分析[J]. 情报科学, 2010(3).

[9] 王文超. 消费者对网上银行采用行为态度的影响因素研究——一个基于TPB模型的延伸研究[J]. 生产力研究, 2010(7).

[10] 王建华, 葛佳烨, 浦徐进. 农村居民食品安全消费的行为传导及其路径选择——以江苏省农村居民为例[J]. 宏观质量研究, 2016, 4(3).

[11] 薛永基, 白雪珊, 胡煜晗. 感知价值与预期后悔影响绿色食品购买意向的实证研究[J]. 软科学, 2016, 30(11).

[12] 杨婷. 知觉行为控制对可持续消费行为的影响研究[D]. 长沙: 湖南大学硕士学位论文, 2009.

[13] 杨煜. 感知行为控制、感知产品创新与购买意愿的关系研究——以绿色变轨型高技术产品为例[J]. 天津大学学报(社会科学版), 2019, 21(2).

[14] 尹世久, 徐迎军, 徐玲玲, 等. 食品安全认证如何影响消费者偏好?——基于山东省821个样本的选择实验[J]. 中国农村经济, 2015 (11).

[15] 周洁红, 李凯. 农产品可追溯体系建设中农户生产档案记录行为的实证分析[J]. 中国农村经济, 2013(5).

[16] 周应恒, 王晓晴, 耿献辉. 消费者对加贴信息可追溯标签牛肉的购买行为分析——基于上海市家乐福超市的调查[J]. 中国农村经济, 2008(5).

[17] 张砚, 李小勇. 消费者绿色购买意愿与购买行为差距研究[J]. 资源开发与市场, 2017(3).

[18] Assael, H. Consumer Behavior and Marketing Action [J]. *South-Western College Publishing*, 1987(11).

[19] Bagozzi, R., Lee, K. H., Loo, M. F. V. Decisions to donate bone marrow: The role of attitudes and subjective norms across cultures[J]. *Psychology & Health*, 2001, 16(1).

[20] Belk, R. W. Situational Variables and Consumer Behavior [J]. *Journal of Consumer Research*, 1975, 2(3).

[21] Briz, T., Ward, R. W. Consumer awareness of organic products in Spain: An application of multinominal logit models[J]. *Food Policy*, 2009, 34(3).

[22] Chryssohoidis, G. M., Krystallis, A. Organic consumers' personal values research: Testing and validating the list of values (LOV) scale and implementing a value-based segmentation

task[J]. *Food Quality & Preference*, 2005, 16(7).

[23] Chen, M. F. Consumer attitudes and purchase intentions in relation to organic foods in Taiwan: Moderating effects of food-related personality traits [J]. *Food Quality and Preference*, 2007, 18(7).

[24] Feldmann, C., Hamm, U. Consumers' perceptions and preferences for local food: A review [J]. *Food quality and preference*, 2015(40).

[25] Giannakas, K. Information Asymmetries and consumption decisions in organic food product markets[J]. *Canadian Journal of Agricultural Economics/revue Canadienne Dagroeconomie*, 2002, 50 (1).

[26] Jackson, A. L., Olsen, J. E., Granzin, K. L., et al. An investigation of determinants of recycling consumer behavior[J]. *Advances in Consumer Research*, 1993(1).

[27] Janssen, M., Hamm, U. Product labelling in the market for organic food: Consumer preferences and willingness-to-pay for different organic certification logos[J]. *Food Quality and Preference*, 2012, 25(1).

[28] Lee, H. J., Yun, Z. S. Consumers' perceptions of organic food attributes and cognitive and affective attitudes as determinants of their purchase intentions toward organic food[J]. *Food Quality and Preference*, 2015(39).

[29] Lutz, R. J., Kakkar, P. The psychological situation as a determinant of consumer behavior [J]. *Advances in Consumer Research*, 1975(5).

[30] Magistris, D. T., Gracia, A. The decision to buy organic food products in Southern Italy [J]. *British Food Journal*, 2008, 110(9).

[31] Michaelidou, N., Hassan, L. M. Modeling the factors affecting rural consumers' purchase of organic and free-range produce: A case study of consumers' from the Island of Arran in Scotland, UK[J]. *Food Policy*, 2010, 35(2).

[32] Owusu-Sekyere, E., Owusu, V., Jordaan, H. Consumer preferences and willingness to pay for beef food safety assurance labels in the Kumasi metropolis and Sunyani municipality of Ghana[J]. *Food Control*, 2014(46).

[33] Rezai, G., Phuah, K. T., Mohamed, Z. A., et al. Consumer willingness to pay for green food in Malaysia[J]. *Journal of International Food & Agribusiness Marketing*, 2013(25).

[34] Stern, P. C. New environmental theories: Toward a coherent theory of environmentally significant behavior[J]. *Journal of Social Issues*, 2010, 56(3).

[35] Stern, P. C., Dietz, T. The value basis of environmental concern [J]. *Journal of Social Issues*, 1994, 50(3).

[36] Sweeney, J. C., Soutar, G. N. Consumer perceived value: The development of a multiple item scale[J]. *Journal of Retailing*, 2001, 77(2).

[37] Voon, J. P., Ngui, K. S., Agrawal, A. Determinants of willingness to purchase organic food: An exploratory study using structural equation modeling[J]. *The International Food and Agribusiness Management Review*, 2011, 14(2).

[38] Welsch, H., Kühling, J. Determinants of pro-environmental consumption: The role of reference groups and routine behavior[J]. *Ecological Economics*, 2009, 69(1).

Consumer Safety Certification Agricultural Product Purchase Intention Research
—Based on Expanded Planned Behavior Theory Model

Wang Jianhua[1] Gao Ziqiu[2] Chen Lu[3]

(1, 2 School of Business, Jiangnan University, Wuxi, 214122;

3 School of Humanities and Law, Northeast Agricultural University, Harbin, 150030)

Abstract: Based on the survey data of 844 respondents in Jiangsu Province and Anhui Province, this paper takes safety-certified pork as an example, comprehensive planned behavior theory, value-belief-norm theory and attitude-behavior-situation theory to form a new letter theory. Using structural equation modeling to deeply explore the mechanism of different influencing factors on consumers' safety certification of pork consumption decision-making behavior, especially using multi-group analysis to test different prices, different purchasing convenience and availability for consumer safety Certified role in the formation of the willingness to purchase pork. The structural equation model analysis results show that consumers' behavioral attitudes, subjective norms, perceptual behavioral control and perceptual value have positive impact on behavioral willingness, and perceptual value also has a significant positive impact on behavioral attitudes and subjective norms. In the multi-group analysis, it can be found that the three external situation factors of purchasing convenience, availability and price are very significant for consumers to purchase safely certified pork, and influence consumers to purchase safely certified pork under different factors. In the process, the three adjustment factors have different degrees of influence.

Key words: Consumption decision behavior; Safety certification; Place of origin; Alphabet theory

专业主编：曾伏娥

开放网络平台对公众环境质量需求的影响研究[*]

肖　德[1]　陈　婉[2]　魏文婉[3]

（1，2，3　湖北大学商学院　武汉　430062）

【摘　要】物质生活水平提高，公众对环境质量的需求也随之提高。政府了解并全面认知公众环境质量需求，平衡经济发展与环境保护之间的关系，显得尤为重要。文章选取 1993—2015 年中国省际面板数据，分析公众环境质量需求的影响因素，对比其在网络环保平台开放前后的变化，探讨如何构建并完善公众表达环境诉求的方式。结果表明：收入水平、污染密度、人力资本存量与中国公众环境质量需求显著相关。开放网络环保平台使得公众更加关注自身环境质量需求，有效推动了公众参与环境质量监督、治理的积极性。

【关键词】环境质量需求　显示偏好分析法　网络投诉平台

中图分类号：F126，X32　　文献识别码：A

1. 引言

改革开放以来，中国经济进入高速发展阶段，1978—2018 年我国实际 GDP 的年增长率约为 10%，名义 GDP 总量从 0.3678 万亿增长至 90.0309 万亿，经济总量位居世界第二。但在前期发展中，存在高能耗、高污染的问题，经济高速发展但环境污染较严重。根据《2018 年中国生态环境状况公报》，2018 年全国 338 个地级及以上城市中，有 217 个城市环境空气质量超标，占比为 64.2%；水污染的状况也并不乐观，10168 个地下水质监测点中，水质为较差、极差等级的监测点占比分别为 70.7%、15.5%。经济发展使得人民物质生活水平得以提升，人们对环境质量的需求也将不断提高。习近平总书记在党的十九大工作报告中指出："中国特色社会主义进入新时代，我国社会主要矛盾已经转化为人民日益增长的美好生活需要和不平衡不充分的发展之间的矛盾。"如何满足人们对环境质量的需求，应当引起政府与学者的重视。工作报告中还指出："我们要建设的现代化是人与自

* 基金项目：国家社会科学基金重点项目：（19AJK016）；教育部人文社会科学研究基金青年项目：（19YJC790152）；2019 年度湖北大学开放经济中心课题项目：《湖北省引进外资的效率评价及高质量发展路径研究》。

通讯作者：魏文婉，E-mail：20160087@hubu.edu.cn。

然和谐共生的现代化，既要创造更多物质财富和精神财富以满足人民日益增长的美好生活需要，也要提供更多优质生态产品以满足人民日益增长的优美生态环境需要"。兼顾经济发展与环境保护，了解并满足人们对环境质量的需求，尤为重要。但我国省份多，地理区域跨度大，加之不同省份经济发展水平、公众环境质量需求也存在差异（郑思齐等，2013）。因此，本文试图研究公众环境质量需求的影响因素，对比网络环保平台开放前后公众环境质量需求的变化，探讨如何构建并优化网络环保平台的方式方法。本文的研究对于积极推进公众参与环境保护与监督，构建"政府为主导、企业为主体、社会组织和公众共同参与的环境治理体系"，具有一定的理论价值和现实指导意义。

2. 文献综述

学者们对公众环境需求的相关研究，起源于20世纪90年代，基于政治经济学、公共管理学和心理学视角进行分析。国外学者围绕 public concern for environment 或 environmental concern，多采用问卷调查的方式，运用调查数据，探讨公众环境需求的影响因素，例如 Samdahl（1989）等。此类文献多认为公众环境需求的影响因素是社会人口学特征和政治倾向。Samdahl（1989）的研究发现，社会人口学特征因素，包括收入、年龄结构、受教育水平，对环境需求均无显著影响，而政治倾向，包括自由主义、环保主义对其影响显著，此外，宗教信仰也应列入考虑范围。

随着 Grossman 和 Krueger（1991）开创性地探讨了环境污染与经济增长之间的相关关系，学者们开始从环境经济学视角，研究公众环境质量需求的相关问题。此类文献通过估计消费者改善环境的支付意愿 WTP（Willing to Pay）分析公众环境需求，例如 Hökby 和 Söderqvist（2003）、Wang 和 He 等（2013）、Wang 和 Shi 等（2013）、Wang 和 Shi 等（2015）、Sun 等（2016）、Martini 和 Tiezzi（2014）、Ito 和 Zhang（2015）等。现有文献中，估计消费者支付意愿 WTP（Willing to Pay）的研究方法主要有两种：陈述偏好法和显示偏好法。前者采用假设情景和问卷调查等方式，询问消费者对环境质量改善的支付意愿，估算公众对环境质量的需求与偏好；后者基于已经发生的事实行为，推测公众对环境质量的需求与偏好。

意愿调查价值评估法（Contingent Valuation Method，CVM）作为最为典型的陈述偏好法，在现有测度环境质量需求的文献中，使用最为广泛。Hökby 和 Söderqvist（2003）采用 CVM 方法，通过问卷调查的方式，收集了瑞士居民连续10年每月对于波罗海岸海水质量改善的支付意愿，发现其月均支付意愿占人均月收入的2.6%。此外，运用 CVM 方法，研究中国居民对环境污染支付意愿的文献也较多，主要集中于研究中国居民对水污染和空气污染状况改善的支付意愿两个方面。Wang 和 He 等（2013）研究了中国云南省华坪县的居民对于水污染治理的支付意愿，连续5年每月调查数据显示，居民对当地河流水污染治理的支付意愿为平均每户每月74元，占家庭月收入的5%。Wang 和 Shi 等（2013）基于 CVM 方法对我国云南省丘北县普者黑湖的水质改善价值进行了评估，在已连续几年水质持续恶化的背景前提下，丘北县居民平均每户每月对水质改善的支付意愿为30元，占家庭月收入的3%。研究结果显示，前期水质的改善对居民的支付意愿具有显著正向影响。Wang 和 Shi 等（2015）以我国云南省大理市为例，同时运用了 CVM 方法与价值转移估计方法，对大理市洱海水质改善带来的经济价值以及居民的平均支付意愿进行了估计，结果表明每户每月对于洱海水质改善的支付意愿为27元，占家庭月收入的1.7%。该研究对比了CVM方法与价值转移方法的实证结果，发现两种方法的研究结果相似，认为价值转移法适用于研究我国环境质量改善带来的经济效应问题。

上述文献中所采用的陈述偏好法，无论是CVM方法还是价值转移法，都是基于假设情景、采用问卷调查的方式，询问居民对于环境质量改善的支付意愿，这种假设不是客观事实，存在假设变差，在方法论上有一定的缺陷(Hausman，2012；Kristromh和Riera，1996)。近期已有学者开始尝试使用显示偏好法，考察居民对环境质量的偏好，该方法在一定程度上克服了陈述偏好法的估计偏差。

Martini和Tiezzi(2014)基于家庭生产函数分析意大利居民对空气质量的需求，使用意大利家庭1999年1月至2006年12月期间对空调的消费数量，度量其对改善空气质量的支付意愿。研究发现，每户每月对空气质量改善的支付意愿约为3欧元。上述研究均基于显示偏好的方法，采用微观市场上污染防护品销售数据，基于已发生的真实数据，分析居民对环境质量改善的支付意愿。但研究多基于发达国家，针对发展中国家的研究相对较少。Ito和Zhang(2015)的研究是现有文献中最早使用显示偏好方法分析发展中国家居民环境质量需求的。文章以中国主要空气污染城市为考察对象，基于居民对家用空气净化器的消费购买数据，估计消费者对空气质量改善的支付意愿。以上文献在采用显示偏好分析方法度量居民环境质量需求时，多采用消费者对污染防护品，例如净水器、空气净化器等的消费购买数据来度量其改善环境的支付意愿，但受限于污染防护类用品的品牌多样，进而影响价格变动的因素也较多，且微观市场的销售数据本身难以获得。在这样的情况下，有学者采用我国信访数据度量居民对环境质量的需求。

Dasgupta和Wheeler(1997)在对中国环境问题的分析中，创新性地采用了居民对当地环境污染的来信投诉数量衡量其对环境质量的需求。但数据样本相对久远，且近年来我国的经济发展水平与环境治理状况都已发生变化，有必要选取近期数据进行分析。马本等(2017)相似地采用了中国各省居民对环境污染的来信与来访投诉数据，分析我国居民环境质量需求、收入水平与污染密度之间的关系。但研究侧重于分析环境质量需求与收入水平之间的收入效应与价格效应，以及收入弹性的结构变化。综上，现有文献采用陈述偏好法或显示偏好法，集中于测算公众环境质量需求，鲜有学者对其影响因素展开研究。本文将基于中国省际面板数据，分析我国公众环境质量需求的影响因素，对比网络环保投诉平台开放前后，公众环境质量需求的影响因素是否发生变化，探讨开放网络环保投诉平台的必要性，为创建"政府为主导、企业为主体、社会组织和公众共同参与的环境治理体系"提供政策建议。

3. 模型构建与数据说明

3.1 理论框架

考虑到环境污染问题与经典的"公共物品"概念类似，本文借鉴马本(2018)的研究，假设居民为代表性消费者，追求个体效用的最大化，居民在市场上购买两种商品 x_1、x_2，一种是具有正效用的私人物品 x_1，其消费数量为 q_1 价格为 p_1；另一种是具有负效应的"环境污染" x_2，其消费数量为 q_2 价格为 p_2。参照 Roca（2003）的方法，仅考虑单一环境污染情形，将个体居民的消费品视为一个组合（x_1，x_2）。理性消费者对两种商品的效用函数为：

$$U(q_1, \ q_2) \tag{1}$$

（1）式的单调性满足以下假设（McConnell，1997）：

$$U'_1(q_1, \ q_2) > 0 \tag{2}$$

$$U'_2(q_1, \ q_2) \leqslant 0 \tag{3}$$

（2）式中，效应函数 $U(q_1, \ q_2)$ 对 q_1 求一阶偏导的结果大于零，代表消费者对私人物品 x_1 有正向需求。（3）式中，效应函数 $U(q_1, \ q_2)$ 对 q_2 求一阶偏导的结果小于或等于零，代表消费者对"环境污染"即商品 x_2 的需求是为了抗争环境污染现象，从而避免环境污染对自身效应的减少。

设定个体收入为 I，消费者效用最大化的目标函数和约束条件如下：

$$\max_{q_1, \ q_2} U\{q_1, \ q_2\} \tag{4}$$

$$\text{s. t.} \quad p_1 \times q_1 + p_2 \times q_2 = I \tag{5}$$

通过求解（4）式、（5）式，得出马歇尔需求函数（Hökby and Söderqvist，2003），其中环境污染的负需求为：

$$q_2 = D_{q_2}(p_1, p_2, \ I) \tag{6}$$

（6）式中，对环境污染的负需求即对环境质量改善的正需求，用环保信访的次数来表达对环境污染的抗争，可理解为对环境质量改善的需求表达。

如何度量理论模型中的 p_2 与 q_2 是研究的难点。相比陈述偏好法，显示偏好法能更加真实地反映消费者的需求，因此本文尝试采用环境信访变量度量居民对环境质量的需求，即用环境信访数量衡量 q_2。而环境污染的价格 p_2，将采用污染密度度量。与私人物品的价格相比，环境污染的价格 p_2 并不明确，若只用信访费用反映实际污染价格，则可能产生很大偏误。因此，我们采用污染物排放密度作为污染价格的代理变量。

基于给定的理论模型，可知收入 I 既定时，污染价格弹性 ε_{p_2} 和交叉价格弹性 ε_{p_1} 可表达为：

$$\varepsilon_{p_2} = \frac{\partial(\ln q_2)}{\partial(\ln p_2)} = \frac{p_2}{q_2} \frac{\partial q_2}{\partial p_2} \tag{7}$$

$$\varepsilon_{p_1} = \frac{\partial(\ln q_2)}{\partial(\ln p_1)} = \frac{p_1}{q_2} \frac{\partial q_2}{\partial p_1} = \frac{p_1}{q_2} \frac{\partial q_1}{\partial p_1} \frac{\partial q_2}{\partial q_1} \tag{8}$$

以污染密度度量的 p_2 增加，居民对环境污染的抗争欲望越强烈，采用信访的方式表达自身对环境质量需求的可能性越大，q_2 也越大，$\partial q_2/\partial p_2 > 0$。因此，环境信访的价格弹性为正，即 $\varepsilon_{p_2} > 0$。类似地，对于环境信访的交叉价格弹性，当 p_1 增加时，私人物品 q_1 的消费减少，有 $\partial q_1 / \partial p_1 < 0$；当 q_1 的消费减少时，其边际效用增加，消费者倾向于减少类似信访和购买净化器这种污染反应行为来最大化自己的效用，即 $\partial q_2 / \partial q_1 > 0$，所以交叉价格弹性 $\varepsilon_{p_1} < 0$。

基于对理论框架的构建与分析，本文将进一步构建计量模型，用实证回归的方法考察我国公众环境质量需求的影响因素，探讨公众环境质量需求与收入水平、污染密度的相关关系。

3.2 计量模型的构建

Dasgupta 和 Wheeler(1997)构建了污染密度与公众环境质量需求的面板模型，发现环境污染越严重的地区投诉信件越多，验证了公众环境质量需求与污染密度的线性回归关系。郑思齐(2013)构建了公众环境诉求的回归模型，验证了公众环境诉求与污染密度和人力资本间的线性回归关系。马本(2017)基于研究假设，验证了公众环境诉求与收入水平、污染密度、人力资本的线性回归关系。本文借鉴马本(2017)的研究，构建如下回归模型：

$$\text{complain}_{it} = \alpha_0 + \alpha_1 \text{income}_{it} + \alpha_2 \text{density}_{it} + \alpha_3 \text{humancapital}_{it} + \alpha_4 \text{CPI}_{it}$$
$$+ \alpha_5 \text{deathrate}_{it} + a_i + \varepsilon_{it} \tag{9}$$

complain_{it}，表示公众环境质量需求，用环境信访数据度量。其数据最早至 1993 年，2015 年以后官方不再公布环境信访数量，因此本文选取了 1993—2015 年中国省际信访数据。income_{it} 表示人均收入，由城镇居民人均可支配收入和农村居民人均可支配收入构成，取 1993 年为基期对名义值做平减处理。density_{it} 表示污染密度，包括工业废水排放总量和工业废气排放总量。humancapital_{it} 表示人力资本，用各省平均人力资本衡量，数据来自《中国人力资本报告 2017》，该指标基于改进的 Jorgenson-Fraumeni(J-F)终身收入法计算处理而来，通过对不同类型受教育年限的预期收入加总平均，得出当地平均劳动力人力资本值，因此，该指标能够基于各地区劳动力的受教育水平反映当地人力资本状况。CPI_{it} 表示消费品价格，用消费者物价指数衡量。本文计算了以 1993 年为基期的消费者物价指数数据，数据来自《中国统计年鉴》。deathrate_{it} 表示死亡率，取中国各省份死亡率年度数据，数据来源于《中国统计年鉴》。

3.3 变量统计性描述

为了更好地分析样本信息，这里对模型中变量及相关数据进行统计性描述，如表 1 所示。

表1 主要变量描述性统计

变量	符号	均值	标准差	最小值	最大值	观测值
环境来信	letter	11160.51	16001.38	1.00	115392.00	554

变量	符号	均值	标准差	最小值	最大值	观测值
因水污染来信	Lwater	1450.37	2363.24	0.00	15622.00	553
因大气污染来信	Lair	4229.52	6798.12	0.00	59875.00	554
环境来访	visit	2086.37	1884.68	0.00	9896.00	554
因水污染来访	Vwater	385.08	389.45	0.00	2571.00	551
因大气污染来访	Vair	713.53	680.00	0.00	3789.00	554
城镇居民人均可支配收入	urbanDPI	5023.91	2516.76	0.00	15731.96	551
农村居民人均可支配收入	ruralDPI	1812.64	1033.95	550.83	6906.85	554
工业废水排放总量	wastewater	70851.09	59326.93	736.00	296318.00	554
工业废气排放总量	wasteair	7301.39	7585.33	10.00	56324.00	554
人口规模	popu	4099.05	2660.49	232.00	11430.00	554
死亡率	deathrate	6.00	0.65	4.21	7.98	339
消费价格指数	CPI	163.68	24.83	100.00	239.17	558
城镇人力资本	urbanhumancapital	165.01	78.30	54.74	552.27	540
农村人力资本	ruralhumancapital	62.34	32.19	17.33	187.25	540

注：原始数据主要来源于《中国统计年鉴》《中国环境年鉴》和《中国人力资本报告 2017》，各指标数据依据原始数据计算而来。

本文选取中国省际面板数据，包括中国境内的 31 个行政区域省份，其中个别省份，如西藏、重庆部分年份数据有缺失值，实证分析时已使用 STATA16.0 软件对缺失值进行处理。原始数据中，环境污染来信数据来源于《中国环境年鉴》，取每年度各省份因环境污染来信总数，单位为封；环境污染来访数据来自《中国环境年鉴》，取每年度各省份因环境污染来访人次，单位为人次；居民人均可支配收入、CPI 数据来自《中国统计年鉴》，以 1993 年为基期做平减处理。

4. 实证分析

4.1　主成分分析

在后续回归前，本文首先对原始数据集进行分析。这里采用主成分分析法，主成分分析法通过使用具有代表性的综合指标，减少原有指标间的重叠性，从而保证评估结果的客观性和准确性。依据主成分分析法的计算步骤，应用软件 STATA16.0 对 1993—2015 年 31 个行政区域省份居民生活环境和个体特征等有关数据进行分析和计算，并对样本数据进行 KMO 检验和 SMC 检验。检验结果显示，各变量共性适用于进行主成分分析，具体结果如表 2 所示。

表2   **KMO 检验与 SMC 检验**

KMO 度量：整体 0.8320		SMC 检验	
wasteair	0.9036	wasteair	0.5438
wastewater	0.6456	wastewater	0.7153
ruralDPI	0.8420	ruralDPI	0.9699
urbanDPI	0.8465	urbanDPI	0.9652
popu	0.6493	popu	0.6677
urbanhc	0.9084	urbanhc	0.8728
ruralhc	0.9182	ruralhc	0.8215
DPI	0.7887	DPI	0.9811

    基于 KMO 检验与 SMC 检验的结果，使用 STATA16.0 软件对数据进行主成分分析，计算出各因子对应的特征值和累计贡献率。表 3 显示结果可知，系统生成 8 个主成分，根据解释的总方差可以看出，前 2 个主成分对应的特征值大于 1，且提取前 2 个主成分的累计方差贡献率达到 87.59%（超过 85%）。因此，可以认为，前 2 个主成分可以反映原始指标的绝大部分信息。而查看 2 个主成分的系数表可知，因子实际由三类指标：废水废气、居民收入、人力资本水平所组成，因此在回归中使用这三类变量对公众环境诉求的影响因素进行进一步分析。

表3   **不限制个数的主成分分析**

Principal components; 8 components retained			
Component	Eigenvalue	Difference	Proportion	Cumulative
---	---	---	---	---
1	5.168	3.336	0.646	0.646
2	1.832	1.371	0.229	0.875
3	0.461	0.223	0.0576	0.933
4	0.238	0.0878	0.0298	0.962
5	0.150	0.0469	0.0188	0.981
6	0.103	0.0680	0.0129	0.994
7	0.0355	0.0238	0.00440	0.999
8	0.0117	.	0.00150	1

表4

表4　　　　　　　　　　　　不限数量的主成分合成所对应的特征值

Variable	1	2	3	4	5	6	7	8
wasteair	0.313	0.265	−0.872	−0.229	0.118	−0.0342	0.0602	0.0263
wastewater	0.193	0.601	0.398	−0.357	0.461	0.320	0.0289	0.00582
ruralDPI	0.420	−0.152	0.164	−0.0173	0.0936	−0.371	0.616	−0.497
urbanDPI	0.419	−0.172	0.0338	0.153	0.255	−0.0957	−0.740	−0.385
popu	0.156	0.640	0.0439	0.665	−0.292	−0.189	−0.00231	0.00989
urbanhc	0.389	−0.259	−0.0551	0.359	−0.0525	0.776	0.209	0.0468
ruralhc	0.405	0.0436	0.170	−0.469	−0.748	0.0289	−0.155	0.0463
DPI	0.416	−0.192	0.141	0.0730	0.231	−0.333	0.0216	0.774

预测并使用降维合成的新变量对公众环境诉求(letter)进行面板回归,结果表5所示:

表5　　　　　　　　　　　　主成分分析回归结果

VARIABLES	(1) OLS	(2) FE	(3) RE
comp1	2, 347.902 ***	3, 821.659 ***	2, 249.843 ***
	(7.15)	(3.13)	(7.90)
comp2	3, 536.691 ***	9, 945.604 **	4, 558.700 ***
	(7.95)	(2.61)	(8.41)
comp3	6, 126.256 ***	6, 038.422 **	5, 274.512 ***
	(6.77)	(2.55)	(6.19)
Constant	9, 355.302 ***	9, 355.302 ***	9, 399.191 ***
	(20.58)	(1.10e+09)	(11.44)
Observations	683	683	683
R-squared	0.290	0.104	
Number of id		30	30
Company FE		YES	
RE			YES

注:括号内为对应的 t 值; ***、** 和 * 分别代表在1%、5%和10%的水平下通过显著性检验。通过豪斯曼检验 $p=0$ 选择 FE 模型的估计值。

对样本数据的主成分分析结果显示出,污染密度、收入水平、人力资本存量是我国公众环境质量需求的主要影响因素。基于此,本文进一步分析不同公众环境诉求表达方式下，公众环境质量需求的影响因素有哪些。

4.2 信访方式下公众环境质量需求影响因素

由于环保部于2010年12月颁布了《环保举报热线工作管理办法》，至此公众对环境污染的投诉方式除了传统的来信、来访，亦可通过热线电话或者网络微信平台投诉。2011年以后，环境污染信访数据不再细分因大气污染信访、因水污染信访，因此本文将对1993—2010年和2011—2015年两个时间段的省际面板样本分别进行回归分析。其中表6为1993—2010年中国省际公众环境质量需求（来信情形下）影响因素的实证回归结果。

实证部分，对比多种回归方法对模型做回归分析，包括混合回归（POOL）、随机效应模型（RE）和固定效应模型（FE），并采用LM检验和Hausman检验对上述三个模型进行选择，试图得出更准确的结论。下文表格中报告的回归结果，均为通过LM检验和Hausman检验选择的结果。

1. 通过来信表达的公众环境质量需求

（1）因大气污染来信投诉

表6中第（1）栏为城镇居民因大气污染来信的回归结果，可看出：①公众环境质量需求与收入水平显著正相关，弹性系数为3.603，即我国城镇居民的收入水平每增加1%，其对空气质量的需求水平上升3.603%；②公众环境质量需求与污染密度显著正相关，弹性系数为0.119，即污染密度每增加1%，当地居民来信投诉上升0.119%；③公众环境质量需求与人力资源显著负相关，弹性系数为−57.67，即各省城市居民人力资本水平每提高1%，因大气污染来信投诉总量减少57.67%。此外，城市居民对空气的环境质量需求与价格指数显著负相关。

从农村居民因大气污染来信情况看，如表6第（2）栏回归结果显示：（1）农村居民对空气的环境质量需求与其收入水平显著正相关，其弹性系数为3.933；（2）农村居民对空气的环境质量需求与污染密度显著正相关，弹性系数为0.188；（3）公众环境质量需求与人力资本存量、死亡率的关系不显著。此外，农村居民的空气环境质量需求与价格指数CPI显著负相关，其结果类似于城镇居民。

综上，基于大气污染来信情况分析，收入水平、污染密度和人力资本与我国居民对空气质量需求显著相关，其中收入水平、污染密度与空气质量需求显示正相关，说明收入水平越高的地区，对于公众环境需求越大，且污染密度越大的地区，公众环境质量需求也越大；人力资本与城镇居民对空气质量需求负相关，与农村居民空气质量需求正相关。可解释为受教育水平越高的地区，居民越不倾向于采取来信投诉的方式表达环境需求，而是通过购买防护性消费品等方式，例如口罩、空气净化器等（Ito，2015）。

（2）因水污染来信投诉

表6中（3）~（4）栏为居民因水污染来信的回归结果，城镇居民因水污染来信的回归结果呈现出以下特征：（1）公众环境质量需求与收入水平显著正相关，弹性系数为0.550，城镇居民的收入水平每增加1%，因水污染来信总数将增加0.550%；（2）公众环境质量需求与水污染密度显著正相关，弹性系数为0.252；（3）公众环境质量需求与人力资本存量显著负相关，弹性系数为−8.388，即城镇居民的人力资本存量每增加1%，因水污染来信

投诉总数下降 8.388%；

农村居民因水污染来信的回归结果基本如下：（1）公众环境质量需求与收入水平显著正相关，弹性系数为 0.663；（2）公众环境质量需求与污染密度显著正相关，弹性系数为 0.0278；（3）公众环境质量需求与人力资本存量、死亡率的关系不显著。

居民可通过来信投诉的方式表达自身对水污染状况改善的迫切需求，我国居民对水环境质量的需求与收入水平、污染密度和人力资本存量相关关系显著。其中，公众环境需求与收入水平显著正相关，即收入水平越高的省份，公众对水源质量需求越高，因水污染来信数量越多；其与污染密度显著正相关，即水污染越严重的省份，公众环境质量需求越高，公众因水污染来信数量越多，越希望治理、改善该地区水污染状况；其与当地人力资本存量显著负相关，城镇居民中受教育水平更高的人群越倾向于购买防护性用品，例如购买净水器等。

综上，公众通过来信的方式可以表达自身对环境质量的需求，表 6 的回归结果显示，来信情形下，收入水平、污染密度与人力资本存量与我国公众环境质量需求显著相关。其中收入水平、污染密度对公众环境质量水平有着显著正向影响，人力资本与公众环境质量需求显著负相关。此外，采用来信的方式表达自身环境诉求有一定的特征，无论是对于城市居民还是农村居民，因大气污染来信还是因水污染来信，环境污染引发的来信数量，其弹性系数均小于 1。可见虽然写信成本相对较低，但通过来信方式表达的环境诉求，滞后于环境污染的增速，这在一定程度上造成我国环境污染持续严重的事实。因此，提供开放便捷的网络平台，引导公众合理表达对环境质量的需求，是政府需要持续关注的问题之一。

表 6　　　　　　　　环境质量需求（居民来信）影响因素 1993—2010 年

变量	Lair		Lwater	
	（1）	（2）	（3）	（4）
urbanDPI	3.603 ***		0.550 ***	
	（12.71）		（3.96）	
wasteair	0.119 **	0.188 ***		
	（2.85）	（3.64）		
CPI	-152.4 ***	-112.9 ***	1.430	9.713
	（-7.38）	（-4.76）	（0.17）	（1.55）
urbanhc	-51.67 ***		-8.388 *	
	（-6.20）		（-2.20）	
deathrate	243.9	10.04	256.9	255.2
	（0.45）	（0.02）	（1.15）	（1.45）
ruralDPI		3.933 ***		0.663 **
		（4.92）		（3.10）

164

变量	Lair		Lwater	
	（1）	（2）	（3）	（4）
ruralhc		7.705		2.781
		（0.30）		（0.40）
wastewater			0.0252***	0.0278***
			（8.72）	（13.19）
常数项	19014.2***	15265.9**	−3233.5	−4847.3***
	（4.24）	（2.73）	（−1.94）	（−3.41）
样本数	328	328	328	328

注：括号内为对应的 *t* 值；***、** 和 * 分别代表在 1%、5% 和 10% 的水平下通过显著性检验；表中仅给出了最终采用模型的回归结果。

2. 通过来访表达的公众环境质量需求

居民可通过上访的方式表达自身环境需求。表 7 为因大气污染和因水污染来访情况的实证回归结果。

（1）因大气污染来访投诉

城镇居民因大气来访的回归结果显示：（1）通过上访途径表现出来的城市居民对空气的环境质量需求与收入水平显著负相关，城市居民的收入水平每提高 1%，因大气污染上访人数下降 0.179%；（2）城市居民对空气质量的需求与污染密度显著负相关，弹性系数为 −0.0144；（3）城市居民对空气质量的需求与该地区人力资本存量显著正相关，受教育水平每提高 1%，该地区因大气污染上访人数增加 4.471%。

农村居民因大气污染来访数据的回归结果显示：（1）公众环境质量需求与收入水平显著负相关，弹性系数为 −0.431，即农村居民收入水平每上升 1%，因大气污染来访人数下降 0.431%；（2）公众环境质量需求与污染密度显著相关，弹性系数为 −0.0176；（3）公众环境质量需求与人力资本存量正相关，弹性系数为 15.52。

从我国城乡居民因大气污染来访数据的实证结果显示，收入水平、污染密度、人力资本存量与公众环境质量需求显著相关。其中收入水平、人力资本存量与公众环境质量需求负相关。对于上访者，上访投诉的过程需要付出一定的成本，包括交通、务工、机会成本等（陈丰，2010）。随着我国城乡居民人均可支配收入的增加，受教育水平提高，生活更加富裕，人们很少采取上访这种成本较高的方式表达自身环境需求。收入水平越高、教育越普及的地区，上访带来的机会成本越大。此外，相对于低收入群体而言，高收入群体有更多的方法、措施来应对环境污染带来的危害（Roca，2003），他们可以购买空气净化器、进行定期的医疗保健等（杨继东和章逸然，2014）。实证结果还显示，污染密度与公众环境质量需求负相关。这里可以解释为，相对于水污染而言，空气污染较难察觉，且上访成本很高，人们可能更倾向于购买防护性消费品来抵御空气污染对自身健康带来的危害。

表 7　　　　环境质量需求(居民来访)决定因素估计结果 1993—2010 年

变量	Vair		Vwater	
	(5)	(6)	(7)	(8)
urbanDPI	−0.179**		−0.0552**	
	(−2.70)		(−2.76)	
wasteair	−0.0144*	−0.0176**		
	(−2.04)	(−2.74)		
CPI	−6.895*	−9.847***	0.786	−4.212**
	(−2.04)	(−3.71)	(0.60)	(−3.08)
urbanhc	4.471*		−0.308	
	(2.41)		(−0.58)	
deathrate	−80.99	−55.70	33.13	−17.84
	(−0.95)	(−0.72)	(0.98)	(−0.42)
ruralDPI		−0.431***		−0.0493
		(−3.85)		(−0.79)
ruralhc		15.52***		−0.903
		(3.97)		(−0.40)
wastewater			0.00436***	0.00260***
			(10.91)	(3.62)
常数项	2859.8***	2797.8***	174.2	1258.8***
	(3.99)	(4.34)	(0.69)	(3.83)
样本数	328	328	327	327

注:括号内为对应的 t 值;***、**和 * 分别代表在 1%、5%和 10%的水平下通过显著性检验;表中仅给出了最终采用模型的回归结果。

(2)因水污染来访投诉

城镇居民因水污染来访数据的实证回归结果显示:(1)公众环境质量需求与城镇居民收入水平显著负相关,弹性系数为−0.552;(2)公众环境质量需求与污染密度显著正相关,弹性系数为 0.00436;

农村居民因水污染来访数据的实证回归结果显示:(1)公众环境质量需求与农村地区水污染密度显著正相关,弹性系数为 0.0026;(2)公众环境质量需求与价格指数显著负相关,弹性系数为−4.212。

综上,居民可通过上访的方式表达自身对水污染治理的诉求。因水污染来访表达出的公众环境质量需求受到收入水平与污染密度的影响。其中收入水平与公众环境质量需求显著负相关,收入水平越高,上访机会成本越大,人们越不愿意通过上访来表达自身对环境质量的需求;污染密度与公众环境质量需求显著正相关,相对于大气污染,水污染易于察觉，水源水质安全直接影响到当地居民用水、饮水安全，因此水污染程度越深，投诉水污染情况的来访人数越多。从来访数量与污染密度的弹性系数来看，两者的弹性小于1，即来访增速滞后于环境污染程度的增速。上访成本巨大，再次说明开放便捷网络投诉平台的重要性。

此外，表7的回归结果还显示，通过来访表达环境质量诉求的情形下，大气污染与来访批次之间显著负相关，水污染与来访批次之间高度正相关。水污染相对于大气污染居民更易察觉，水污染具有区域性的特性，一个地方的水质取决于当地的水源水质与当地的污水排放情况。而大气污染具有很大的流动性，受到周边地区空气质量与风速风向等多种因素的影响。水污染的治理更容易追根溯源，而大气污染的治理需要多地区协作治理改善。对于居民而言，更加倾向于购买口罩、空气净化器等防护用品来抵御危害，因此大气污染与来访数量的回归估计结果并未反映正相关的关系。

来信、来访两种方式表达出的公众环境质量需求，其影响因素具有一定的差异性。两种表达方式的成本有差异，来信投诉的成本较低，上访投诉的成本很高，因此，通过来信表达的公众环境质量需求与收入水平显著正相关，通过来访表达的公众环境质量需求与收入水平显著负相关。对于政府而言，提供方便、快捷的环保投诉渠道显得尤为重要，能够方便公众表达自身对环境质量的需求。

4.3 开放网络环保投诉平台和热线电话后公众环境质量需求

环保部于2010年12月颁布了《环保举报热线工作管理办法》，至此，公众对环境污染的投诉方式除传统的来信、来访外，亦可通过热线电话或者网络微信平台的方式投诉。另外，2010年以后，环境污染信访数据不再细分因大气污染信访、因水污染信访。环保热线电话和网络微信投诉渠道的开通，使得居民表达环境质量需求的成本大为降低，表达环境诉求变得更加方便快捷。这里选取了2011—2015年我国省际面板数据，分析公众环境质量需求的影响因素，下面将公众表达环境质量需求的渠道分为三种：来信、来访与网络投诉，其中网络投诉代表以移动手机终端为载体的投诉，包括12369环保热线电话投诉和网络微信投诉平台的投诉案件总数。实证回归结果如表8所示。

表8 公众环境质量需求影响因素（2011—2015年）

变量	来信		来访		来电	
	（1）	（2）	（3）	（4）	（5）	（6）
urbanDPI	0.00912		0.0211		9.284***	
	（0.05）		（0.33）		（5.74）	
wasteair	−0.0357	−0.0387	−0.00935	−0.0111	0.00307	0.831***
	（−1.43）	（−1.62）	（−1.18）	（−1.42）	（0.02）	（4.09）
wastewater	0.0476***	0.0549***	0.0109***	0.0131***	0.327***	
	（5.39）	（6.88）	（3.90）	（5.00）	（4.58）	

变量	来信		来访		来电	
	（1）	（2）	（3）	（4）	（5）	（6）
CPI	-27.23	-33.17	-7.378	-6.800	-20.23	-354.7
	(-1.51)	(-1.82)	(-1.29)	(-1.13)	(-0.14)	(-1.94)
urbanhc	-2.865		-3.059		-106.8**	
	(-0.59)		(-1.97)		(-2.70)	
deathrate	-450.8	-502.0	369.7**	424.9**	3015.9	5477.4
	(-1.11)	(-1.27)	(2.86)	(3.27)	(0.92)	(1.38)
ruralDPI		-0.0777		0.0129		15.48***
		(-0.25)		(0.13)		(4.85)
ruralhc		-15.47		-5.307		-175.8
		(-1.07)		(-1.12)		(-1.26)
常数项	11227.1*	13532.3**	1298.8	440.6	-65628.2	18829.4
	(2.30)	(2.82)	(0.84)	(0.28)	(-1.66)	(0.39)
样本数	150	150	150	150	150	150

注：括号内为对应的 t 值；***、**和*分别代表在1%、5%和10%的水平下通过显著性检验；表中仅给出了最终采用模型的回归结果。

公众可通过拨打12369环保热线电话或是通过官方微信表达自身对环境质量的需求，因拨打热线电话和微信投诉都是通过移动智能手机操作，因此本文采用网络投诉平台代表热线电话和微信投诉两种方式。开放网络微信环保投诉平台和热线电话情形下，公众环境质量需求与收入水平显著正相关，城镇居民系数弹性为9.284，农村居民系数为15.48，即收入水平每增加1%，城镇居民通过网络平台投诉的环境问题总数增加9.284%，农村居民通过网络平台投诉的环境问题总数增加15.48%。公众环境质量需求与污染密度显著正相关，城镇居民水污染密度与环境质量需求间的弹性系数为0.327，农村居民大气污染密度与环境质量需求间的弹性系数为0.831，污染密度越大，公众环境质量需求表达得越强烈；公众环境质量需求与人力资本显著负相关，人力资本水平较高的地区，公众倾向购买防护性消费品，来抵御环境污染的危害。

开放网络投诉平台以后，公众表达自身环境质量需求的方式更加便捷，由此公众环境质量需求的影响因素也发生一些变化：

（1）开放网络投诉平台后，公众可通过微信、热线电话的方式反馈、投诉身边的环境污染问题，通过此渠道表现出的公众环境质量需求与收入水平间显著正相关，且两者间弹性系数较平台开放之前明显增大。说明网络投诉平台的开放降低了人们对环境质量需求的表达成本，有效推动了公众参与环境治理的进程。

（2）网络投诉平台开放以后，公众环境质量需求与污染密度显著正相关，污染越严重，公众环境质量需求表达越强烈，且两者之间弹性系数比平台开放之前明显增大，说明网络投诉平台的开放使得我国公众更加关注环境污染问题，更积极地参与到环境治理与监督的过程中，即网络投诉平台推动了我国生态环境建设的全民参与。

（3）收入水平和污染密度在开放网络投诉平台后仍与公众环境质量需求显著相关，对比1993—2010年和2011—2015年两个面板数据的回归结果可知，两者与环境需求间弹性系数均明显增大，说明开放网络平台并不是对传统信访工作的分流，而是为公众增加了表达环境质量需求的渠道，提高公众参与的积极性。

5. 结论与政策建议

本文基于中国省际面板数据，试图分析公众环境质量需求的影响因素。公众环境质量需求可通过来信、来访的传统方式表达，也可通过网络投诉平台表达。本文试图分析开放网络投诉平台对我国公众环境质量需求的影响，故分别对1993—2010年、2011—2015年两个时间区间的中国省际面板数据进行实证分析，得出结论大致如下：

1993—2010年，居民通过来信、来访两种方式表达自身对环境质量的需求，公众环境质量需求与收入水平、污染密度和人力资本三者显著相关。来信情形下，公众环境质量需求与收入水平显著正相关，与污染密度显著正相关，与人力资本显著负相关。来访情形下，公众环境质量需求与收入水平显著负相关，与水污染密度显著正相关，与大气污染密度显著负相关，说明收入水平越高的群体，上访的机会成本越大，越倾向于通过购买防护性消费品抵御环境污染对身体健康的损害。

我国在2010年以后，开放了12369环保热线投诉电话以及微信投诉网络平台。2011—2015年省际面板数据的实证回归结果显示，收入水平、污染密度和人力资本存量仍与公众环境质量需求显著相关。其中，收入水平、污染密度对公众环境质量需求有显著正向影响。对比来访、来信、网络投诉平台三种渠道的实证结果，在开放网络投诉平台以后，收入水平、污染密度与公众环境质量需求显著正相关且弹性明显增大。表明网络投诉平台的开放对传统环境信访工作并非产生替代作用，而是开拓了崭新且更加便捷高效的渠道，使公众诉求得以表达。公众对环境问题更加敏感，更加积极参与生态环境监管。基于此，本文提出以下政策建议：

第一，制定有针对性的地区环境规制政策。不同收入水平的地区公众环境质量需求不同，对于高收入地区，适当提高环境保护、环境治理、环境监督标准，对于低收入地区，加大环保宣传力度，提高居民环保意识和参与环保监督的积极性。体现在网络平台的构建与优化上，可利用平台大数据，直观查看各地区环境质量需求的差异。针对不同地区的差异性，给予受众群体不同的宣传导向，满足地区居民有差异的环境质量需求。

第二，进一步完善和改进网络环保平台，积极倡导公众参与到生态环境建设的工作中来。实证结果中，无论是通过来信、来访还是通过网络环保平台的方式，表达出的公众环境质量需求与污染密度两者间的弹性系数始终小于1，可见对于我国居民而言，环境需求的表达滞后于环境污染的速度。因此，提供更加开放便捷的网络平台，引导公众合理表达对环境的需求，是政府需要持续关注的问题之一。此外，对比网络平台开放前后的实证结果，收入水平和污染密度与公众环境质量需求的弹性系数明显增大，说明开放网络平台并不是对传统信访工作的分流，而是为公众增加了表达环境质量需求的渠道，更加实证了完善现有网络投诉平台的重要性。未来网络平台受众群体的规模将持续增长，建议在扩大网络平台服务容量的同时，进一步细分平台现有功能，优化监督流程，公开投诉案件处理进度，收集已办理投诉案件的信息反馈。

第三，对于环境污染严重的地区，加大环境治理力度，改善污染集中地区生态环境的质量。实证回归结果中，除因大气污染来访情况外，公众环境质量需求与污染密度显著正相关。污染的治理和环境的改善能够满足公众对环境质量改善的需求，从而提升人民生活幸福感。网络平台的构建，为公众参与环境监督提供了新渠道，未来网络平台的优化应将公众监督与污染治理结合起来，积极推进生态环境质量的改善。

◎ 参考文献

[1] 陈丰. 经济学视野下的信访制度成本研究[J]. 经济体制改革，2010(6).

[2] 马本，张莉，郑新业. 收入水平、污染密度与公众环境质量需求[J]. 世界经济，2017(9).

[3] 杨继东，章逸然. 空气污染的定价：基于幸福感数据的分析[J]. 世界经济，2014(12).

[4] 郑思齐，万广华，孙伟增，等. 公众诉求与城市环境治理[J]. 管理世界，2013(6).

[5] Wheeler, D., Dasgupta, S. Citizen complaints as environmental indicators：Evidence from China[J]. *World Bank*, *Policy Research Department Working Paper* No. 1704.

[6] Grossman, G. M., Krueger, A. B. Environmental impacts of a North American free trade agreement[J]. *National Bureau of Economic Research Working Paper Series*, 1991, No. 3914 (3914).

[7] Stina Hökby, Tore Söderqvist. Elasticities of demand and willingness to pay for environmental services in Sweden[J]. *Environmental and Resource Economics*, 2003, 26(3).

[8] Hausman, J. Contingent valuation：From dubious to hopeless[J]. *The Journal of Economic Perspectives*, 2012, 26(4).

[9] Ito, K., Zhang, S. Willingness to pay for clean air：Evidence from air purifier markets in China. [J]. *NBER Conference Paper*, 2015.

[10] Kristrom, B., Riera, P. Is the income elasticity of environmental improvements less than one[J]. *Environmental and Resource Economics*, 1996, 7(1).

[11] Martini, C., Tiezzi, S. Is the environment a luxury? An empirical investigation using revealed preferences and household production [J]. *Resource and Energy Economics*, 2014, 37.

[12] Roca, J. Do individual preferences explain the Environmental Kuznets curve? [J]. *Ecological Economics*, 2003, 45(1).

[13] Samdahl, D. M., Robertson, R. Social determinants of environmental concern：

Specification and test of the model[J]. *Environment and Behavior*, 1989, 21(1).

[14] Sun, C., Yuan, X., Xu, M. The public perceptions and willingness to pay: From the perspective of the smog crisis in China[J]. *Journal of Cleaner Production*, 2016, 112 (20).

[15] Wang, H., He, J., Kim, Y., et al. Willingness-to-pay for water quality improvements in Chinese rivers: An empirical test on the ordering effects of multiple-bounded discrete choices[J]. *Journal of Environmental Management*, 2013, 131(Complete).

[16] Wang, H., Shi, Y., Kim, Y., et al. Valuing water quality improvement in China: A case study of Lake Puzhehei in Yunnan Province [J]. *Ecological Economics*, 2013, 94 (Complete).

[17] Wang, H., Shi, Y., Kim, Y., et al.. Economic value of water quality improvement by one grade level in Erhai Lake: A willingness-to-pay survey and a benefit-transfer study[J]. *Frontiers of Economics in China*, 2015, 10(1).

The Impact Analysis of MEE's 12369 Network Reporting Platform
on Public Environmental Requirements

Xiao De[1]   Chen Wan[2]   Wei Wenwan[3]

(1, 2, 3   Hubei University College of Business, Wuhan, 430062)

Abstract: With China's rapid economic growth and continuous improvement of civil welfare, the public demand for environmental quality also increases. It is particularly important for the government to understand the public demand for environmental quality, consider the heterogeneity of public environmental demand in different regions, and balance the relationship between economic development and environmental protection. The research used a province level panel data of China from 1993 to 2015 to analyze the determinants of China's public demand for environment, compared the results before and after the launching of 12369 network reporting platform to investigate the changes in influencing factors, and discusses how to improve the user experiences for the public to express environmental demands. The results show that income level, pollutant density and human capital stock are the main factors affecting the demand of public environmental quality in China. The open-up of 12369 platform enables the public to pay more attention to their needs for environmental quality, effectively promoting the public's willingness in participating in environmental supervision and governance.

Key words: Public environmental requirement; Revealed preference analysis; Online complaint platform

专业主编：许明辉